Díganle a mi madre

que estoy en el paraíso

Memorias de una prisionera política en El Salvador

ANA MARGARITA GASTEAZORO

Editado por Judy Blankenship y Andrew Wilson

Aristata Press

Library of Congress Control Number: 2022945721

Editores: Judy Blankenship, Andrew Wilson, Carlos Henríquez Consalvi, Eva Gasteazoro
Traducción al español: Dagoberto Flores, Eva Gasteazoro
Transcripción y corrección: Tania Primavera Preza
Fotografías: Archivo MUPI, Judy Blankenship, Elizabeth Fujimori, Rachel Heidenry, Meeri Koutaniemi, Iván Montecinos

ISBN: 978-1-7362316-4-7 (ebook)
ISBN: 978-1-7362316-5-4 (paperback)

Ediciones Museo de la Palabra y la Imagen: 27ª. Av. Norte #1140, Urb. La Esperanza
San Salvador, El Salvador, C.A. mupi@museo.com.sv
ISBN 978-99961-301-1-3 (MUPI edition)

Publicado en inglés como *Tell Mother I'm in Paradise: Memoirs of a Political Prisoner in El Salvador*, University of Alabama Press, 2022.

https://www.goodreads.com/book/show/59023249-tell-mother-i-m-in-paradise

Aristata Press, Portland, OR

ÍNDICE

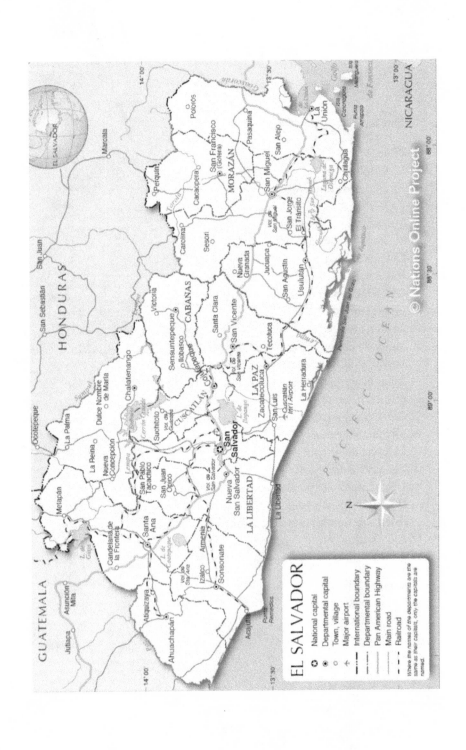

INTRODUCCIÓN

Díganle a mi madre que estoy en el paraíso recoge las memorias de una joven salvadoreña, de espíritu curioso y rebelde que la llevó a recorrer el mundo. Al retornar a su patria, se insertó en las luchas sociales por transformar una historia signada por dictaduras militares. Primero se incorpora al Movimiento Nacional Revolucionario y es testigo del asesinato de algunos de sus dirigentes. Posteriormente se une a la lucha clandestina. Capturada por la Guardia Nacional, convive con el horror de la torturas a prisioneros políticos. Dos años estuvo en la prisión de mujeres de Ilopango, íntima experiencia que narra con pinceladas de profundo humanismo, al tiempo que relata parte de la historia salvadoreña del siglo XX. Memorias que grabó en su propia voz, y que ahora se publican para cumplir el deseo que expresó antes de morir de cáncer el 30 de enero de 1993.

Cada lugar es una trinchera, afirmaba Ana Margarita, premisa con la que amó intensamente a la vida, y a su pueblo salvadoreño.

Carlos Henríquez Consalvi
San Salvador, 2019

Opuesta: Mapa de El Salvador (basado en el mapa
de las Naciones Unidas nº 3903, Rev. 4, mayo de 2003)

PRÓLOGO

—¿QUERÉS que le enviemos un mensaje a tu madre? En su escritorio, la secretaria de la cárcel de mujeres de Ilopango estaba impaciente. Yo, con un periódico en una mano y una bolsa plástica en la otra, me sentía incómoda frente a ella. La portada del periódico a dos columnas tenía una foto mía bajo el encabezado: "Terrorista confiesa".

En la bolsa plástica estaban todas mis pertenencias: un peine, un jabón de baño, un rollo de papel higiénico y la ropa que había usado por once días durante el interrogatorio en el cuartel de la Guardia Nacional.

—La podemos llamar y decirle que estás aquí —dijo la secretaria. Quizás mi mamá ya lo sepa, pensé. La había visto el día anterior, con mi hermano Javier. De algún modo mi hermano con su inagotable energía había logrado que uno de sus amigos con influencia, o el mismo Vides Casanova, comandante de la Guardia Nacional, le permitiera entrar al cuartel a verme. Era inaudito, pero lo había logrado. Desde la mañana de mi detención, los guardias me habían esta do diciendo que mi familia me había abandonado por traidora y que no les importaba si yo estaba viva o muerta. Nunca les creí, y ahora tenía pruebas de que eran mentiras. Mi corazón estaba lleno de amor hacia ambos, a la vez que me preparaba para ser ingresada en prisión. Javier se pasó la visita entera regañándome porque no había aceptado el exilio ofrecido por mi interrogador; mi mamá se pasó toda la visita llorando y aconsejándome que fuera fuerte y creyera en Dios. La solidaridad de la familia —ofrecida incondicionalmente a través de una gran carga ideológica y crítica— me dio fortaleza.

¿Sabían ellos que ya había sido trasladada a Ilopango? Cuando Javier terminó de decirme lo idiota que era, dijo que la Guardia Nacional no me podría matar ahora que él y mamá me habían visto viva. Así que yo iría a prisión, a lo cual dijo que yo me lo merecía. Me pregunto si pensaba que yo también merecía la última paliza que me dieron cuando se marcharon, y solo para que firmara mi confesión. Las costillas, las piernas y el resto del cuerpo todavía me duelen después de las patadas y trompadas de los guardias. A pesar de eso, estoy extrañamente optimista al pensar en lo que quería decirle a mi mamá. Si hubiera sentido rencor le hubiera dicho una consigna revolucionaria: "cada momento, cada situación, es tu trinchera"; que era lo que le decía cuando discutíamos. Ella tenía su catecismo y yo el mío. Pero no se merecía eso ahora; no después de lo que ella y Javier habían hecho por mí. Sin embargo, la consigna era más cierta que nunca: en este momento, en esta nueva situación de mi vida, yo buscaba la forma de cavar una nueva trinchera, y continuar la lucha contra el gobierno. En mi celda en el cuartel de la Guardia Nacional lo pensé mu cho. Durante las largas horas entre un interrogatorio y otro, especialmente en esos tres días que me tuvieron amarrada a la cama y no había otra cosa que hacer más que pensar. No había pensado mucho en lo que una *niña bien* como yo, hacía en un lugar como este. A pesar de eso, a diferencia de las autoridades, yo sabía exactamente cuál había sido mi papel en la guerra civil de El Salvador. La Guardia Nacional sabía solo la mitad: la mitad pública y legal por la que me habían arrestado, no mi trabajo clandestino con la guerrilla.

En cuanto a mí, ni la guerra ni mi rol en ella, había terminado. Sabía que los presos políticos en la prisión de Santa Tecla se habían organizado en el Comité de Presos Políticos de El Salvador (COPPES). Antes de ser arrestada, uno de mis muchos trabajos para la oposición legal había sido recibir —bajo de agua— comunicados de COPPES para ser publicados en el exterior, ante un mundo cada vez más indignado por el abuso de los derechos humanos en El Salvador. Había pocas mujeres prisioneras políticas en el país y, hasta donde yo sabía, no estaban organizadas. Bueno, ahora había una mujer política más, y ella estaba más que dispuesta a crear una nueva trinchera.

Pensar en los prisioneros políticos me hizo recordar a Sebastián, el hombre con quien había vivido en el último año. Me preguntaba si sus pies se habían recuperado de los choques eléctricos que los guardias le habían aplicado cuando estábamos presos, le colocaron dos alambres conectados al toma corriente directamente en sus pies. Sus quejidos me desgarraban mientras permanecía en pie, sin poder hacer nada, obligada a escucharlo mientras lo torturaban. Pero él estaba vivo, estaba segura de ello. Ayer, mientras me golpeaban para que firmara mi confesión me mostraron un documento similar con su firma. Sebastián era un hombre fuerte y rudo, disciplinado. Para hacerlo que firmara su confesión ellos tuvieron que ... mejor no pensar en ello.

La Guardia Nacional me condujo a Ilopango esa mañana. Muy raro: durante casi todo el viaje platiqué con el sargento que había estado sentado observando la mayoría de mis interrogatorios, tomando notas de todo lo que yo decía en una maquina de escribir. Él todavía detuvo el vehículo y me compró el periódico, con mi foto, y los escandalosos cargos en mi contra. Después me dio la mano, dijo adiós y me entregó a los custodios de la prisión.

Los guardias tomaron mi nombre y señas particulares, y me condujeron a la oficina donde me dejaron con la secretaria. De ahora en adelante yo estaría entre mujeres, tanto carceleras como prisioneras comunes y políticas. Ni juicio ni sentencia. Nadie decía cuánto estaría ahí.

–¿Bueno?, –preguntó la secretaria– ¿tenés algo que querás que le digamos a tu madre?

Pensé en los guardias que pusieron los cables en los pies de Sebastián; en el matón con lentes que alternativamente me manoseaba o me golpeaba en la celda del cuartel de la Guardia Nacional; pensé en Enrique Barrera, mi colega, cuyo cuerpo mutilado yo había identificado el día después de su arresto, hace seis meses. Luego volví mi mente hacia los niveles organizativos que se estaban alcanzando en la cárcel de hombres en Santa Tecla, y en mis planes para comenzar la lucha en Ilopango: cada momento, cada situación... Yo estaba viva, mi familia me amaba, la vida era bella, aún la cárcel con paredes de concreto era bella.

—Sí —le respondí. —Díganle a mi madre que estoy en el paraíso.

1

MI FAMILIA

EN CUALQUIER PARTE del mundo las madres se preguntan qué fue lo malo que hicieron con sus hijos, pero apuesto a que la mía se lo ha preguntado más que las demás. Cuatro de sus cinco hijos salieron razonablemente normales para el estándar de la clase alta salvadoreña. Javier, el hermano mayor, es hoy un exitoso hombre de negocios; José Francisco (conocido como Chico) se hizo sacerdote, Eva María (la Tito) se hizo monja; y Ricardo Antonio (Tono), es ingeniero químico. Con toda esa respetabilidad y logros en la familia, ¿por qué uno de ellos —y una joven— se ha dejado arrestar por subversiva, exponiendo el nombre de la familia en los titulares de periódicos para que todo el mundo se entere?

Sería más simple si hubiera un incidente en particular, algún detalle en mi crecimiento que explicara por qué terminé en la prisión de Ilopango. Pero la vida de las personas casi nunca es así de simple, y yo no soy la excepción.

Sin querer ser chistosa, podría decir que vengo de una familia de catorce: una madre, un padre, cinco niños y siete sirvientes. Podríamos ser descritos como una familia salvadoreña de la clase media alta con buenas relaciones sociales. Eso nos coloca en el sector que representa el 5% de la población económicamente superior, pero no formamos parte de la oligarquía. La oligarquía es un concepto importante en la vida del país. El término se refería a "las catorce" familias que poseían y manejaban la mayoría de lo que era digno de poseer. Al principio solo significaba tener café y ganado. Aunque las cosas son más complejas ahora, es verdad que el poder económico en El Salvador se se encuentra altamente concentrado. Existe la oligarquía en la cima, una pequeña clase media alta, y una gran cantidad de gente, tanto rural como urbana, que es pobre.

Así, nuestra familia estaba en las alturas de la pirámide social, si no en la cumbre. Mi bisabuelo paterno, José María Gasteazoro, vino a San Salvador como exiliado político de Nicaragua, a fines del siglo XIX, durante el gobierno liberal del dictador José Santos Zelaya. Mi bisabuelo era conservador, y la familia entera tuvo que abandonar el país.

Mi abuelo, el Dr. José del Carmen Gasteazoro, era médico, otorrinolaringólogo, graduado en Stanford University, en EE.UU., con un post-grado en La Sorbonne, en París, y con mucho entrenamiento en Alemania. Fue un gran terrateniente en Nicaragua, con una finca de ganado en el volcán Cosigüina, al otro lado del Golfo de Fonseca. La "Hacienda Cosigüina" era gran parte de sus ingresos: exportaba quesos a El Salvador. Le fue muy bien a él y a su familia en El Salvador. También se convirtió en el médico favorito de la oligarquía.

El abuelo murió cuando mi padre tenía 18 años, así que nunca lo conocí, pero conocí muy bien a su esposa, mi abuela, Eva Mejía, de Granada, Nicaragua. Ella tenía 24 años cuando se casó, y él —un médico reconocido en todo Centro América— tenía 48 años. Según me cuentan, ese matrimonio fue arreglado, cuando mi abuela tenía solo 12 años.

Como todo buen padre centroamericano, el abuelo quería que todos sus hijos —en especial los varones— tuvieran preparación académica. De acuerdo con esto, mi padre comenzó su carrera universitaria en Stanford, y terminó en la Universidad Estatal de Louisiana. Esos años de estudiante en EE.UU. fueron muy intensos para él. Pertenecía a una fraternidad y a un club universitario de bridge. Hay una foto en el anuario donde aparece jugando cartas: en calzoncillos, con una toalla al cuello y sus lentes en la punta de la nariz. Con sus compañeros de fraternidad hizo varios viajes a Cuba, común para los estadounidenses en los años cuarenta, y aún hasta el año de la revolución, en 1959. Se graduó de ingeniero, y tenía cerca de 26 años cuando conoció a mi mamá.

Mi padre era un profesional, atractivo, y mamá era —y aún es— una mujer hermosa. Estoy segura de que todo el mundo creyó que hacían una buena pareja cuando se casaron en 1944. Ella era más alta que él, tenía veinte años y era hija de una familia de clase alta de San Miguel, al oriente del país. Su padre, un próspero agricultor, había sido alcalde de San Miguel en dos ocasiones. En esas familias, se esperaba que los varones recibieran tierras o preparación académica. Las mujeres no tenían ninguna de las dos cosas; se esperaba que recibieran lo que necesitaban para casarse bien. Mi madre aprendió taquigrafía y mecanografía en bachillerato; y trabajó como secretaria por cuatro años después de que la familia se mudó a San Salvador, pero una vez casada no trabajó más hasta que los hijos habíamos crecido.

Familia Gasteazoro (cortesía de Elizabeth Fujimori)

Fui la segunda de cinco hijos. Nací cuatro años después de mi hermano mayor, Javier. Antes de que yo naciera mi madre había perdido dos embarazos y un bebé de solo siete días de nacido, así que a mí me esperaban con ansiedad. Quizás esas preocupaciones y expectativas, son la causa de nuestros problemas. Después de mí vinieron Chico, Ricardo y mi hermana Eva María.

Además de la familia, nuestra casa incluía dos empleadas de adentro, una cocinera, una lavandera, un jardinero y un chofer. También teníamos a veces una costurera, así que desde chiquita toda mi ropa era hecha por una costurera: camisas, blusas, uniformes, todo. Eso hacía que fuera un evento grande cuando mi padre viajaba al extranjero y me traía un vestido. La persona más importante de todas era mi nana, quien manejaba toda la casa y los niños. La nana nos llevaba donde mamá para que nos diera de mamar, pero era ella quien nos cuidaba en la noche, quien nos bañaba y nos vestía. De hecho, ella se hizo cargo de nosotros desde que nacimos. Cuarenta años más tarde, todavía está con mi madre.

Vivimos en una casa en San Salvador hasta que tuve cinco años. Luego nos mudamos a Las Terracitas, una pequeña finca a 20 minutos de la ciudad, porque mi madre quería más espacio para su jardín. Era realmente una quinta, una casa de campo con piscina y un par de manzanas con terrazas llenas de árboles frutales, arbustos y flores. Las Terracitas era bonita, con una vista preciosa de la ciudad. La casa estaba casi nueva, construida de ladrillos y madera, un patio en el medio y dormitorios a los lados.

Cuando estaba pequeña, mis padres invitaban a las hijas de sus amigos para que vinieran a jugar conmigo. A veces los niños de los trabajadores de la granja venían a jugar también. Sin embargo, eso era un poco feudal, no era una invitación sino un requisito. A la hora del almuerzo me llamaban a la mesa con mis padres, y los niños de los trabajadores eran enviados a sus casas. Ellos nunca se quedaban a almorzar con nosotros como los niños de los amigos.

Nuestra vida hogareña, parece ser de otro planeta si se compara con la de la mayoría de los salvadoreños, no era terriblemente ostentosa, ni llena de lujos según el estándar de nuestra clase. Creo que ya había dinero antes de que mis padres se casaran.

Mi papá era un ingeniero exitoso y su salario nos daba un estilo de vida confortable. Le interesaba mucho la política. Para estar informado, solía levantarse de mañana y escuchar las emisoras internacionales en su enorme radio de onda corta. Lo recuerdo buscando las noticias, especialmente los domingos por la mañana.

Recuerdo esperar el fin del mundo cuando tenía diez años, con la revolución cubana. En mi mente, había una relación entre el fin del mundo y el triunfo de los comunistas. Quizás era porque la prensa reportaba la revolución cubana como el fin del mundo para Latinoamérica. Al mismo tiempo, yo tenía otra fuente de información: mi papá, que a veces contaba historias de La Habana en sus días de estudiante. Él no confiaba en los comunistas, pero escuchaba Radio Rebelde, la estación de los insurgentes cubanos. Le impresionaba que ese grupo de hombres en la montaña avanzaran sobre el represivo régimen de Batista. Hablaba de eso a veces; y esa mezcla de ideas, me dejaba con ideas confusas acerca del mundo político. El dominio de mi mamá era la casa. A ella le gustaba cocinar y cultivar flores en su hermoso jardín. Cada mañana salía con guantes y tenazas y caminaba cortando flores, seguida por el jardinero que las cargaba. La casa siempre estaba llena de flores y cada cuarto estaba decorado. Todavía puedo ver el jengibre a la entrada de la casa, rosas en los dormitorios y dalias en las otras habitaciones. Esa era la vida de mi mamá: a misa todas las mañanas y luego las flores, seguido de recoger a los niños en la escuela y llevarnos a las clases de natación, danza y piano.

Cuando yo tenía doce o trece años, ella comenzó a viajar a Europa con un grupo de ricas señoras centroamericanas. Eran tours organizados por una agencia de viajes en España, pero ellas tenían objetivos religiosos, como conocer al Papa. Ella se metió en eso después de conocer a una señora en la iglesia, doña Tula de Meléndez, viuda de uno de los presidentes de El Salvador, Jorge Meléndez. Esos días cuando los presidentes venían directamente de la oligarquía y no de los militares. Doña Tula también era un pilar de la iglesia, miembro de muchas mesas directivas; y mantenía una relación cercana con el arzobispo. Más importante que todo esto, fue ella quien jugó un papel importante al traer el Opus Dei a El Salvador.

El Opus Dei, que significa "Obra de Dios," es una organización laica católica que comenzó en España al final de 1920. Sus miembros se dedicaron a trabajar de manera silenciosa y secreta. Se supone que los miembros evitan identificarse con líneas políticas, pero se les atribuye ser muy influyentes en la vida económica y política de muchos países. En España, por ejemplo, muchos de los miembros del gabinete de Francisco Franco eran del Opus Dei.

El Opus Dei es una organización clasista pero muy completa. Tiene clubes para niños, por ejemplo, pero si sos de la clase alta, vas a un club de la clase alta y nunca te mezclas con los hijos de los trabajadores. El hijo de mi nana iba a un club diferente al que yo iba. Las clases sociales nunca se mezclan, como no se mezclan mujeres con hombres. Yo crecí con dos ideas opuestas en mi vida, una muy liberal y antirreligiosa por influencia de mi padre y otra, muy estrecha y dogmática de parte de mi madre. Por supuesto, siendo El Salvador un país profundamente católico, mi padre asistía a la iglesia los domingos. Pero él se quedaba a la entrada o se sentaba bien atrás. Mis padres discutían porque yo siempre quería estar con él.

Otro punto de tensión era la escuela, y eso también tenía un tema religioso. Mi padre quería que creciéramos en un ambiente liberal y que habláramos inglés, así que nos enviaron a la Escuela Americana en San Salvador. Las Escuelas Americanas se encuentran en casi todas las capitales del mundo y proveen la típica educación estadounidense para los hijos de empresarios y funcionarios del servicio exterior. Eso significa que yo crecí con niños estadounidenses. También había judíos, árabes, y otros que recién habían llegado al país, así como algunos salvadoreños provenientes de las familias de pensamiento más liberal.

La escuela era la más cara en El Salvador, pero mi papá se mantuvo firme de enviarnos ahí ante las objeciones de mi madre. A veces creo que esa fue una de las razones por las cuales mi mamá nos involucró tanto en el Opus Dei: para contrarrestar la ausencia de la enseñanza católica de la Escuela Americana. En realidad, sí había enseñanza religiosa, pero no era una actividad programada por la escuela; la escuela sólo permitía el uso de sus salones para las varias religiones y culturas de sus estudiantes. Todos los días venía un rabino por la tarde para darle a los niños judíos una hora de hebreo; y un cura llegaba para atender a los católicos. Pero todo era extracurricular.

La clase media de El Salvador consideraba a las muchachas que iban a la Escuela Americana como *perdidas*, y mi madre pensaba lo mismo. Las niñas *buenas* iban a colegios católicos, donde podrían ser vigiladas por monjas y donde no se les permitía ni siquiera bailar con muchachos antes de los quince años. Por el contrario, en la Escuela Americana se podía tener novio o novia desde el sexto grado. Eventualmente, mi mamá pudo convencer a mi papá de poner a mis hermanos en un colegio jesuita llamado Externado de San José.

Al ir al Externado, mis hermanos seguían los pasos de mi papá. Muchos chicos de la oligarquía y de las altas clases sociales eran educados por los jesuitas. Por nombrar alguno: Fredy Cristiani, presidente de El Salvador, fue compañero de clase de mi hermano Javier en la Escuela Americana. En realidad, la mamá de Cristiani y mi madre habían crecido juntas en San Miguel y todavía son amigas.

Es irónico, pero muy típico en El Salvador, que muchos revolucionarios hayan ido al Externado de San José. Fermán Cienfuegos y Héctor Silva son dos de los líderes de izquierda que estudiaron ahí.

Estuve en la Escuela Americana desde Kinder hasta que me bachilleré, con excepción de un año en Los Ángeles y otro en Guatemala. Me enviaron a Los Ángeles para mejorar mi inglés. Vivía con la hermana mayor de mi mamá, Isabel, quien estaba casada con un irlandés, mi tío Jack. Mi prima Liz —un año y nueve meses mayor— y yo nos hicimos íntimas amigas. Nos contábamos secretos y hablábamos de todo. Fue un cambio total para mí, y una feliz experiencia al vivir con una familia típica estadounidense de la clase media. Estaba tan protegida en El Salvador. En casa nunca se me permitía salir a la calle sola, a menos que fuera con mi nana; en Los Ángeles podía ir en bicicleta a la escuela o salir a caminar sin tener que pedirle permiso a nadie. Hasta podía quedarme sola en la casa, algo que nunca había experimentado antes.

En Los Ángeles fui a una escuela pública. Como mis primos eran católicos, ellos iban a una escuela parroquial, pero a mí no me admitieron por alguna razón que nunca entendí. En lugar de eso, iba a la escuela por mi propia cuenta, lo que me hizo sentir muy importante e independiente. A diferencia de El Salvador, donde la cocinera me preparaba la comida y la tenía lista antes de que me fuera a la escuela, en Los Ángeles yo tenía que preparar mi propia comida.

Ese año en los Estados Unidos fue la primera vez que vi gente negra. Durante muchos años, a los negros no se les permitía ni siquiera visitar El Salvador, a diferencia de los demás países centroamericanos, donde habían sido llevados de las islas del Caribe —durante la colonia británica— a trabajar en las plantaciones de banano. Quizás los había visto antes en alguno de mis viajes a Nicaragua con mi padre, pero antes de los once años nunca hablé con uno de ellos.

Cuando regresé a El Salvador comencé a escribirle a mi prima Liz. Un día me escribió para pedirme una lista de las malas palabras en español para aprendérselas antes de venir a El Salvador. Así que me senté y comencé a hacer la lista de las que se me venían a la cabeza. A los once años, había muchas cosas que desconocía, y eso que sabía mucho más de lo que mi mamá creía. Inevitablemente mi mamá encontró la lista en mi escritorio. Se enojó mucho, pero también ella se enojaba conmigo a menudo, desde que regresé de mi año en el extranjero.

Ana a los 10 años (cortesía de Elizabeth Fujimori)

Tuve mi primera menstruación en Los Ángeles y no podía soportar las toallas sanitarias. Cuando leí en una revista que podía usar tampones, aunque fueras virgen, fui a una tienda y los compré. Eso estaba bien en Los Ángeles, pero en El Salvador, ¡ni hablar! Mi madre casi se muere cuando los encontró en mi cuarto, ¡qué hacía una niña de once años comprando *Támpax*!

Las mamás pueden ser muy destructivas sin quererlo, pero los encontronazos eran inevitables debido a que teníamos distintos modos de ver la vida. Ella era tan estricta y tradicional; y yo era como mi padre, extrovertida y curiosa, quería saber de todo, quería probarlo todo. Por otra parte, la influencia de mi madre era muy fuerte y aún amplificada por los clubes del Opus Dei a los que pertenecíamos los cinco hijos. Una estricta regla dentro de la organización era separar a los hombres y a las mujeres. Eso comienza en los clubes de niños. Durante las actividades de verano en los clubes nos mantenían ocupados todo el día, pero separados.

El objetivo para las niñas era prepararse para el matrimonio, pero nunca, nunca había una conversación sobre el sexo o sobre el matrimonio mismo. Los temas eran la pureza y la modestia; y eso creaba mucha confusión para mí, como pienso que lo hacía para las otras niñas. Nos enseñaban que cualquier cosa que hiciéramos con nuestro cuerpo, especialmente si era algo que el cuerpo disfrutaba, era un pecado mortal. Te podía llevar al infierno. Hasta los *malos pensamientos* eran pecado, y yo tenía muchos problemas tratando de identificar cuáles eran esos malos pensamientos, porque nunca nos lo decían. En lugar de eso, los ritos religiosos permeaban todas las actividades de los clubes: el rosario, la misa, la comunión y los círculos.

Los círculos eran conversaciones con los numerarios de alto grado del Opus Dei, en especial mediante el estudio de "El Camino": un libro con 999 reflexiones sobre la vida. Los círculos son el mayor instrumento de adoctrinamiento. Mi hermano Chico y mi hermana Eva María fueron numerarios desde que tenían dieciséis años. Los numerarios son como los sacerdotes y las monjas, pero en lugar de votos, ellos hacen promesas de castidad, pobreza y obediencia. Son laicos y pueden escoger entre trabajar dentro de la organización o fuera de la misma. Dentro de ella pueden enseñar en las escuelas y los clubes o manejar las residencias.

Chico originalmente quería mantenerse laico y estudió ingeniería durante muchos años, como mi padre. Pero al cumplir 29 años decidió volverse sacerdote en la Orden de la Santa Cruz. Eva María continúa siendo numeraria, y maneja una residencia en San Salvador. Yo también sentí esa atracción por el Opus Dei cuando era adolescente. Pero tenía muchos conflictos. Era consciente del trato que la organización daba a los chicos en comparación con el trato que daba a las chicas. Me parecía muy injusto.

Tuve muchos problemas en casa y traté de escaparme varias

veces. Nada serio en el sentido de que nunca llegué muy lejos: adónde me iba a ir. Una vez cuando tenía doce o trece años, me subí a un bus y estuve ahí toda la tarde pensando qué iba a hacer después. Cuando el motorista se fijó en mí, se preocupó.

—¿Qué andás haciendo aquí? —me preguntó.

—Me estoy fugando de mi casa —le dije.

No se asustó. Cuando llegamos a la terminal una mujer me dio café con pan dulce, y después le dijo al motorista que me llevara a la casa.

Cuando tenía quince años, mi mamá no sabía qué hacer conmigo. Yo siempre andaba metida en problemas. Fumaba. Salía con chicos. Regresaba a la una de la madrugada cuando se suponía que debía regresar a las once. Ella quería ponerme en un colegio interna para ver si yo podía cambiar. Por supuesto, esto era motivo de pleito entre ella y mi padre. Su posición era que yo perdería mi inglés si me metían a una escuela de monjas. Los dos finalmente llegaron a un acuerdo cuando él se enteró de que había una escuela de niñas de la clase alta en

Ana a los 15 años (cortesía de Elizabeth Fujimori)

Guatemala llamada Monte María, dirigida por monjas Maryknoll. Allí asistían *niñas bien* de todas partes de Centroamérica; las materias se impartían en inglés y sus estándares académicos eran altos.

Ese año escolar en Guatemala fue una experiencia profundamente importante, que me hizo cambiar, pero no como mi madre hubiera deseado. Mi mamá hizo arreglos para que viviera en la residencia del Opus Dei en la Universidad de Guatemala, mientras estudiaba en la escuela de las Maryknoll. De hecho, yo era demasiado joven para esa residencia y solo me aceptaron porque mi madre había llegado a ser uno de los pilares del Opus Dei en Centroamérica.

A primera vista, el arreglo parecía ser exactamente lo que mi mamá deseaba, y lo contrario de lo que a mí me gustaría. Tuve que usar uniforme escolar por primera vez en mi vida. Casi todas mis maestras eran monjas y el currículo era declaradamente católico. Vivía en una residencia dirigida por una de las organizaciones religiosas más conservadoras del mundo. Así, mientras parecía que ella había bloqueado todos los caminos hacia la tentación, en realidad terminé con más libertad que antes. Era una residencia de chicas universitarias; y después de vivir en casa bajo la supervisión de mi mamá, todo parecía flexible y abierto. Podía salir desde las seis de la mañana y no regresar hasta las nueve de la noche. Eso era terriblemente estricto para una estudiante universitaria, pero para mí, una niña de quince años, era maravilloso.

Los uniformes, eran bonitos: suéter de color verde olivo, falda a cuadros, calcetines hasta la rodilla y mocasines. Los terrenos de la escuela eran lindos. Cuando pienso en esos tiempos veo ese lugar salpicado de las figuras negras o grises de las monjas, y los colores brillantes de los estudiantes que las rodeaban. Y la residencia tenía sus ventajas para una chica como yo. Al ser yo la menor, casi todas las niñas me identificaban como "la hermana menor". La gente me quería mimar y aplaudían todo lo que hacía.

Lo más importante de todo fue mi amistad con María Cristina Arathon, a quien todos conocían por Titina. Era psicóloga y trabajadora social. Se había graduado años antes de la escuela Maryknoll. Tenía 25 años. Su mamá vivía a tres cuadras, pero no se llevaba bien con ella, así que Titina vivía en la residencia. Era bella, una mujer alta de ojos negros. Tenía lupus, una enfermedad que a menudo le causaba llagas horribles en las piernas. Su único alivio era permanecer acostada por largos períodos. Cuando eso sucedía yo me sentaba en el suelo junto a ella para hacerle compañía.

Mucho de lo que hablábamos Titina y yo era acerca de su trabajo social en las comunidades pobres de Ciudad Guatemala. De hecho, no me contaba mucho acerca de sus actividades, más bien, me contaba sobre las condiciones en las que vivía la gente donde trabajaba. Yo no supe lo que ella hacía ni que llevaba una doble vida, sino hasta mucho después. Pero me fascinaban sus cuentos sobre la comunidad, especialmente en el barrio llamado La Limonada. Titina contaba sobre sus casos, de cómo algunas madres tenían que dejar a sus hijos amarrados a la pata de la cama mientras ellas se iban a trabajar. También me dejaba hablar y me escuchaba con cuidado. Era muy especial, teníamos una rica amistad no afectada por la diferencia de edades. Yo la admiraba. Quería ser psicóloga, y todo lo que era ella.

A través de Titina conocí a Marian Peter, una hermana Maryknoll quien había dejado la enseñanza un año antes para dedicarse a los pobres. Ahora se llama Marjorie Melville, y durante los años 70 llegó a ser conocida en los Estados Unidos por ser una activista en contra de la guerra en Vietnam. Pero cuando la conocí tenía casi 30 años y todavía era monja. A pesar de que vivía en Monte María, gran parte de su trabajo lo hacía fuera de la escuela, por lo que los estudiantes la veían poco; y sentían que era una gran pérdida que no continuara enseñando. La llamaban *Mighty Mouse* (súper ratón), porque era pequeña y llena de energía, siempre corriendo por los pasillos en su hábito gris.

Las chicas de Monte María iban a los barrios pobres una vez por semana a repartir comida, trabajaban en las clínicas y cuidaban niños. Titina me llevaba los sábados a La Limonada, donde Sor Marian Peter era el motor detrás de la clínica y el centro comunitario. El lugar era un barrio pobre con casas construidas con cualquier cosa barata que los habitantes conseguían, igual que en todo Centro América. Pero ahora yo tenía contacto con la gente que vivía así. Titina y Sor Marian me pusieron a ayudar en la clínica, donde lavaba ropa, cuidaba niños, y daba clases de lectura.

Un par de veces a la semana Titina me llevaba a trabajar a un centro de refugio llamado El Cráter. Había un comedor donde se vendía comida muy barata o se les regalaba a los estudiantes que no tenían dinero. También había un salón de estudios y actividades como jugar dardos y ping-pong. Ahí siempre había alrededor de 30 ó 40 jóvenes. Yo lo que más hacía era lavar platos, y me sentía a gusto por contribuir.

Con mi recién descubierta libertad, me involucré en todo tipo de actividades que no hubieran sido posibles estando en mi casa. Fue un gran privilegio vivir junto a estas dos mujeres, comer y platicar con

ellas. Eran mis amigas, mi gente. Y de hecho eran algo nuevo para mí, mujeres que parecían estar en control de sus vidas. Yo quería ser como ellas, no necesariamente haciendo las mismas cosas, pero ser independiente y responsable de mí misma. Lo último que yo quería era convertirme en una esposa sumisa.

Al aproximarse el verano me invitó Sor Marian Peter a pasar tres meses en las montañas trabajando en un cursillo de cristiandad, un retiro cristiano con el objetivo de despertar conciencia de la responsabilidad de cada uno hacia la sociedad. Estos fueron los precursores de las comunidades cristianas de base que luego apoyaron el movimiento revolucionario. Muy católicos, pero sirvieron de trampolín a la gente que se involucró más tarde en la lucha. Me cautivó la idea de pasar mis vacaciones haciendo trabajo comunitario en las montañas, cerca de Huehuetenango.

Durante ese año había conocido a un muchacho que estudiaba veterinaria en la Universidad. Se llamaba Jorge, y comenzamos a salir juntos. Era como diez años mayor que yo. Cuando cumplí dieciséis años sentí que ya lo había tenido todo: un novio, trabajo comunitario y por supuesto, mi amistad con estas dos mujeres maravillosas, Titina y Sor Marian Peter.

Era demasiado bueno para que durara. Un día, mientras estaba de visita en El Salvador, ya casi al final, y en mi forma usual, entusiasta, les dejé caer a mis padres dos noticias impactantes. La primera fue anunciarles que Jorge y yo habíamos decidido casarnos. Pero cuando le dije a mis padres que no solo pensaba casarme, sino que además pensaba pasar las vacaciones en las montañas de Guatemala, su reacción fue rápida y contundente: adiós a Jorge, adiós a Monte María y adiós a Guatemala. Me dejaron terminar los exámenes, obtener mis notas ¡y ya!

La Escuela Americana en El Salvador mantiene el mismo calendario americano, entonces, al volver, comencé la escuela casi inmediatamente. Pero mi año en Guatemala, una de las experiencias más influyentes en mi vida, había despertado mi conciencia social. Me había acostumbrado a caminar en los barrios pobres y a sentarme en la misma mesa con los trabajadores. No comprendía cómo en El Salvador podíamos tener ese abismo entre ricos y pobres.

Eso me hizo un poco beligerante en la escuela. A pesar de que no tenía el conocimiento histórico ni político para saber de lo que hablaba, me volví muy directa. Por suerte, no estaba completamente sola. Había otra chica en mi clase que también demostraba los comienzos de una conciencia política. Se llamaba Carmen Elena, y sus padres eran amigos de mis padres. Realmente ella estaba más avanzada que yo, y a veces hablábamos de desigualdad y de socialismo, y sobre la revolución cubana. Las dos hicimos una presentación muy animada, defendiendo nuestras posiciones en la clase de historia; fue cuando aprendimos sobre los problemas sociales en los Estados Unidos.

Mi conciencia política, incompleta, estaba creciendo. A esa edad ya se tiene una idea sobre la política, aunque no se tiene la información correcta. A veces hablaba de estas cosas con mi padre. Yo decía: "ves papá, dentro de diez años vamos a tener una revolución en este país"; y él me decía: "Nooo, este país es demasiado pobre y está controlado por los ricos y los militares. Las condiciones no están dadas todavía".

Yo no tenía idea de lo que realmente ocurría en El Salvador. Parecería extraño, pero hay que darse cuenta de que la realidad política en mi país no era del conocimiento público. Fue con el nacimiento de las organizaciones populares y las actividades en los años 70 cuando se supo que la situación política era incendiaria y volátil. Los jóvenes salvadoreños éramos ignorantes de la historia reciente de El Salvador, y muchos permanecíamos así de adultos. Recuerdo una fiesta en Jamaica cuando andaba en mis veinte años, y alguien mencionó que El Salvador había tenido una dictadura militar durante muchos años. Me sentí ofendida: "Pero si en El Salvador siempre ha habido elecciones", dije. "¿Cómo pudo haber habido un dictador militar?".

Mi ignorancia era fácil de explicar: los periódicos estaban completamente alineados con la oligarquía. Los salvadoreños que podían leer —una minoría en casi toda nuestra historia— se mantenían en la oscuridad y aún, muchos no querían ni darse cuenta. Obtenías mejor información si comprabas periódicos extranjeros, pero para eso tenías que poder leer en otros idiomas. Así que no fue sino hasta finales de los 70 que se conoció la situación política, la lucha, la violencia.

En el lado social de mi vida, pasé mis primeros y últimos años en lo más cercano a una escuela de bachillerato de Estados Unidos. Todos los maestros eran estadounidenses que habían venido a El Salvador expresamente a enseñar en la Escuela Americana. Muchos eran jóvenes, al final de sus veinte años o a inicios de sus treinta. Algunos de ellos salían con las chicas de la escuela, lo cual era totalmente en contra de las reglas. Pero ese grupo era bien relajado, y después de todo era la última mitad de los 60. Fumábamos marihuana en casi todas las fiestas. Una de mis mejores amigas era una chica que se llamaba Colleen, hija del agregado militar de la embajada de EE.UU. Solía ir con ella a la base de la Marina, donde muy a menudo tenían fiestas. Era confuso: las fiestas, la atracción/repulsión al Opus Dei, mi interés político y el peso de los conflictos en casa. Todavía quería escaparme y liberarme de mis padres.

La verdadera calma la encontré en mis dos últimos años de bachillerato con Titina. La vi durante un par de meses cuando vino a San Salvador para el tratamiento de su enfermedad. Siempre se quedaba con una tía suya en San Salvador, y cuando yo la visitaba, ella se sentaba en una mecedora con los pies sobre un banquito para disminuir la presión. Recuerdo que yo me recogía el vestido y me sentaba en el piso; sentía frío en las piernas sobre los ladrillos, y escuchaba a Titina decirme que me envidiaba porque yo podía sentarme en el piso. Siempre fue bonito verla. Como antes, hablábamos mucho del lugar donde ella trabajaba y de lo que había visto, pero muy poco de lo que realmente hacía. Finalmente me di cuenta, un año después, fue por la portada de un periódico. Titina había sido guerrillera, integrante de las fuerzas revolucionarias. Todo el tiempo que yo la había conocido, ella había vivido esa doble vida. Esto fue a finales de los 60, un punto álgido de la actividad guerrillera en Guatemala.

Las autoridades guatemaltecas finalmente la habían descubierto, pero ella había logrado escapar a México antes de que la arrestaran. Fue un gran escándalo porque estaba embarazada cuando escapó. Su compañero, el padre de su hijo, estaba también con la guerrilla y había escapado al mismo tiempo. Titina murió cuando dio a luz en

México, pocos meses después. Siempre había querido tener un bebé, y sabía que era un riesgo por su enfermedad. Tenía 25 años cuando falleció. Ese mismo año Sor Marian Peter y los Hermanos Melville fueron expulsados de Guatemala por su involucramiento con las organizaciones guerrilleras: otro gran escándalo. Me di cuenta de que durante todo el año que estuve yendo a "El Cráter", este había sido un lugar de reunión de la guerrilla. Algunos de los cabecillas de la guerrilla, como Turcios Lima, habían frecuentado el lugar. Casi todos ellos están muertos ahora. Murieron en la lucha. Pero en ese tiempo, Titina y Sor Marian Peter habían tenido cuidado de que yo no lo supiera.

Después de ser expulsados, los Hermanos Melville y Sor Marian Peter fueron primero a México y después a los Estados Unidos, donde se unieron al movimiento contra el reclutamiento para la guerra en Vietnam. Los encarcelaron por haber robado unos archivos del registro de reclutamiento que luego quemaron junto con sus propias tarjetas. Sor Marian Peter se salió de monja, y se casó con Thomas Melville. Juntos escribieron un libro llamado: *Whose Heaven, Whose Earth?*[1]

2

ANDANZAS DE UNA OVEJA NEGRA

DESPUÉS DE HABERME GRADUADO de bachillerato, me enviaron a una universidad en Boston. Fue decisión de mi padre. Yo quería ser arquitecta, o posiblemente psicóloga, pero mi padre dijo que yo tenía que ser realista. "Vas a terminar casándote a los veinte o a los veintiún años" —me dijo—, "así que no necesitas una profesión. Lo que necesitas es aprender algo que te sirva para trabajar hasta que encuentres al hombre apropiado".

Lo mejor para mí, en su opinión, era entrenarme para ser secretaria. Así fue como llegué al Bay State Junior College en la avenida Commonwealth, en Boston. Mi mamá hizo arreglos para que yo viviera en una residencia del Opus Dei para estudiantes universitarios. Era muy bonito y estaba de moda. Había muchos estudiantes latinoamericanos en Boston, pero en mi universidad había pocos.

Era 1967 y la vida en la universidad en los Estados Unidos era probablemente un tanto diferente a lo que mis padres imaginaban. Y de alguna forma yo era muy diferente a lo que ellos imaginaban. Yo ya había fumado marihuana y había tomado ácido con amigos en San Salvador. Mis ropas se habían vuelto más *hippie*.

Por medio de una de las chicas en la residencia conocí a varias personas de la comunidad colombiana. Creo que lo más importante que me sucedió ese año en Boston fue que conocí a un hombre, y comencé a salir con él. Jack era estadounidense y tenía treinta y nueve años, casi exactamente el doble de mis dieciocho años de edad. Hablaba español porque había trabajado como contador con la United Fruit Company en Honduras y Colombia, y se juntaba con grupos colombianos porque le gustaban los latinos. Casi solo salía con chicas latinas también.

No creo que yo lo haya impresionado por mi dulzura el primer día que salimos. Jack intentó llevarme a un bar, pero le dije que no podía porque yo no tenía mi carnet de identidad. Tenía que ser mayor de edad para tomar bebidas alcohólicas en Massachusetts, y en esa época yo no tenía edad.

Jack nunca se había casado. Era un poco raro, pero atractivo. En retrospectiva puedo ver que Jack era el estereotipo de la figura paterna para mí: muy católico, muy serio, y cuadrado. Único hijo, muy conservador en sus modales y en la relación con sus padres. Su vida era bien ordenada. Sus padres vivían en un pequeño pueblo en Cape Cod llamado Green Harbor, yo los conocí y me cayeron bien. Llegué a ser parte de la familia.

Al principio creí que quería casarme y lo empujé hacia eso. Eventualmente y no con muchas ganas, aceptó. De nuevo, eso no simplificó las cosas. Yo estaba confundida y dividida dentro de mi misma. Por una parte, me había dicho varias veces que yo no quería casarme, porque no quería tener una vida como la de mis padres.

Después que Jack y yo decidimos que nos casaríamos, vino a San Salvador durante las vacaciones de verano. Tan pronto como llegué a la casa les anuncié mi intención a mis padres. Inevitablemente se molestaron con la noticia porque no lo conocían. Ellos querían que me casara con un hombre de una buena familia en El Salvador, con alguien que ellos aprobaran.

Más que nada, objetaban a cualquier muchacho con quien yo saliera si ellos no conocían a su familia. Lo primero que mamá preguntaba después de que yo regresaba de una cita era: "¿Quién es el padre?¿Quién es la madre? ¿Dónde viven? ¿Qué hacen?" Todo tenía que ver con el estatus familiar.

Pero como no me podían atar, era poco lo que podían hacer. Yo estaba firme con que me iba a casar. Y no solo eso, sino que además iba a estudiar arquitectura. Antes de irme a casa ya me había transferido a Northeastern University, también en Boston. Después de tantas discusiones, papá finalmente aceptó mis demandas. Pero en ese entonces comenzó la guerra entre Honduras y El Salvador y eso lo cambió todo. Como muchos salvadoreños, mi padre tenía muchos negocios en Honduras y perdió mucho dinero a causa de la guerra. Así que dijo, no más universidad para mí.

Mi papá no estaba precisamente en bancarrota, por supuesto, pero Javier ya estaba en la Universidad de Vermont y mi hermano menor estaba por graduarse de bachillerato. Según él debía darles una educación universitaria a los hijos varones, mientras que yo no necesitaba una preparación académica. Según él, yo me casaría pronto y algún hombre me cuidaría. Además, mi papá no podía pagarnos la educación universitaria en los Estados Unidos a los tres al mismo tiempo. Fue tan simple como eso.

Así que me quedé en El Salvador. Me inscribí en la UCA, la Universidad Jesuita. No me gustó mucho; pero fui porque estaba clara con que tenía que estudiar. Mi padre era un ingeniero de mantenimiento en la Embajada Americana y eso ponía a nuestra familia en contacto con esa comunidad. Usualmente era muy crítico de los americanos, pero en ese tiempo él se había hecho amigo de un integrante de la Marina en la Embajada. Lo recuerdo diciendo, "por lo menos hay un Marino que vale la pena. Los demás no saben la diferencia entre la cabeza y los pies". Como si eso no fuera suficiente, sucede que Jerry era negro. Quizás el único hombre negro en El Salvador en esos años. Todos los viernes había una fiesta de *happy hour* en la Marine House, que era un club privado americano. Los estudiantes de la Escuela Americana podían llegar y encontrarse ahí con el grupo de la Embajada y con la comunidad americana. Un viernes de esos fui yo sola y me encontré con Jerry. No sé si fue a causa de que a mi padre le caía bien o porque él era negro, el caso es que me enamoré de él.

Fue un escándalo en la casa. Cuando se enteró mi madre, me prohibió ver a Jerry, pero encontré formas de verlo. Finalmente, después de que me sorprendieran viendo una película con él, mi madre decidió tomar medidas drásticas y enviarme a un colegio en

España. El Opus Dei manejaba una universidad conservadora muy grande en San Sebastián, la Universidad de Navarra, donde más tarde mi hermano Chico estudió su sacerdocio. Mi madre realmente lo vio como un milagro. Dios la había iluminado y le había mostrado el camino. Y tan organizada y llena de energía como ella era, hizo arreglos para que me aceptaran sin ninguna otra formalidad — sin aplicaciones, sin exámenes de admisión, nada—, y logró que un alto oficial de la escuela me recibiera en el aeropuerto al llegar. ¿Y por qué no? Yo era la hija de una de las más importantes representantes del Opus Dei en El Salvador. Estudiaría con el propósito de convertirme en una maestra de *kindergarten*.

En los próximos tres días ella organizó todo lo demás: ropa, boletos, pasaporte y un millar de detalles. Así era de eficiente. Por supuesto yo no quería irme, pero por ser menor de edad y estar bajo el control de mis padres no podía hacer nada. Ellos no podían financiarme en Boston, y aunque el viaje a España era caro, el mantenimiento ahí prácticamente no era nada. El cambio en ese tiempo era de setenta pesetas por dólar y yo podría vivir ahí con veinticinco dólares al mes. Comparado con los gastos mensuales en Boston que eran de quinientos, eso no era nada. Mi madre tenía una tienda de antigüedades en ese entonces, y sospecho que entre ellos negociaron. Quizás ella ofreció pagar una parte de los gastos.

Ese año en San Sebastián fue uno de los más tristes y confusos de mi vida. Físicamente es una ciudad muy bonita, pero está en el país vasco y la gente de la región es muy formal y conservadora. Fue durante el apogeo del régimen de Franco, cuando España era probablemente el país más reaccionario de Europa. Los estudiantes de mi programa eran en su mayoría mujeres, y todas se vestían de la misma manera: faldas de lana, suéteres Shetland con un pequeño prendedor y mocasines con calcetines hasta las rodillas: todo perfecto. Yo no tenía ese tipo de ropa. Viniendo de una Escuela Americana, con mi pelo largo, mis minifaldas, mis faldas *hippies* largas, pantaloncitos calientes, maquillaje, aretes colgantes. Así que desde el día en que llegué era obvio que no cabía en ese ambiente.

Todas las estudiantes eran españolas excepto dos: una chica alemana y una peruana. Y como las tres estábamos hospedadas en la misma pensión nos hicimos amigas inmediatamente. En la universidad íbamos a misa todos los días. La atmósfera era tranquila y acogedora. Pero no solo era la universidad, la ciudad entera era así. Chicos y chicas no salían juntos excepto en público. No podían estar juntos en privado o en el cine.

Un día nos dejaron salir para las fiestas del Día de Los Santos. Mis dos amigas y yo hicimos un viaje de un día a una playa llamada Fuenterrabía. Como a las cinco de la tarde decidimos regresar caminando por las lomas de San Sebastián. Compramos una botella de brandy, algunas aceitunas y comenzamos a caminar. Después de unos kilómetros comenzamos a congelarnos, pero como no teníamos dinero y no podíamos parar, continuamos caminando.

Como a las tres de la mañana estábamos exhaustas y llegamos a una pequeña estación de tren que por suerte siempre estaba abierta en la noche. Entramos, pusimos algunas bancas juntas y nos pegamos para mantenernos en calor. De repente las puertas se abrieron y entraron ocho miembros de la Guardia Civil con sus sombreros tricornio. Estábamos aterrorizadas. Nos tiraron contra las paredes y nos registraron abusivamente. Nos metieron las manos en los calzones y nos tocaron.

Teníamos miedo de que nos violaran. Los guardias nos acusaron de tener contrabando, pero no dejaron que les explicáramos nada. Nos iban a llevar presas dijeron, y que pasaríamos el resto de nuestras vidas en prisión. Después de una hora nos dejaron solas. Esa fue mi primera experiencia sobre represión policial.

Cuando regresamos a San Sebastián reportamos el incidente, pero la respuesta que nos dieron fue típica: la escuela dijo que había sido nuestra falta por haber hecho algo tan tonto. Que nosotras nos habíamos buscado el problema.

Inmediatamente después, la universidad hizo arreglos para que yo viviera en otro lugar, aduciendo que la pensión estaba demasiado llena. Me enviaron a vivir con una Condesa, una mujer mayor, soltera, llamada señorita Pesky. Creo que ella me aceptó porque necesitaba compañía. Ella vivía en una casa antigua de apartamentos con dos empleadas domésticas: Petronila y Julia. Cada piso era un apartamento y el ascensor abría justo frente al vestíbulo. La sala lucía vieja y polvosa, todos los muebles cubiertos con sábanas. Aparte de los dormitorios y de la cocina, solo se usaba un cuarto en común que era el comedor. También sucedieron otras cosas en San Sebastián que me hicieron la vida miserable. La ciudad tenía una playa bonita y un día fui a caminar. Llevaba el traje de baño bajo el vestido, y nunca me imaginé que fuera una gran cosa quitarme la ropa en la playa, pero la policía vino y trató de arrestarme por exhibicionismo indecente. Al estilo español me multaron con mil pesetas, que era más de la mitad de lo que recibía al mes.

Todo dentro de mí se rebelaba contra San Sebastián. Pero no tuve que esperar tanto para que esta parte de mi vida terminara abruptamente. En junio de 1968 fui con un grupo de mi escuela a ver la corrida de toros a Pamplona. Realmente los toros no me interesaban tanto. Yo había conocido a cuatro chicos americanos una semana antes en la playa de San Sebastián. Nos dimos cuenta que todos iríamos a Pamplona, así que estuvimos de acuerdo en encontrarnos ahí. Al llegar con mi grupo de la universidad, todo lo que tenía que hacer era dejarlos y encontrarme con estos chicos. Ellos estaban acampando en una camioneta, y me preguntaron si quería quedarme con ellos. Por supuesto que les dije que sí. Le avisé al grupo que regresaría en dos días. Eso hizo que me expulsaran de la universidad.

Así terminó mi vida en San Sebastián. Las autoridades de la universidad me dijeron que yo no estaba apta para ese tipo de institución porque no estaba dispuesta a seguir las reglas. Llegamos a un acuerdo: yo dejaría la escuela, y ellos no le mencionarían a mi madre lo de Pamplona. Cuando notificaron a mi madre simplemente le dijeron que mi preparación anterior era muy diferente a la actual y que por tanto no me adaptaba a su institución. Pero ya había terminado el año, y había recibido un certificado en enseñanza de inglés como segunda lengua. Mi mamá había dicho que yo solo debía asistir a esta universidad por un año, así que más o menos estuvo de acuerdo. Ella vino a San Sebastián para hacerse cargo, y juntas hicimos un viaje por Europa. Durante un mes visitamos amigos en Génova y en Inglaterra.

Ella aprovechó para comprar antigüedades que luego vendería en su tienda. Terminamos nuestro viaje en Madrid y ahí la convencí de que me dejara en España un año más. Principalmente le argumenté que no había visto lo suficiente y que había muchas cosas que yo quería aprender. Siguiendo su propia estrategia de organizar todo eficientemente, me adelanté y me matriculé en un curso de computación. Cuando le mostré la matrícula como una prueba de que yo ya había arreglado todo, no tuvo más remedio que aceptarlo. Ella se quedó tres semanas más en Madrid e hizo arreglos para que yo viviera con una familia.

Con un abrazo, me dijo adiós y regresó a El Salvador. Los arreglos que hacía mamá no eran perfectos. Había otra chica llamada Turka viviendo con esa familia. Para enero era claro que no había suficiente espacio para que las dos viviéramos cómodamente en esa casa. Así que Turka y yo decidimos buscar un apartamento. Ella ya trabajaba y yo todavía estaba en la escuela.

Cuando les conté a mis padres, no estaban muy contentos con mi traslado. Ellos querían que yo me fuera a vivir con otra familia, pero yo ya había decidido que había llegado el momento de independizarme de ellos. Así que comencé a buscar un trabajo. Turka me consiguió uno de secretaria de un húngaro, el señor Finale. Era un contador que había salido de Hungría después de la invasión soviética de 1956, y se había refugiado en la España de Franco.

El señor Finale poseía condominios en la isla de Ibiza. Yo trabajaba en su pequeña oficina cinco horas al día. Manejábamos todos los detalles administrativos de los condominios. El señor Finale me enseñó cómo hacer el trabajo de oficina. Después de que yo mecanografiaba las cartas, él las examinaba cuidadosamente, y si yo cometía algún error, me las regresaba para que las hiciera de nuevo.

Un día él tenía que hacer un viaje de ventas a Ibiza con un grupo de norteamericanos y me pidió que lo acompañara. Por supuesto le dije que sí, y en el instante que puse los pies en Ibiza me di cuenta de que era el lugar donde yo quería vivir. Era bellísimo. La tierra tiene un barro color rojizo, hay flores rosadas y blancas, almendras por todos lados, pequeñas casas blancas y la gente vestida de negro. Me gustó tanto el lugar que comencé una campaña diaria para convencer a mi jefe de que me dejara a cargo del trabajo en la isla. Al final del verano de 1968 le pedí que me diera un trabajo permanente en Ibiza.

No le parecía la idea de perder a su secretaria en Madrid, pero lo convencí, y para septiembre me instalé en Ibiza permanentemente. Unos pocos meses más tarde el señor Finale vendió todas sus propiedades a un alemán llamado Schmelzer, quien ya poseía muchas inversiones en España, inclusive hoteles, apartamentos y casas.

El señor Schmelzer me ofreció trabajo en su compañía y muy pronto, después de comenzar a trabajar con él me convertí en su secretaria privada y su mano derecha. Me hice cargo de sus cuentas personales, sus reservaciones, sus gastos de casa y oficina, los detalles relacionados con su amante en Münich, y los que tenían que ver con su esposa y sus hijos, quienes vivían en Dusseldorf en una casa enorme de veinticuatro habitaciones, cancha, boliche y piscina de agua caliente. Al mismo tiempo que me encargaba de todos sus negocios, a menudo viajaba con él. En ese tiempo yo no estaba segura si su negocio era legítimo o no, y fue solo después de que me fui que descubrí que no era así. No parecía una estafa, todo parecía ser transparente, y de hecho, había mucha construcción de casas modelo. Pero creo que no era suficiente para las ventas que él hacía. Me di cuenta mucho tiempo después de que él se había ido de Ibiza.

El señor Schmelzer quizás tenía alrededor de sesenta años, su cara grande, gorda y roja. Tenía un yate, y la época en que yo trabajaba para él, le había comprado un avión a John Wayne. Era un DC-6 modificado para dieciséis personas. Viajamos mucho en ese DC-6 buscando tierras alrededor de Europa, en África, el Medio Oriente, Seychelles, Mauricio...

Parte de mi trabajo era arreglar la cena durante las fiestas, los desayunos y almuerzos de negocios. A veces me enviaba a Dusseldorf en su avión, con cientos de marcos para comprar salchichas, pan, quesos y vinos. O me avisaba que traería a diez personas para el almuerzo, y yo tenía que subirme en mi moto, correr a la Villa para comprar diez conejos. Aprendí a cocinar hasta para sesenta personas. Trabajé con él el resto del tiempo que estuve en Ibiza, casi tres años en total. En esa época, la violencia había aumentado en El Salvador, pero yo no estaba muy consciente de lo que estaba pasando.

En ese tiempo comenzaron a desaparecer muchas personas. En 1971, Ernesto Regalado Dueñas fue secuestrado. Ese fue un golpe directo a la oligarquía. Los Regalado y los Dueñas eran familias de la oligarquía. Así que era una noticia muy grande, tan grande que hasta yo la escuché en Ibiza. La operación se la adjudicó una organización llamada El Grupo. Ellos lo habían secuestrado para canjearlo por una alta suma de dinero, pero en el transcurso del canje, lo mataron. La mayoría de los secuestradores fueron arrestados; y eso también fue un gran escándalo porque algunos de ellos eran hijos de figuras políticas reconocidas. Por ejemplo, una de ellas era la hija de Fabio Castillo, rector de la Universidad Nacional y uno de los grandes hombres de la izquierda intelectual salvadoreña. Otro, que venía de una familia de diplomáticos, Jorge Cáceres Prendes, fue el único que mandaron a juicio. A otros los mantuvieron en prisión sin juicio, otros fueron enviados al exilio, y un par de ellos todavía viven exiliados en Costa Rica.

El Grupo se originó a partir de varias organizaciones en la Universidad Nacional, inclusive algunos del Partido Demócrata Cristiano, del Partido Comunista y de organizaciones cristianas. Joaquín Villalobos, ahora el líder del Ejército Revolucionario del Pueblo estaba ahí. Básicamente, eran jóvenes que vieron la impotencia de la política tradicional para alcanzar un cambio, y trataron de aplicar las lecciones de la revolución cubana. A pesar de los arrestos El Grupo continuó existiendo, y en 1973 anunció formalmente la formación del ERP.

No mucho de eso se filtró hasta mí en España. Hubo largos períodos durante los cuales no les escribía a mis padres o no escuchaba nada de ellos. A mediados de 1973 fui a Múnich a estudiar alemán, y mi padre vino a visitarme en octubre. Pasó un mes conmigo, y nos hicimos buenos amigos. Buscó alojamiento en un hotel cerca de mi apartamento y se pasó el mes caminando, leyendo, visitando fábricas y buscando equipo fotográfico.

Nos encontrábamos en la escuela después de mis clases. Almorzábamos o cenábamos juntos, visitábamos museos o nos sentábamos en el parque. Conoció a todos mis amigos y se familiarizó con ellos. A todos les caía bien. Mi padre era un hombre encantador, tan encantador que en el transcurso del mes que pasó conmigo en Múnich, me convenció de que regresara con él a El Salvador.

Ana Margarita a los 20 años (cortesía de Iván Montecinos)

3

EN JAMAICA

DE REGRESO en El Salvador tuve varias ofertas de trabajo: uno era manejar una *boutique chic* para "*niñas bien*". Y eso era lo que mis padres querían que yo hiciera. Pero yo no quería pasarme todo el día ayudando a mujeres a escoger zapatos y ropa. Me había propuesto trabajar en hotelería y turismo porque esa era la experiencia que había adquirido en Ibiza. Lo único que encontré fue ser la responsable de manejar a las meseras de la cafetería del Hotel Camino Real, en el turno de la noche. Mis padres estaban realmente molestos y hasta avergonzados cuando tomé ese trabajo. Pero yo había calculado que tarde o temprano llegaría más lejos. Así que lo tomé. Trabajaba de las cuatro de la tarde hasta medianoche. Mis cálculos fueron correctos: seis semanas más tarde me promovieron a un puesto ejecutivo a cargo de las convenciones; lo que me hizo ser parte del grupo de gerencia en un solo salto. Además, tuve responsabilidades para manejar el restaurante.

El hotel era uno de los más importantes del país, y yo tenía que estar ahí para todos los eventos del gobierno. Un día tuve que organizar un almuerzo para cerca de veinte personas, incluyendo gente de alto grado del gobierno: el Ministro del Exterior Mauricio Borgonovo y el empresario Roberto Poma, entre otros. El invitado de honor era Eric Anthony Abrahams, director de Turismo en Jamaica, quién había llegado a El Salvador a asesorar la industria de turismo, en representación de la Organización de Estados Americanos (OEA).

Anthony venía de una familia de banqueros de clase media alta de Jamaica, la clase que dominaba la industria y las finanzas. Su padre era presidente del banco más grande de Jamaica. Anthony había sido un estudiante brillante. Había estudiado Ciencias Políticas en la Universidad de Oxford, en Inglaterra. Al final de su carrera en 1964 ejerció su derecho de escoger a un invitado para dar una conferencia, y escogió a Malcolm X. Anthony también había dirigido algunas manifestaciones en contra del *apartheid*. Al dejar Oxford se convirtió en el primer reportero negro de la televisión en la BBC. Después de eso, se fue a Jamaica a trabajar en los medios de comunicación y en turismo.

Anthony me había fascinado. Era alto y de buen parecer, un hombre guapo de piel oscura y afro. Se vestía con impecables trajes blancos y tenía la habilidad para conversar sobre cualquier tema. Tenía cuarenta años, y estaba casado con dos hijos, pero estaba en el proceso de un dificultoso divorcio.

Eric Anthony Abrahams (Atlanta Constitution, 1972)

Comenzamos a vernos durante el mes que permaneció haciendo su trabajo de asesoría en El Salvador, y de pronto se convirtió en una relación muy intensa. A mis padres les encantó desde la primera vez que lo llevé para que lo conocieran. Pero eso fue antes de que nuestra relación se hiciera pública. De nuevo, yo tenía una pareja a la que a mis padres les era imposible aceptar, en particular a mi madre. Comencé a viajar a Jamaica para estar con él los fines de semana, y eventualmente abandoné mi trabajo por completo. Me fui a vivir con él a su casa en las afueras de Kingston.

Anthony se había trasladado a esa casa después de separarse de su esposa, y el lugar era un desorden. Mi primera tarea fue poner la casa en orden para él. Y yo me convertí en una ama de casa por primera vez en mi vida. Cuando la gente me preguntaba "¿Qué haces tú?", yo respondía que era una mujer de ocio, una mujer recatada. No era verdad, porque yo había comenzado a dar clases de español y a vender violetas africanas de las que sembraba en el jardín de la casa, pero era bastante cercano a la verdad. Por su parte, Anthony me había involucrado en su vida profesional y social como su futura esposa, diciendo que estábamos viviendo juntos hasta que él consiguiera el divorcio. Así que yo fui una relación oficial desde el comienzo, ante sus padres y amigos: "la casi esposa".

Al lado de él, me fui metiendo más seriamente en la política, ya que él conocía a medio mundo. Michael Manley era el Presidente de Jamaica en ese tiempo, y rápidamente lo conocí a él y a otras personas prominentes del Partido Nacional del Pueblo (People National Party). El Primer Ministro David Core, era uno de los mejores amigos de Anthony; y su esposa Mirth y yo nos hicimos muy buenas amigas desde el inicio. Ella ocupaba un puesto muy alto en el comité de organización del PNP, e hizo que me involucrara. Primero fue dando clases de español a la gente que hacía trabajo internacional para el partido. Manley era un socialdemócrata, muy inclinado hacia la izquierda. Él había estado en Cuba, y los cubanos tenían una gran misión diplomática en Jamaica.

En la calle todo era diferente. La violencia política y racial había comenzado a estallar en Jamaica. La mayoría de las personas blancas y chinas habían comenzado a irse, y gran cantidad de jamaiquinos se estaban yendo a Canadá, como refugiados.

Eventualmente la violencia racial comenzó a afectarme más directamente. No importaba qué tanto estuviera yo recibiendo el sol, evidentemente yo era blanca y sobresalía como un dedo gordo hinchado cuando andaba alrededor de la ciudad en mi *Mini Morris* rojo. Experimenté varios incidentes feos. Una vez, mientras iba sentada en el asiento delantero del carro, una mujer que pasaba escupió justo en la ventana, diciendo: "¡Basura blanca!".

Fue cuando entendí lo que era la situación del racismo: ser blanco simboliza al opresor. Estas experiencias me indicaron que no importaba qué tanto trabajara ahí para el PNP; yo no era jamaiquina y mi lucha no estaba en Jamaica. Al final de ese año me fui a pasar la navidad con mi familia en El Salvador. Cuando le conté a mi papá lo desilusionada que estaba porque no podía regresar a estudiar, me dijo, "anda a hablar con el Padre Gondra para ver qué es lo que puede hacer por ti". El padre Gondra era el director de admisiones de la Universidad Centroamericana (UCA) en El Salvador. No tenía mis credenciales a la mano, pero ya que era una Gasteazoro, y mi abuela había hecho mucho por la UCA, me permitieron comenzar a mediados del ciclo escolar. Decidí intentarlo por un semestre y viajar a Jamaica lo más que pudiera.

A estas alturas Anthony se había unido al Partido Laborista de Jamaica (Jamaica Labour Party) y era candidato para las elecciones en Puerto Antonio, una parte muy bella del país. Yo lo visitaba una vez al mes, y me quedaba el fin de semana, pero después de permanecer unos pocos meses en El Salvador mis puntos de vista políticos se estaban volviendo sólidos.

No podía entender cómo Anthony estaba en la derecha, hablando en contra de todos los programas sociales que Manley había implementado; y que denunciara las relaciones de Cuba con Jamaica. Por su parte, Anthony resentía que yo no estaba con él para apoyarlo durante su campaña. También hubo otras cosas entre nosotros que nos separaron más, pero la política era lo más pesado. Él perdió las elecciones, y eventualmente ganó en 1980. Y se convirtió en Ministro de Turismo bajo Seaga. Después se separó de Seaga y formó su propio partido.

Para ese tiempo nuestra relación ya había terminado. Tuvimos una gran discusión durante uno de los fines de semana que yo había llegado a visitarlo, y simplemente dejé la casa sin siquiera empacar mis cosas. Nunca más regresé y nunca más volvimos a hablar.

4

ME INCORPORO A LA POLÍTICA

Las malas noticias en El Salvador siempre parecen llegar por radio. Cuando pienso en la muerte de tantos colegas y compañeros durante mis años en la oposición política, sus nombres y la noticia de sus asesinatos, secuestros, arrestos, desapariciones, llegan a mí como un terrible recuerdo proveniente de un radio de transistor: María Magdalena Enríquez, Enrique Barrera, Martín Espinoza... Debería alertar a los lectores que de aquí en adelante en este libro, muchos de los nombres serán seguidos por "él o ella" fue asesinada por el ejército o la Guardia Nacional o los escuadrones de la muerte, entre 1978 y 1981.

Esa era la realidad de El Salvador a la que yo regresé; y el precio que la gente tenía que pagar por estar en la oposición. El primer nombre que escuché en uno de esos boletines de radio fue el del sacerdote jesuita Rutilio Grande. El padre Grande fue el primer líder religioso importante en ser asesinado. Entre la muerte de él en 1977 y la fecha en la que a mí me arrestaron en 1981, un total de diez sacerdotes habían sido asesinados, y otros sesenta obligados a salir al exilio. Dentro de estos está el asesinato de Monseñor Romero, el 24 de marzo de 1980, mientras oficiaba una misa en la capilla del Hospital de la Divina Providencia.

Al final de ese año ocurrieron los asesinatos de cuatro mujeres estadounidenses de la Orden Maryknoll. Y eso no ha parado, tan reciente como en noviembre de 1989 cuando asesinaron a seis jesuitas de la UCA, inclusive al rector, padre Ignacio Ellacuría. Soldados del Batallón Atlacatl les volaron los sesos a corta distancia. Pero el asesinato del padre Grande fue el primero, y tuvo un significado muy especial porque los jesuitas son una institución importante en El Salvador.

Cuando el padre Grande fue asesinado, yo estudiaba a medio tiempo en la Universidad Centroamericana. La fecha exacta fue el 12 de marzo de 1977. Era domingo y yo estaba trabajando con un grupo de compañeras de clase en una tarea de psicología. A mis veintisiete años, trabajando con chicas de diecisiete y dieciocho, me sentía ya grande. Fue un período muy interesante para mí: cuando por primera vez escribía en papel, cosas que yo creía eran correctas.

Mural dedicado a Padre Rutilio Grande, ca 1995, El Paisnal (Courtesia de Rachel Heidenry)

Estábamos en la casa de una de las chicas en un vecindario de la colonia Escalón, cuando sus padres nos dijeron que escucháramos las noticias. Estaban muy disgustados. Yo recuerdo que me asombré de ver cómo personas de un vecindario burgués como ese, estaban tan sentidas y tan preocupadas por la muerte de un sacerdote que se había dedicado a trabajar con los campesinos. Ellos sabían que él era uno de los grandes promotores de las Comunidades Cristianas de Base; y también sabían sobre la Teología de la Liberación.

La radio dio una noticia breve. Temprano en la mañana el padre Grande había salido de la capital en un jeep con dos acompañantes: uno de 16 años y el sacristán de 72. Iban a celebrar la misa en el pueblo de Aguilares, a 35 kilómetros al norte de San Salvador. Ya casi habían llegado cuando fueron emboscados. El jeep recibió una ráfaga de disparos desde los cañales que quedan a lo largo del camino, y los tres fueron asesinados: el padre Grande, el sacristán y el muchacho.

Aguilares es uno de esos pueblos salvadoreños que fue muy golpeado por la represión del gobierno, debido a las Comunidades Cristianas de Base que el padre Grande había venido promoviendo en el área desde 1972. El movimiento de las Comunidades de Base salió de las reformas católicas del Concilio Vaticano II, en 1962 y de la Conferencia de Medellín, a finales de los años 70.

Esencialmente, las Comunidades Cristianas de Base son una forma para que la gente pobre participe en la iglesia a nivel social; y aplique el aprendizaje en sus propias vidas, en lugar de solo tener un sacerdote que desarrolle los rituales una vez por semana. Es un acercamiento a las bases, por ejemplo, algunos lugares en el país son tan pequeños y aislados para tener un cura que los visite regularmente. Por eso es que las comunidades establecidas ahí tenían líderes laicos. Y eso era apoyado por sacerdotes activistas como el padre Grande.

Pero como todo lo que ayude a que los pobres tomen control de sus vidas, las Comunidades de Base eran vistas como una amenaza a la estructura de poder establecida y las atacaban como si fuesen "subversivas". Había muchas disputas en el área; y muchos de los líderes laicos habían sido amenazados, y algunos asesinados por la ORDEN, una organización paramilitar que tenía el apoyo del gobierno. Nunca conocí al padre Grande personalmente, pero al igual que muchas otras personas, había escuchado mucho acerca de él. Había enseñado en el Externado, la escuela jesuita donde mi padre y mis hermanos habían estudiado. Igual que dos hermanos de la compañera en cuya casa estabamos estudiando. Ahora entendía por qué se sentían personalmente afectados por la noticia.

Los jesuitas habían sido los educadores de la oligarquía y de la clase media alta desde que la Orden llegó a El Salvador a inicios del siglo pasado. En la primera parte de este siglo solo tenían una escuela primaria y secundaria, pero a inicios de los sesenta, instituyeron la Universidad Centroamericana, la UCA. Comenzó a pequeña escala en la Parroquia Don Rúa en San Salvador, pero luego tomó lugar en un terreno donado por la oligarquía.

Esa es otra ironía de nuestro país: Las familias oligárquicas fueron las que apoyaron la creación de la universidad jesuita en primer lugar. Ellos pensaban que la Universidad Nacional era el vivero del comunismo. Por eso donaron el terreno a los jesuitas y les ayudaron a iniciar la universidad, para que los jesuitas les dieran a sus hijos una "verdadera" educación católica. Y por supuesto, se volvió contra ellos. A mediados de los setenta, también fue vista como un vivero del movimiento comunista.

Los maestros jesuitas de la UCA han sido una influencia progresista en el país, y a menudo actuaron omo consultores del gobierno, de partidos políticos y de grupos económicos. Por ejemplo, ellos tuvieron mucho que ver con la iniciativa de reforma agraria del presidente Arturo Molina en 1975. La reforma fue apoyada por un sector progresista de la burguesía porque ellos pensaban que era el camino para evitar una revolución comunista en el futuro. El asesinato del padre Grande confirmó mi comprensión de lo que estaba sucediendo en El Salvador; igual que mi resolución de involucrarme. No me dio miedo, aunque debería haberme dado. Yo no tenía un entendimiento profundo, mucho menos un plan o programa, yo tenía 27 años y estaba llena de entusiasmo. Hacía poco me había unido a un partido político, el Movimiento Nacional Revolucionario (MNR), y había arreglado mi vida de tal manera que podía ocupar gran parte de mi tiempo en la política.

A mi regreso de Jamaica a El Salvador, mis prioridades fueron buscar trabajo e independizarme de mis padres. Al contrario de tantos salvadoreños, nunca tuve problemas para encontrar empleo. Tenía el beneficio de mi conocimiento de varios idiomas y de enseñanza de los mismos y además, el comportamiento social que mi madre me había dado, una habilidad natural de manejar gente, y por supuesto, las conexiones de mi familia.

Conseguí trabajo casi de inmediato, enseñando inglés en el Centro Cultural Salvadoreño Americano. Era de medio tiempo y me pagaban por hora. Lo cual fue muy conveniente, pero yo necesitaba más trabajo de lo que ellos podían darme. Mantenía los ojos abiertos por si algo aparecía. Un día vi un anuncio en el periódico para escribir guiones en inglés para la Televisión Educativa de El Salvador, y apliqué.. Era un experimento grande llamado "Educación a distancia", financiado por japoneses, ingleses, y estadounidenses. Fui a la entrevista y estaba sentada en el salón de espera, cuando un hombre ya mayor, con una gran nariz y pelo blanco, entró. Por su aspecto, pensé que no era salvadoreño. En un español mal hablado, con un acento de Europa del este, me preguntó qué era lo que yo estaba haciendo ahí. Le respondí, en inglés, que estaba ahí para una entrevista por su trabajo de guionista.

—No, no —me dijo—, tú no eres para ese trabajo. Ven conmigo.

Me llevó a su oficina y me hizo leer en voz alta un periódico. Luego llamó a una maquillista y le dijo que me maquillara. Evidentemente pasé ambas pruebas, porque él dijo que yo estaría perfecta como presentadora: la persona que saludaba dando los buenos días cuando el canal salía al aire y anunciaba la agenda del día. Luego me llevó a la oficina del director, y le dijo que había que buscar a otra persona para el trabajo de guionista. Fue así como empecé a trabajar en televisión.

Este caballero era a un experto de la BBC que trabajaba bajo un programa de las Naciones Unidas, enseñando locución y lingüística estructural para escribir diálogos y presentación en general. Solía volverme loca, pero aprendí mucho de él: cómo escribir diálogos, cómo leerlos, y cómo no tener miedo ante la cámara. Trabajé en la sección cultural en vez de trabajar estrictamente en la parte educacional. Trabajaba con películas, obras de teatro y libros. Me gustaba, pero comencé a tener horribles resfriados. Los estudios eran muy fríos. La paga no era tan buena; y yo seguía recibiendo ofertas de trabajos con muy buenos salarios y oportunidades de viajar.

Después de casi diez meses de trabajar en televisión recibí una llamada del Instituto Salvadoreño de Comercio Exterior, ahora parte del Ministerio de Asuntos Exteriores. Me ofrecieron un trabajo a cargo de mostrar artesanías y bienes salvadoreños en ferias internacionales, el doble del salario que ganaba en la estación de televisión. Era muy difícil rechazar una oferta como esa. Acepté y me pasé los próximos meses viajando a ferias comerciales en Alemania, Estados Unidos, Panamá, y Guatemala. El trabajo era interesante y me permitió conocer a mucha gente, pero también era cansado. El Instituto no tenía suficientes recursos para todo lo que se debía hacer. Al final solo estuve ahí unos pocos meses.

Había encontrado una casa pequeña muy bonita en un vecindario llamado Las Delicias. Las casas habían sido construidas en una loma. Eran pequeñas, pero muy bien diseñadas, sin ángulos, solo curvas. Todas estaban pintadas en colores pastel —turquesas oscuras y amarillas—, y había muchas buganvilias en las angostas calles. No era lo que se diría un barrio marginal; la mayoría de los residentes eran propietarios de sus casas. Muchos eran trabajadores de fábricas y maestros. Yo pagaba ciento veinticinco colones por la renta.

Una vez que tuve un trabajo y un lugar para vivir, me dediqué a investigar los diferentes grupos políticos que componían la sociedad salvadoreña. Había tres enfoques donde escoger. Uno era a través de los partidos políticos constituidos legalmente, los cuales estaban tratando de producir cambios a través de las elecciones. Un segundo, era a través de las organizaciones de masas, las que esencialmente eran alianzas entre sindicatos y asociaciones de campesinos. Y finalmente estaban los grupos guerrilleros, cuyas actividades a mediados de los setenta eran muy limitadas, comparadas con las fuertes operaciones militares que vinieron después.

Esencialmente, me atraían dos direcciones, una por experiencia y la otra por intuición. Hasta entonces, mi única experiencia política había sido con los socialdemócratas en Jamaica, el PNP de Michael Manley. Pero yo sentía que el enfoque reformista de los partidos políticos, hasta el de los socialdemócratas, no era suficiente. Observando la forma de la estructura y la historia de la sociedad salvadoreña, me parecía que había que llegar a derrocar el sistema de forma violenta.

Eso significaba los grupos guerrilleros, y estuve preguntando acerca de ellos.

El grupo más antiguo era el de las Fuerzas Populares de Liberación, FPL. Había comenzado a fines de los sesenta, dirigido por Cayetano Carpio, un antiguo miembro del Partido Comunista, que había sido relegado porque el partido no estaba a favor de la lucha armada. En 1972, un segundo grupo, el Ejército Revolucionario del Pueblo, ERP, fue formado por una mezcla de comunistas jóvenes e impacientes demócrata cristianos. Ellos fueron los que secuestraron a Roberto Poma en 1975. Un grupo llamado las Fuerzas Armadas de la Resistencia Nacional, RN, se separó de ERP a mediados de los setenta, después de que Roque Dalton fuera ejecutado.

Sin embargo, en esa época yo todavía no creía en la lucha armada; y en todo caso, nunca pensé tener las agallas para unirme a ellos. Tampoco tenía las agallas para unirme a las organizaciones de masas que ya existían en ese tiempo, como el Bloque Popular Revolucionario y el FAPU.

Solo quedaban los partidos legales de la oposición. Eran tres: el Movimiento Nacional Revolucionario, el Partido Demócrata Cristianos, y la Unión Democrática Nacional: este último partido era el Frente político del Partido Comunista.

Cuando me di cuenta, no tenía mucho de dónde escoger. Debido a los conflictos en mi juventud, tenía repulsión a cualquier cosa que tuviera que ver con la iglesia; y no me atraía la idea de unirme a un partido político que abiertamente tuviera tendencias cristianas. Así que los demócrata cristianos estaban fuera de mi vista.

Tampoco los comunistas eran una opción seria para mí. No sabía mucho acerca de ellos, pero sabía que seguían la línea ideológica del bloque soviético; y yo definitivamente tenía recelos acerca de un partido controlado por la Unión Soviética. Pensaba que eran completamente extraños y no tenían nada que hacer con nosotros en Latinoamérica. Al igual que muchos salvadoreños yo los asociaba con el evento más sangriento en la historia del país: un evento tan traumático que hoy es conocido como "*La Matanza*".

Farabundo Martí (extrema derecha) con Agosto Sandino (centro) y otros en
un encuentro de revolucionarios centroamericanos en Mérida, México
(1929). (Wikimedia Commons)

PARECERÍA CONTRADICTORIO, pero el Che y Fidel eran mis héroes.
Ellos eran comunistas y eran latinos. Pero yo era crítica de los lazos de
Cuba con la Unión Soviética; a la vez que podía ver que ellos real-
mente no tenían otra alternativa.

En la época en que yo me involucré, los partidos salvadoreños
decían que las condiciones no se daban todavía para un cambio revolucionario en El Salvador. La mayoría apoyaba la lucha política electoral, y no tomaron las armas hasta 1979, cuando crearon una
organización guerrillera, que ahora es parte del FMLN.

Mi única opción era el Movimiento Nacional Revolucionario. El
MNR es un partido legal que trabaja dentro del sistema, pero que
también es un partido revolucionario; filosóficamente se basaba en el
reconocimiento de que un cambio real en El Salvador tendría que ser
revolucionario. Eso requiría un cambio completo dentro de la política
y de la estructura económica. Al mismo tiempo era socialdemócrata,

no tan diferente de aquellos social demócratas de Alemania o los socialistas franceses, o el Nuevo Partido Democrático de Canadá.

No mucho tiempo después de registrarme en la universidad me fui directamente a hablar con Guillermo Ungo, Secretario General del MNR. Ungo era profesor de derecho en la UCA. Su oficina estaba en el campus; y solicité reunirme con él para una entrevista. Cuando llegué, Enrique Barrera estaba con él. Me lo presentó como el secretario del partido a cargo de la organización. Nunca había escuchado hablar de Enrique Barrera, y nunca hubiera imaginado —que tres años más tarde—, me tocaría identificar su cuerpo torturado y asesinado después de ser secuestrado en el Externado de San José, junto a otros líderes.

Asomé la cabeza en la oficina de Ungo. Cuando me vio le dije: "quiero trabajar para tu partido". Su reacción me sorprendió. Lejos de recibir una bienvenida a una nueva recluta a la causa, Ungo trató de disuadirme de unirme a su partido.

Cuando miro hacia el pasado me da risa. Pues Ungo y mi madre se conocían desde la niñez. Mi madre era muy amiga de la suya, doña Mercedes, y juntas habían viajado a Europa un par de veces. Mi madre todavía acusa a Ungo por lo que me sucedió en los últimos quince años de mi vida. Todavía puedo escucharla diciéndome: "él fue tu maestro, él influyó en tu vida". Y yo le argumentaba que no, que yo había tomado mi propia decisión.

Ungo es realmente un hombre muy amable, pero también muy realista, y tiende a ser pesimista. Siempre encontraba lo más negativo en todo. No es ninguna sorpresa que sea tan pesimista. A lo largo de sus años en el MNR ha sufrido la muerte de sus colegas más cercanos y amigos, ha visto su propio nombre aparecer en la lista de muertos, y ha sido forzado al exilio muchas veces. A su vez, le robaron varias victorias electorales.

En 1972 el MNR, la democracia cristiana y los comunistas —a través de su Frente, UDN—, se unieron en una coalición llamada Unión Nacional Opositora. José Napoleón Duarte de los demócrata cristianos, quien había sido un alcalde muy popular en El Salvador, era el candidato presidencial de la UNO. Ungo era el candidato para vicepresidente. No se esperaba que ellos ganaran, pero los militares

Manuel Guillermo Ungo (cortesía de MUPI)

inmediatamente intervinieron y declararon que se revisara el conteo de votos. Y fue un fraude a todas luces, hubo muchas protestas públicas. Después de un par de semanas de confusión y un intento de golpe de estado por una fracción del ejército, Duarte fue arrestado y expulsado del país. Ungo escapó de ser arrestado y se marchó a Venezuela; luego regresó a El Salvador y se mantuvo escondido hasta que las cosas se enfriaron.

Cuando yo le dije que quería pertenecer al MNR, él fríamente me preguntó por qué. Le respondí que yo quería contribuir de alguna manera a la lucha de mi país. Le dije que yo pensaba que era importante para mí estar en una organización política, que las cosas tenían que cambiar en El Salvador, y que los socialdemócratas eran el partido correcto para mí. Yo ya había estudiado todas las alternativas antes de venir a él.

"¿Sabes tú cómo trabajamos? ¿Sabes lo que significa pertenecer a un partido político? ¿Crees entender lo que es la represión?" No hubo ninguna sugerencia de que intentara algunas pequeñas tareas para ver si funcionaba. Era más que todo un examen directo.

"¿Entiendes bien las implicaciones? ¡Estás siendo muy romántica!" Entonces me senté, no entendía cómo este hombre trataba de convencerme de que lo que yo hacía era un error. Trataba de decirme que yo no sabía lo que hacía, que era una ingenua. De hecho, quince años después, Ungo todavía cree que soy extremadamente inocente. Una vez me dijo que cualquiera podía *"darme atol con el dedo"*, y que yo lo seguiría.

Pero insistí en que yo sabía bien lo que estaba haciendo y que quería trabajar con el MNR. Por suerte, Enrique Barrera observaba el examen; y al final argumentó a mi favor, "déjala intentar," le dijo a Ungo, "ella tomará su propia decisión a medida que avance". Al igual que Ungo, Enrique era fundador del MNR y —dentro de los años siguientes—, llegó a ser uno de los hombres que él más respetaba. Pero a diferencia de Ungo, que podía ser arrogante y frío, Enrique era jovial y cálido. Me llevó a tomar café después de la entrevista, donde me dijo que no me preocupara por Ungo. Inmediatamente Enrique me cayó bien, y se convirtió en mi mentor, amigo y camarada. Yo solía llamarlo *gordo*.

Por lo general me gustaba contarle a mi padre acerca de lo que estaba sucediendo en mi vida, pero esto era algo más. Cuando le conté sobre la entrevista con Ungo y Enrique, se agarró de los pelos en desesperación. "Ana, ¿por qué tienes que meterte en esas cosas?," me dijo. "Pero papá, tú has sido miembro de un partido político", le dije. "Sí, pero ahora esto es diferente", respondió, "te van a matar".

Él entendía las implicaciones de mi decisión. El resto de mi familia no tenía nada que decir y mi madre pensaba que yo estaba loca. Como siempre, los ignoré a todos. A estas alturas yo no vivía en la casa de mis padres, y cuando los visitaba nunca hablábamos de política ni de religión. Eso significaba un pleito seguro.

Yo estaba contenta de haberme unido a la lucha política, pero el primer encuentro me hizo sospechar que el MNR era muy elitista. No hacía mucho esfuerzo para llegar a los diferentes grupos sociales y clases del país. Las reuniones a las que fui desde el comienzo eran casi todas en la universidad. La mayoría de sus miembros eran estudiantes y maestros universitarios. Había unos cuantos sindicalistas, pero no había ni campesinos ni estudiantes de secundaria.

Pero no me importó, y de manera entusiasta tomé cualquier trabajo que ellos quisieran que yo hiciera. Una semana me encontraba organizando un grupo de mujeres o analizando la realidad política de El Salvador con un grupo de estudiantes. La siguiente semana estaría trabajando como loca, poniendo en circulación un folleto del partido. Y además, siempre había reuniones que organizar. Todo era trabajo legal y enteramente transparente. Yo no sabía si las autoridades me estaban observando, pero la verdad es que nunca me molestaron en esos días.

Con Enrique Barrera nos hicimos muy buenos amigos. A ambos nos gustaba cocinar así que comenzamos a cocinar juntos, particularmente para las fiestas. Él hacía una deliciosa carne *strogonoff*.

Me frustraba que las personas del MNR me trataran como la chica o esa mujer, y yo tenía que defender mis puntos de vista intuitivamente, en lugar de hacerlo desde la teoría o la historia. Enrique solía tratarme como si fuera una jovencita que no sabía lo que estaba sucediendo en el mundo. Había otras mujeres en el MNR, y algunas eran buenas amigas mías. Una o dos tenían mi edad, algunas eran académicas, pero yo creo que yo les caía mejor a los hombres en el partido, mi experiencia política era diferente y no era una académica.

Todos molestaban a Enrique, le decían que estaba enamorado de mí, pero nosotros sólo éramos buenos amigos. En cualquier caso, yo había llegado a la decisión de que las relaciones y la política había que mantenerlas estrictamente separadas. Yo trataba de ser tomada en serio dentro del partido, con todos esos hombres que me tomaban, mitad como objeto sexual, mitad como colega política. Si yo hubiera comenzado a dormir con colegas políticos, hubiera perdido mi estatus dentro del trabajo político. Eso es parte del machismo.

Sólo una semana después de haberme unido ya había sido electa secretaria de la juventud, y me había convertido en algo así como secretaria política, haciendo mucho del trabajo administrativo del partido. Ese trabajo incluía dirigir las oficinas del partido. Cuando llegué no era más que una habitación en el centro, que había sido abandonada en 1972. Era un relajo, y nunca podía tenerlo totalmente limpio, pero fue efectivo para nosotros durante la elección presidencial de 1977.

Las elecciones tomaron lugar el 20 de febrero de 1977. De nuevo, el MNR hizo campaña para la alianza UNO, y eso que nosotros teníamos nuestros propios candidatos para la Asamblea. Nosotros respaldamos al candidato presidencial de la Democracia Cristiana, Ernesto Claramount, un ex coronel del Ejército. Se esperaba que, teniendo a un militar como uno de los candidatos de la UNO, calmaría los miedos de los militares en la oposición, y prevendría un fraude u otro golpe de Estado. Su compañero candidato a la vicepresidencia era José Antonio Morales Erlich.

Las elecciones terminaron con otro fraude. Yo no estoy segura si la UNO realmente ganó, pero quién sabe. Hubo mucha intimidación proveniente de la ORDEN y muchos "tamales", nuestra forma salvadoreña de decir cajas rellenas de votos fraudulentos. En cualquier caso, los militares intervinieron de nuevo y declararon al coronel Humberto Romero como el ganador.

En 1972 mucha gente se lanzó a las calles a protestar por el fraude. De hecho, toda la ciudad de San Salvador se paralizó debido a las protestas. Pero de inmediato hubo una represión muy fuerte contra las protestas. En la tarde del 28 de febrero, miles de personas protestaban cerca de la iglesia El Rosario. La demostración era pacífica, una vigilia realmente, pero a las once y media de la noche, una gran cantidad de soldados y policías llegaron, y comenzó la balacera. Decenas de personas fueron asesinadas. Nunca nadie fue acusado o castigado por la masacre del 28 de febrero. Pero, uno de los resultados fue que una nueva y muy agresiva organización de masas llamada las Ligas Populares 28 de febrero se formó a raíz del suceso; y la polarización de la sociedad salvadoreña se profundizó más.

Cuando fui a comer con mi familia un día despúes de la masacre, nunca nadie habló de ello. Mi padre solamente lo mencionó en una conversación privada conmigo. Los Estados Unidos reaccionaron al fraude recortando la ayuda a El Salvador. Esto sucedió durante la administración de Carter, pero la medida no tuvo efecto. Los Estados Unidos tienen menos influencia de lo que sus presidentes creen tener. La derecha latinoamericana tiene su propio orgullo. Cuando Carter trató por primera vez de ligar la ayuda militar a los derechos humanos durante la presidencia del general Molina, éste reaccionó rechazando toda la ayuda.

5

MI TRABAJO INTERNACIONAL

El MNR se unió a la Internacional Socialista en 1978, y eso nos conectó con los partidos social demócratas de todo el mundo. Muchos de ellos estaban en el poder, y sus líderes eran personas de peso internacional, tales como el Canciller alemán Willy Brandt, François Mitterrand, Presidente de Francia, y el Primer Ministro sueco Olof Palme. Directamente o a través de la Internacional Socialista, eran generosos con su apoyo a los partidos pequeños y en la lucha, como el nuestro.

Como yo hablaba inglés, el partido me enviaba como representante a convenciones o conferencias internacionales. Mi primer viaje como representante del partido fue a un curso de propaganda política en Costa Rica. El curso estuvo a cargo de CEDAL, el Centro de Estudios Democráticos para América Latina. La mayor parte de los fondos provenían de los Social Demócratas alemanes a través de la Fundación Friedrich Ebert.

Aprendimos lo básico para escribir un artículo periodístico, lo básico para la diagramación, y los detalles más elementales del trabajo de prensa. Yo no sabía nada sistemático sobre la propaganda, y aunque el currículo era bien elemental y general, me hizo ver lo mucho que se debe saber para este tipo de trabajo; así como y cuan crucial es saber cómo planificar un trabajo de publicidad la impresión del mismo.

Yo no estaba lista para esto, pero por suerte tenía dos mentores en mi trabajo internacional: Héctor Oquelí y Vera Matthias. Vera era la secretaria general de las mujeres de la Internacional Socialista.

Vera es brasileña-suiza, periodista, y una bella persona con tremenda capacidad para el cabildeo. La conocí por primera vez cuando fui a Londres a una reunión, donde realmente comencé a conocer a Héctor.

Hector Oquelí, Colectivo: Retazos de Memoria Historica

Héctor me cayó bien desde el principio. Como siete años mayor que yo, él era un salvadoreño de la clase media alta como yo. Era delgado y de peso mediano, tenía ojos grises y usaba lentes gruesos, dientes disparejos, y un pequeño bigote. Había sido becado en la Escuela de Economía de Londres. Al poco tiempo llegó a ser Secretario General del Comité Latinoamericano de la Internacional Socialista. Tenía una gran capacidad de organización. Después, se encargaría del sector sindical del MNR.

A estas alturas yo ya tenía una conexión adicional con el MNR, en la forma de un nuevo novio. Richard era maestro de escuela de Victoria, Canadá. Vino como profesor en la Escuela Montessori. Nos conocimos porque la Escuela Montessori era para niños ricos en la mañana; y tenía un *kindergarten* en la tarde para niños pobres, y yo solía ayudar ahí. Me fascinó su gentileza, su estilo *hippie*: caites, jeans, barba rojirrubia, y ojos azules con espejuelos gruesos.

Richard era un año mayor que yo y más sofisticado políticamente. Había sido activista en el Nuevo Partido Demócrata de Canadá, NDP. Cuando comenzamos a vivir juntos, ya yo me había unido al MNR, y no tomó mucho tiempo para que Richard se hiciera miembro también. Él era un buen trabajador, muy responsable. No solo se "quedó" en El Salvador, también se involucró con su cultura.

A mi familia le caía bien, y era maravilloso tener a alguien como él para hablar y discutir sobre política. No todo era perfecto. Éramos competitivos en el trabajo político, y desafortunadamente para él, yo siempre era la estrella, dadas mis actividades de alto perfil internacional. En el verano de 1978, por ejemplo, me enviaron al Festival Internacional de la Juventud en La Habana. Había dos espacios reservados para el MNR y el partido escogió a dos mujeres. A Richard le hubiera gustado asistir, y fue peor cuando la otra mujer se retractó a última hora, pero él no pudo ir.

El festival fue una de las experiencias más bellas y agotadoras en toda mi vida. Era una reunión de todos los movimientos progresistas jóvenes del mundo, no sólo los comunistas, aunque ellos eran los que estaban a cargo. En honor al vigésimo aniversario de la Revolución, los cubanos lo hicieron más abierto de lo usual, incluyendo movimientos no comunistas de otros países. Era la primera vez que Cuba se abría a muchas personas de otros países. Todos los grupos salvadoreños de oposición habían sido invitados, y había dos tiquetes para delegados de cada organización participante: los demócrata cristianos, el Partido Comunista, y cada una de las distintas organizaciones de masas y organizaciones político-militares.

Al comienzo, la fuerza detrás de la organización del festival en El Salvador era de los comunistas porque, lógicamente, ellos estaban alineados con los soviéticos y los cubanos. Así que ellos se consideraban a sí mismos los coordinadores del festival, y decidieron que ellos escogerían a quienes invitar. Desde la masacre de 1932, los comunistas habían permanecido detrás de su frente legal, el UDN. Era un partido pequeño y reformista, mucho más cercano al MNR y a los demócrata cristianos que a las organizaciones guerrilleras. No apoyaba a los grupos guerrilleros, la mayoría de los cuales estaban formados por antiguos comunistas, quienes se habían separado para comenzar la lucha armada. Por eso, los grupos armados no estaban incluidos en los planes originales del festival.

Pero, ¿qué pasaba con las organizaciones de masas? ¿Quiénes realmente estaban al frente de la lucha? El Bloque consideraba que ellos, y no los reformistas de la UDN, eran los legítimos representantes del pueblo salvadoreño. Ellos controlaban el mayor número de organizaciones, mientras que los comunistas no tenían ni siquiera una organización popular propia. De esa forma, durante los meses anteriores al festival, hubo actividades paralelas: unas controladas por los comunistas y otras controladas por el Bloque.

Lo que hacía las cosas más difíciles era que todas las actividades tenían que realizarse clandestinamente. Y, para prevenir que la Policía o el Ejército se dieran cuenta, éstas tenían que realizarse en lugares diferentes, tales como sedes de sindicatos, y solo con invitación. Casi nada podía organizarse públicamente, porque cualquier evento público de nuestros grupos podía ser atacado por las autoridades.

La primera etapa fue un mini-festival en San Salvador que hicimos en noviembre de 1977. Se suponía que era una réplica del grande que ocurriría en La Habana, con sesiones sobre política, deportes, música, derechos humanos y derechos de las mujeres, y actividades de sindicatos. Todo este esfuerzo tenía como objetivo financiar nuestra participación en La Habana. El evento principal de este mini-festival era un concierto público en el parque San Francisco en el centro de San Salvador.

Yo estaba involucrada porque el MNR estaba a cargo de la organización del concierto. Comenzaría a las cuatro de la tarde y estaba planificado tan meticulosamente que llegamos veinte minutos antes con todas nuestras pancartas y equipos que instalamos muy rápido. Parecía que era la forma más segura de hacerlo. Pero ya la policía —de alguna manera— se había dado cuenta y cuando llegamos al parque estaba lleno de militares, inclusive pequeños tanques del ejército. Fuéramos legales o no, con o sin observadores de la OEA, esta era la clase de represión contra la que luchábamos.

El mismo día, más tarde, hubo una reunión pública frente al hotel Camino Real. Los oradores principales eran Ungo, y Mario Aguiñada del Partido Comunista. Un patético pequeño grupo de unas ochenta personas se hicieron presentes, pero había policías por todos lados.

La segunda etapa fue un festival más grande, uno regional para toda el área de Centroamérica, en Costa Rica, en marzo y abril del siguiente año. Las actividades paralelas continuaron. Dos buses llenos de gente fueron a Costa Rica. El bus oficial estaba organizado por los comunistas y el otro, organizado por el Bloque. El grupo con los partidos legales estaba muy bien organizado y disciplinado, con pancartas y consignas.

Todo se vino abajo al llegar a Costa Rica. Hubo grandes discusiones entre los grupos. Por ejemplo, cuando estaba programado un concierto de todos los países, hubo competencia entre dos grupos musicales de El Salvador para ver quien subía al escenario primero. Este tipo de cosas fueron muy molestas, y vergonzosas para los organizadores. Sin embargo, a pesar de la mejor organización y disciplina de los comunistas, el Bloque dominó la actividad en Costa Rica. Su delegación era más grande y tenía más cosas que ofrecer en actuación, canto, debates, discursos, deportes, en todo.

Afiche del Festival de la Juventud en La Habana, 1978 (Biblioteca y Archivos de la Institución Hoover, Colecciones Digitales)

Una vez finalizado el festival costarricense y que las delegaciones regresaron a El Salvador, el interés se concentró en una cuestión: ¿Quién controlaba los tiquetes del festival para ir a Cuba? Teóricamente, cada partido, organización popular y grupo clandestino tenían derecho a dos boletos. Cuba proveía el transporte, pero cada delegado tenía que contribuir con $60 dólares para comida y alojamiento en la Habana.

Había quizás cincuenta boletos para El Salvador, pero al final solo 28 de nosotros fuimos a Cuba porque el Bloque y las otras organizaciones de masas decidieron boicotear el festival. Ellos creían ser los legítimos representantes de la lucha del pueblo, y si ellos no podían ir entonces sería un festival "revisionista".

Solo fueron las pequeñas organizaciones, algunos sindicatos, los demócrata-cristianos, el MNR, el movimiento estudiantil cristiano, y dos del PRTC (Partido Revolucionario de los Trabajadores Centroamericanos), quienes eran también un grupo guerrillero. Pero las organizaciones populares más grandes como el sindicato de los maestros, ANDES, los grupos campesinos y el Bloque se mantuvieron fuera. Al final, el Partido Comunista envió poca gente.

No sorprende: la gente simplemente tenía miedo, y con justa razón. Si las autoridades se daban cuenta, ir a Cuba podía significar tu arresto o una visita de los escuadrones de la muerte una vez que regresaras a El Salvador. El festival principal estaba programado para comenzar el 27 de julio y continuaría hasta el 11 de agosto de 1978. Pero conocimos a las otras delegaciones centroamericanas una semana antes del festival. Estaba planificado que nos embarcáramos todos juntos en un bote desde Panamá. La mayoría de los delegados salvadoreños fueron desde El Salvador a Panamá en bus, pero yo no pude. El bus tomaba cinco días en llegar; y yo no podía dejar mi trabajo en la estación de televisión por tanto tiempo. Así que tomé un avión a Panamá. Nunca olvidaré lo que vi al salir del avión: en la pista había un gentío cargando insignias del festival y una enorme pancarta que decía: BIENVENIDOS DELEGADOS DEL FESTIVAL DE LA JUVENTUD.

Esa noche el grupo salvadoreño de coordinación y yo tuvimos una reunión con dos representantes de la Juventud Comunista de Cuba. Ellos habían venido a hacer la preparación para el viaje y acompañar a las delegaciones centroamericanas en el bote hacia La Habana. Yo estaba emocionada con la idea de conocerlos, porque como toda joven latinoamericana tenía una imagen heroica de los cubanos. No importaba a qué partido pertenecías: para la izquierda latinoamericana, Cuba era el símbolo de la libertad y el de la posibilidad de que todos los países de Latinoamérica fuésemos libres. Estos dos cubanos nos llevaron a cenar y tuvimos una adorable conversación, simplemente gente joven pasándola bien, nada más. Fue una sorpresa porque yo pensé que solo hablaríamos de política.

Después de cenar nos fuimos al puerto en Colón, donde los demás delegados se estaban reuniendo. A las dos de la mañana comenzamos a abordar el bote, un bote escolar llamado, El *20 Aniversario*. Tenía capacidad para trescientas personas, con terraza, aulas, literas y camarotes confortables. Había otro bote llamado *Vietnam Heroico,* para las delegaciones venezolanas y colombianas.

Todos los países de Centroamérica estaban representados: los sandinistas y otros pocos de Nicaragua, los hondureños, y los costarricenses. Entre todos, éramos alrededor de trescientos cincuenta personas. La mayoría de la delegación nicaragüense estaba compuesta por guerrilleros, pero también incluía a los más famosos músicos nicas, los hermanos Mejía Godoy.

La primera noche fuera de Colón, el mar estaba brusco y durante 24 horas casi todos en el bote estaban enfermos. Finalmente llegamos a La Habana en la mañana del 26 de julio, el vigésimo aniversario de la Revolución Cubana. Fue un momento emocionante por una variedad de razones. Luego, nos impactó la belleza física de La Habana. Su antigua arquitectura española había sido pintada en colores pasteles, amarillo, azul y verde claros, especialmente para el festival.

Nosotros estábamos en la cubierta mientras el bote llegaba al puerto y recuerdo cómo las lágrimas me corrían sobre las mejillas. Había niños dándonos la bienvenida, y la gente en la calle nos saludaba, ondeando banderas de todos los países. Los organizadores nos llevaron en una flota de buses y de ahí nos condujeron al Parque Lenin.

Había otras cuatro mujeres de El Salvador, el resto de la delegación —23 personas— eran hombres, y nos mantuvimos juntos la mayor parte del tiempo. Una era doña Alicia Zelayandía, quien era del Partido Comunista y del Comité de Madres de Desaparecidos, porque había perdido un hijo. Ella andaba cerca de los 50, una típica mujer vendedora del mercado: fuerte y fornida, casi redonda, y gritona.

La última de nuestro pequeño grupo era una artesana de nombre María Magdalena Henríquez, del pueblo San Antonio de las Flores. Ella representaba a las mujeres del Movimiento de Estudiantes Cristianos. Más tarde, Magdalena llegó a ser la secretaria de prensa de la Comisión de Derechos Humanos, cuando todavía andaba en sus veinte. En 1980 fue desaparecida por los escuadrones de la muerte. Cuando se encontró su cuerpo había sido brutalmente torturada, fue un terrible *golpe* para todos nosotros. Magdalena era una mujer adorable.

Cuando nos habíamos asentado en la escuela en La Habana, eran cerca de la 1:00 de la tarde. De repente, se escuchó la voz de Fidel reventándonos los oídos. Cuba tenía sistemas de sonido en todos los espacios. Cada uno de los cuartos de la Escuela Lenin, los baños, o lo que fuera, tenían pequeños parlantes colgando de los techos. Era Fidel hablando desde Santiago de Cuba.

Habló por cinco horas, y como todos saben, Fidel habla y habla y habla. Por supuesto que yo ya había oído sus discursos en Radio Habana, y recuerdo estar fascinada por sus discursos. La fascinación fue general porque todos caminaban por los pasillos y escuchaban la transmisión. Participaban también la cantante chilena Isabel Parra y la esposa de Allende, Hortensia Bussi. Incluso Gabriel García Márquez estaba ahí y alguien me lo señaló, sentado en una banca de concreto, escuchando a Fidel como todos los demás. Esa noche los delegados fuimos llevados a un concierto de la Nueva Trova: Silvio Rodríguez, Pablo Milanés, Noel Nicola, Felipe y Vicente Feliú, Sara González. Dos días más tarde en la inauguración del festival, Fidel dio otro discurso, dándonos la bienvenida. Junto con él en el podio estaba Yasser Arafat, cuya presencia nos impresionó enormemente. Un bonito momento fue cuando Fidel saludó a Emilia Prieto, la folklorista costarricense, como la "participante más joven" del festival. Ella andaba en sus 60 años en ese tiempo. Una tarde un grupo de nosotros fue al Malecón que corre a lo largo de La Habana. Fue muy divertido. Había gente bailando y cantando por todos lados, y muchos niños pidiendo autógrafos, parecía que cada niño en Cuba tenía un pequeño libro para coleccionar autógrafos. De repente un jeep paró frente a nosotros. ¡Y quien saltó de él fue Fidel! Con su gran barba y su uniforme verde. Se veía enorme. Pero fue el hecho de que se hubiera detenido lo que fue realmente abrumador. Nos saludó y nos preguntó que de dónde éramos, y charló con nosotros por unos breves minutos. Después se montó en su jeep y paró de nuevo más adelante, saludándolos a todos.

De casualidad, me convertí en la líder de la delegación salvadoreña. Julio, el compañero a cargo, sufrió una apendicitis al llegar

Cuba, y tuvo que ser hospitalizado. Y yo, como segunda a cargo, me convertí en la líder. La vida me estaba llevando a gran velocidad por nuevos territorios. Era un tanto intimidante, como ir al galope a caballo y tener que controlarlo. Yo siempre había sido de la línea política reformista, pero el contexto político en el festival mayormente revolucionario, hizo cambiar la forma de pensar sobre El Salvador, en particular sobre el papel de las organizaciones de masas. No me gustaba la forma en la que actuaban, sus técnicas, su gritería. Mi desarrollo e inclinación me hacían un poco más formal. Pero en Cuba, fui "masificada" y me gustó.

Al tiempo que tenía muchas cosas en qué pensar, tenía mucho qué hacer. De repente tuve que representar a la delegación en toda clase de reuniones y ceremonias. Las invitaciones llegaban de los soviéticos, de los yugoslavos, y de los jamaiquinos, todos los cuales tenían sus propios clubes en edificios de La Habana. Había alrededor de mil rusos en el festival, ubicados en su edificio en Miramar, donde había una piscina, un salón de juegos y otro de baile.

Nunca antes había conocido a nadie de Rusia, así que realmente fue una gran cosa para mí conocer a alguien de ese país. Todos eran altos, rubios y "cuadrados" en la forma que se vestían y actuaban. Siempre durante el festival hicieron fiestas, relaciones importantes con vodka, comida y bailes. Repartían sombreros y camisetas. En una ocasión todas las delegaciones centroamericanas fuimos invitadas a una fiesta en su recinto y llegaron alrededor de 3,000 personas. Había danzas folklóricas rusas, comida, regalos y discursos, y muchos brindis con vodka. El contraste entre los centroamericanos y los rusos era notable en esa fiesta: comparados con ellos parecíamos totalmente desorganizados e informales, y nos reíamos de todo. Teníamos nuestro lado serio, por supuesto, exceptuando a los de Costa Rica, la mayoría de nosotros veníamos de situaciones desesperantes, pero cuando se trataba de fiestas, éramos fiesteros. Nadie durmió durante los once días que estuvimos ahí. No sé cómo les fue en otros lugares, pero la Escuela Lenin se estremeció las veinticuatro horas todos los días.

Encima de todo, me involucré con un chileno. Fue inevitable. Me imagino que casi todas las mujeres en la izquierda de Latinoamérica han tenido un chileno en su pasado romántico. Para nosotros, los chilenos de fines de los setenta fueron trágicos héroes. En parte era debido a los hechos brutales de su historia: el derrocamiento del gobierno electo democráticamente, en 1972, había sido ejecutado con la ayuda de la CIA y las corporaciones multinacionales.

La represión contra la izquierda que siguió al golpe de estado, forzó a miles de chilenos al exilio, y se dispersaron por todo el mundo. Adonde quiera que fueran hacían trabajo de solidaridad para el cambio político en América Latina. Así que cualquiera que tuviera algo que ver con la izquierda latina, pronto conocía un exiliado chileno. No es mucho exagerar el generalizarlo. Son bien parecidos, y las idiosincrasias chilenas son muy pronunciadas y mayormente atractivas, aparte de su sutil arrogancia. Su orientación cultural ha sido siempre más europea que otros países latinoamericanos, y les da cierta sofisticación. Pero aparte de eso, ellos llegaron a nuestros círculos políticos con ciertas ventajas: tenía muy buena preparación académica, sabían cómo organizarse —debido a los años de trabajo tanto fuera como dentro del poder—; sabían cómo hablar política-mente y —el factor más grande— creían ser los revolucionarios puros en América Latina. Mi chileno era del Partido Socialista y vivía en el exilio en Costa Rica. Lo conocí en el bote vía Cuba: un hombre guapo. Ustedes se preguntarán por Richard. Bueno... este tipo de cosas pasa en las relaciones. Richard siempre estaba en mi mente, nunca dejé de quererlo, pero me enamoré de este chileno y...

No había ningún espacio desocupado, ni siquiera una bodega disponible en la escuela. ¿Qué se puede hacer cuando se está rodeada por once mil personas? No había privacidad alguna en un dormitorio, y los corredores siempre estaban iluminados y llenos de gente. Llueve mucho en Cuba, julio y agosto. La tierra está siempre mojada, loda-zales por todos. Y nosotros nos moríamos por estar juntos.

Cada delegación tenía unos cuantos guías cubanos a cargo. Final-mente decidimos preguntarle a Lourdes, la guía de mi delegación, donde podríamos ir. Ella me dijo que podíamos intentar en los hoteles de La Habana. Intentamos, pero los hoteles estaban llenos de periodistas. Así que regresé donde ella y le dije: "Mira Lourdes, no se puede. Me engañaste con esto, ¿qué podemos hacer?" Insistí. Me gustaba este chico y pensaba que era normal que deseáramos estar juntos. Entonces me dijo que había varios moteles fuera de La Habana hacia Santa María del Mar. Así que una noche tomamos un taxi hacia uno de esos moteles. A llegar nos encontramos con una fila como de cincuenta parejas esperando! La mayoría eran cubanos. Los extranjeros en el Festival de la Juventud nunca hubieran pensado en intentarlo.

Eso era perfectamente normal en Cuba; y había una cierta forma de etiqueta que lo acompañaba. La primera cosa que uno debía de hacer al llegar era gritar: "¡Último!" Que era la forma de preguntar quién era el último de la fila. El sistema era lógico, pero nos dio vergüenza a nosotros dos latinoamericanos cuadrados. No importa qué tan liberadas sean, las mujeres latinoamericanas somos siempre pudorosas, por lo menos comparadas con las mujeres caribeñas.

Esperamos cerca media hora y después tomamos un bus de regreso a La Habana. Pero cuando regresamos al pueblo nos dimos cuenta de que era demasiado tarde para tomar transporte hacia la Escuela Lenin. Pasamos toda la noche caminando por las calles. El final del festival fue el fin de nuestro noviazgo, pero no el de nuestra amistad. En el bote de regreso, me confesó que estaba casado. No lo vi por años, hasta que salí de prisión y me exilié en Costa Rica. El día de haber llegado, leí una columna en el periódico La Nación, escrita por alguien que estaba conectado con ese período en Cuba. Le escribí y él inmediatamente me puso en contacto con el chileno. Fue un encuentro bellísimo. El chileno realmente me ayudó con cosas materiales, y también ayudó a muchos salvadoreños exiliados en Costa Rica. Pero eso fue más adelante en el futuro.

Como encargada de la delegación tuve que participar en muchos eventos oficiales. Yo no podía mantener mis ojos abiertos. No podía. Estaba exhausta después de varios días de actividades, sin mencionar mi relación chilena. Pero todos los demás estaban tocando la guitarra, cantando, divirtiéndose. Cuando terminó, todos regresamos a Panamá en el bote. Regresé a El Salvador con el sentimiento de que nada me detendría en mi trabajo político o en mi compromiso con la lucha de mi país. Ya estaba lista para tomar las armas, y yo sabía que lo podíamos lograr. En Cuba me había impregnado de un gran sentimiento de solidaridad, crucial para mí como latinoamericana. A pesar de los altos y bajos, de las muertes, de las desilusiones, de las luchas dentro de la oposición, el sentimiento duró hasta las muertes de los comandantes Ana María y Marcial en 1983.

Una vez en El Salvador comencé a recibir invitaciones para participar en eventos en el exterior, y Héctor Oquelí y Vera Matthias en la Internacional Socialista en Londres realmente apoyaban mi trabajo. Así que comencé a viajar mucho.

En 1979 me escogieron para viajar con la misión de la Internacional Socialista a Nicaragua. Fue el 2 de agosto, a solo quince días después del triunfo de la Revolución. Estuvimos con la Junta Revolucionaria constantemente durante los trece días de nuestra visita. Yo ya conocía a Ernesto Cardenal desde una reunión en Vancouver, pero hice amistad con Violeta Chamorro. Ella era la única mujer y la más callada de la Junta. Me recordaba mucho a mi madre, y me pareció impresionante encontrarla en el nuevo gobierno. No tuve una impresión duradera de Daniel Ortega, nunca estuve cerca de él. Pero me impresionó Moisés Hassan, que luego fue el alcalde de Managua. Tomás Borge me ofreció un trabajo como su secretaria personal y traductora en el Ministerio del Interior porque le gustó la forma en la que yo trabajaba: yo era una intérprete rápida y simpática cuando dos personas tenían que comunicarse. Pero debo confesar que no lo hacía bien como intérprete, porque terminaba haciendo más política que traducción.

Usualmente viajaba a dos o tres países latinoamericanos en itinerarios patrocinados por la Unión Internacional de Jóvenes Comunistas, cada uno con su propia historia. La mayoría de estas reuniones eran organizadas por grupos locales de solidaridad en diferentes países, y ya tenían muchas cosas preparadas cuando llegábamos. La audiencia era muy abierta porque El Salvador estaba mucho en la prensa, y usábamos diapositivas, películas, y libros para ilustrar lo que decíamos.

Mucho de lo que hacíamos involucraba recaudar fondos. Uno de los problemas cuando se nos ofrece ayuda es cómo recibirla y cómo debería ser usada. Nuestra recaudación de fondos tenía que presentarse en forma de proyectos: proyectos educativos, actividades productivas, ayuda a los sindicatos, etc. En ese tiempo, el dinero recogido iba al MNR, pero luego hubo un recipiente para el fondo internacional que se distribuía en el país entre todas las organizaciones. La gente nos decía: "¡Queremos hacer algo por ustedes! ¡Solo presenten una propuesta de proyecto con presupuesto! Díganos qué hacer".

No es que esta viajadera en representación del MNR fuera una diversión sin parar. Las conferencias y reuniones significaban mucho trabajo y a veces, no muy placentero. Uno de los aspectos más incómodos era la mayoría de hombres que había en estos eventos. Cuando fui al Congreso de la Internacional Socialista en Vancouver, en noviembre de 1978, sólo había cerca de cuatro mujeres delegadas al congreso. Primero había habido un Congreso de Mujeres, el cual por supuesto estaba compuesto totalmente de mujeres delegadas. Yo atendí a ese congreso, y luego me quedé con Ungo como delegada al Congreso de la Internacional Socialista.

El comportamiento de muchos de los delegados fue incómodo. Yo tenía veintisiete años y soy muy extrovertida; y eso era lo que muchos veían, una mujer bonita y simpática de Centroamérica. De todas las edades y nacionalidades me asediaban sexualmente; pensaban que tenían que intentar algo conmigo. Una vez, sentada en mi cuarto, vino un muy famoso analista político de Yugoslavia, que tenía alrededor de 76 años, y quiso acostarse conmigo.

Ana Margarita en sus veinteañeras
(cortesía de Elizabeth Fujimori)

Otra situación fue con un importante líder centroamericano. Me arrinconó en el ascensor. Él tenía mucho poder en el partido de su país y mucha influencia en la Internacional Socialista. Además, era físicamente fuerte. Fue horrible. Me empujó contra la pared del ascensor y trató de abrazarme y besarme. Luego trató de ser cariñoso, algo entre amor paternal y agresión sexual. Yo lo empujé, no dije nada y traté de ignorarlo. Ese tipo de cosas me hizo sentir sola y miserable en Vancouver. Todas las delegadas al Congreso de Mujeres se habían marchado, y esto era definitivamente un mundo de hombres.

Por otra parte, podría reconocer la importancia de ser mujer porque me facilitó establecer contacto con muchas figuras políticas grandes, o personas en sus delegaciones. Me fue posible hacer contactos para Ungo y arreglar reuniones que a él le hubiera sido imposible conseguir por sí solo. Por ejemplo, nos invitaron a cenar con Willy Brandt, Clodomiro Almeyda de Chile, el Primer Ministro de Finlandia Mauno Koivisto, Jaime Paz Zamora de Bolivia, y Ernesto Cardenal, quien pronto sería el ministro de Cultura de Nicaragua. Primero vi a Cardenal parado con Héctor en el vestíbulo del hotel usando su característica boina vasca. Cardenal había llegado al congreso sin reservación en el hotel, así que yo me quedé con Vera y él durmió en mi cuarto hasta que se pudo arreglar la situación. Cardenal es muy dulce, calmado y de suave hablar. Nos hicimos buenos amigos. Él es poeta y cura. No me sorprende que haya tenido tantos problemas en el Ministerio de Cultura.

Hubo más ocasiones sociales, y muchos más intentos hacia mí, pero yo rechacé tener algo que ver con ninguno. El político costarricense Luis Alberto Monge, solía llamarme *"la sobrina de Ungo"*, pero yo no le decía nada a Ungo. Yo no estaba ahí para darle problemas a los compañeros, yo estaba ahí para trabajar y punto. Estuve en Vancouver por un total de diez días, y al final me sentí tan sola que decidí casarme con Richard. Me dije a mí misma "bien, Ana. Deja de andar de arriba para abajo, vete a casa y cásate". Sentí que ya era tiempo, y que, si yo tenía un gran compromiso hacia un hombre, me protegería a mí misma en ese mundo machista.

Richard fue muy feliz cuando le dije que quería que nos casáramos, y él comenzó a preparar todo para la boda. Mis padres estaban felices también, porque ellos querían a Richard. Pero al final no nos casamos. No pude. Yo tenía algo contra el matrimonio. Simplemente no pude convencerme a mí misma y sentí que yo estaba tomando ventaja de Richard. Lo amaba muchísimo pero no estaba enamorada de él. Él continuó trabajando muy duro para el MNR, y ese fue un problema: el partido siguió enviándome a conferencias internacionales, y eso ya le estaba cansando. Finalmente hubo una misión a

Uruguay a finales de 1979, y esta vez el MNR escogió a Richard para que fuera y tradujera. Yo estaba muy contenta de que por fin él tuviera una oportunidad, porque con la escalada represiva no necesitábamos nada adicional para añadir a nuestras vidas personales. Pero yo nunca pude poner una fecha, y dejamos que el tiempo pasara y eventualmente abandonamos la idea de casarnos.

6

LA GUERRA CIVIL

EL AÑO 1979 FUE CONFUSO, un año terrible por la violencia, y un año de desilusiones para aquellos que esperaban una solución pacífica a los problemas de El Salvador. Cuando los extranjeros hablan de la situación de la guerra actual en El Salvador, usualmente se refieren a 1980 como el año cuando comenzó. Eso es así porque fue hasta ese año cuando las fuerzas de la izquierda se consolidaron y se estabilizaron con la creación del FDR en la parte política, y del FMLN en la parte militar.

Al terminar 1978 me encontraba trabajando para el MNR a tiempo completo. Fue como resultado de los contactos que yo había hecho durante el Festival. Había arreglado ir a Europa en septiembre en representación del MNR. Había dos actividades para mí, una reunión con la Unión Internacional de Juventudes Socialistas en Ariccia, Italia, y un viaje a Alemania con el ala joven del Partido Social Demócrata.

Ya había tenido demasiadas ausencias en la estación de televisión cuando solicité permiso para ir a Europa y me lo negaron. Era el cuarto permiso que yo pedía ese año. Era claro que tendría que escoger entre mi trabajo en la TV, y mi trabajo internacional con el MNR. No había dónde escoger, renuncié a la televisora, y reacondicioné mi vida para acomodar mi trabajo político y al mismo tiempo ganarme la vida.

En lo político, me convertí en una excelente asistente administrativa. Una de mis primeras tareas fue encontrar una casa que sirviera de oficina. El cuarto en el centro de la ciudad era demasiado pequeño y deprimente, y no había mucho que hacer ahí después de toda la represión. Por suerte la Social Democracia alemana nos envió dinero para un proyecto de entrenamiento con los sindicatos. Compramos una gran casa muy cerca del local original. Eso nos permitió realizar seminarios sindicales, sesiones de estudio y mesas de trabajo de diversa índole.

Por mi trabajo, el partido me daba un estipendio de $80 dólares al mes. Eso no era lo suficiente para vivir, así que tenía otro trabajo enseñando inglés en la mañana, en la compañía de teléfonos, (ANTEL). También regresé a mi anterior trabajo en el Centro Cultural, trabajando ocasionalmente como maestra sustituta de inglés.

El trabajo a tiempo completo para el partido, significaba todo tipo de nuevas responsabilidades. A nivel personal era interesante y muy emocionante. Pero a nivel político, no podía evitar la realidad que me golpeaba a diario. La política electoral no nos estaba llevando a ninguna parte. Incluso las reformas más tímidas por parte del gobierno eran saboteadas por los intereses de industriales y financieros. La represión crecía día a día. Unos pocos meses después de la elección presidencial fraudulenta de febrero de 1977, el gobierno del general Romero emitió un decreto de Orden Público. Su redacción había sido influida por la Asociación Nacional de la Empresa Privada, ANEP, porque estaba dirigida a contener a las organizaciones de masas y a los sindicatos. En términos prácticos, era una licencia dada a las fuerzas policiales para matar: a la Guardia Nacional, a la Policía Nacional, a la Policía de Hacienda y al Ejército. Cada uno de ellos tenía sus especialidades y trabajaban por separado, con muy poca coordinación. La represión más fuerte usualmente la ejercía la Guardia Nacional. Los mayores arrestos los hacía la Policía Nacional. Las peores torturas y desapariciones las efectuaba la Policía de Hacienda y la Guardia Nacional.

Con el paso de los meses la represión incrementó. Todos los días escuchábamos de otro líder estudiantil o sindicalista que había sido arrestado; y a los pocos días, se encontraba su cuerpo que había sido mutilado y terriblemente torturado. Directivas completas de sindicatos fueron arrestadas y asesinadas.

El contraste entre las organizaciones de masas y el MNR no podía haber sido más claro. El BPR, las LP-28 y el FAPU estaban formados por campesinos y trabajadores de fábricas que salían a las calles a demandar sus derechos. Sus demandas eran sencillas y sin mucha teoría: tortillas para los cortadores de café y mejores salarios. No como nosotros en el MNR. Como intelectuales nos gustaba lanzar ideas para discusión, pero nunca nos manifestábamos en las calles por los derechos de nadie. Estábamos embebidos en entender la presente realidad y sus razones, pero nunca tomábamos ninguna acción. Teníamos miedo de reunirnos.

Mientras tanto los campesinos y los trabajadores en las organizaciones de masas estaban arriesgando sus vidas, ocupando iglesias, Ministerios de gobierno, y las calles, por asuntos específicos. Ellos no tenían miedo de morir por los demás, tomar las calles y exigir sus derechos. Así que 1979 fue un año lleno de manifestaciones de las organizaciones de masas y huelgas de los sindicatos, las cuales se encontraron con la violencia asesina de las autoridades.

Cinco líderes del BPR fueron arrestados a inicios de mayo de 1979. De repente desaparecieron. Nadie, excepto las autoridades gubernamentales sabían dónde estaban, o si estaban vivos o muertos. Naturalmente, el BPR buscó por todos los medios para lograr su liberación. El principal objetivo de que liberaran a los desaparecidos era llamar la máxima atención al caso, tanto dentro como fuera del país, como fuera posible. El BPR ocupó tres embajadas y la Catedral Metropolitana. Nada de esto era legal, obviamente, pero era para llamar la atención hacia un acto despreciable de represión, y de la forma más efectiva posible. Los ocupantes eran pacíficos, no se involucraron armas, pero la respuesta del gobierno fue rápida: el nueve de mayo, el Ejército hizo un operativo y masacró a veintitrés manifestantes en las gradas de la Catedral.

Esto fue filmado por cámaras de televisión y fue noticia a nivel mundial. Pero por cada matanza a gran escala en una manifestación, había diez desapariciones o asesinatos, algunos muy conocidos, y algunos de los más humildes sectores. Durante esos meses yo vi cadáveres en las calles todos los días.

Nunca olvidaré una mañana cuando salí de mi casa en Santa Tecla, rumbo a mi trabajo en la compañía de teléfonos. Pasé bajo un paso a desnivel y había un cuerpo colgando del puente. Era un hombre en pantalones cortos, con un cartón que decía: MUERTE A LOS TRAIDORES DE LA PATRIA. Estaba firmado por uno de los escuadrones de la muerte. Más lejos de ahí, en el área de la Embajada Americana y del Externado, vi otro cuerpo. Estaba cubierto por una sábana con un dibujo de lo que supongo era la bandera de una de las organizaciones populares. La persona había sido torturada y tenía los huesos quebrados.

Esa era nuestra rutina diaria. El terror nos perseguía. Nuestros amigos, nuestra gente estaba siendo asesinada. Ya he mencionado el asesinato de María Magdalena Henríquez, a quien había conocido en Cuba. Después el sociólogo Roberto Castellanos y su esposa danesa Annette Matthiessen fueron asesinados. Después asesinaron Mario Zamora, el hermano de Rubén. Así era como la población entera de El Salvador era aterrorizada. Muchos de los asesinatos se los adjudicaban a nuevas organizaciones con nombres raros como la Unión Guerrera Blanca y las Fuerzas Armadas de Liberación Anticomunista —Guerra de Eliminación— FALANGE. Era difícil saber dónde terminaban éstas y dónde comenzaban las fuerzas policiales del gobierno. Por ejemplo, la Unión Guerrera Blanca estaba vinculada al mayor Roberto D'Aubuisson, quien encabezaba el servicio de inteligencia militar.

Fotos de personas seleccionadas para ser asesinadas por los escuadrones de la muerte y las fuerzas de seguridad de El Salvador (Libro Amarillo, 1987, https://unfinishedsentences.org/reports/yellowbook)

Quizás no era una guerra todavía, si por "guerra" se entiende ataques militares entre dos fuerzas. Pero se puede fácilmente decir que durante la mayoría de los años setenta la derecha salvadoreña había estado sosteniendo una guerra contra cualquier cosa que tuviera el olor de progresista, lo que significaba todos, desde los más viejos demócrata cristianos hasta los estudiantes maoístas. Era una guerra de un solo lado, con las autoridades bien organizadas y las fuerzas económicamente poderosas golpeando repetidamente a una dividida, y poco financiada oposición sin armas.

Entre 1972 y 1979, los gobiernos de Molina y Romero y sus instituciones llevaron a cabo 698 asesinatos políticos o desapariciones. Esa cifra sube a 704 si se incluye a los sacerdotes asesinados por los escuadrones de la muerte. Esa es la cruda estadística, y palidecen cuando se compara a los miles de asesinados a principios de 1980. A partir de enero, al 30 de septiembre de 1981, por ejemplo, los asesinatos del gobierno y de los escuadrones de la muerte llegaron a 10,714, casi la mitad de ellos campesinos. Eso da una idea de las cifras, probablemente una cifra conservadora. Ese era el telón de fondo de la etapa en la cual el MNR estaba tratando de realizar su trabajo político legal.

Enfrentada con tal lucha desigual, hubo toda clase de intentos por parte de la izquierda para coordinar respuestas contra la represión. Uno fue la creación del Foro Popular. Comenzó como una alianza de los grupos profesionales progresistas como la asociación de técnicos (MIPTES), de sindicatos, y del liderazgo de la Universidad Católica, UCA. Después se formó una alianza que se llamó Frente Democrático, que representaba a todos los partidos políticos de oposición, más el BPR, las LP-28, el FAPU, y dos o tres más.

Por supuesto, la situación era complicada debido a factores externos. Después de la caída del gobierno de Somoza en Nicaragua, el entusiasmo en la izquierda salvadoreña fue enorme, "si Nicaragua venció, El Salvador vencerá". Esa consigna puso muchas cosas en movimiento, que me incluyeron a mí personalmente, porque fue cuando mi padre comenzó su "campaña" para enviarme a Nicaragua. Él solía decir sarcásticamente que si yo quería jugar a ser "La Pasionaria" en Nicaragua, él me pagaría el pasaje. A decir verdad, yo no tenía idea de quién era "La Pasionaria" cuando él lo mencionó por primera vez. Tuve que investigar, y me enorgullecí cuando me di cuenta que había sido una heroína de la guerra civil española. Pero me sentí insultada en la forma que él me lo dijo: "mi hijita, si quieres jugar con fuego, ve y enciéndelo en otro lugar donde no salgas perjudicada". Él pensaba realmente que yo estaría más segura allá.

La victoria sandinista había dejado a los Estados Unidos perplejos y buscando una política para prevenir que no sucediera lo mismo en el resto de Centroamérica, pero sin enviar tropas americanas o sin abusar tan descaradamente de los derechos humanos.

Para hacer peor las cosas, la economía estaba en un estado terrible. Los bancos estaban en crisis, y los inversionistas ponían cada vez menos dinero en el país, como había sido la costumbre. En su lugar había una gran "fuga de capital", especialmente hacia Miami. Al incrementarse la violencia, las compañías multinacionales comenzaron a abandonar El Salvador. La última oportunidad para una solución política, llegó el 15 de octubre con el golpe de Estado dirigido por unos cuantos —relativamente progresistas miembros del Ejército— quienes se llamaron a sí mismos la Juventud Militar.

De nuevo, es difícil para los extranjeros imaginarse las facciones que había dentro de las Fuerzas Armadas. Al final, los militares siempre cierran filas para proteger sus intereses. Pero estos jóvenes oficiales tenían por lo menos una conciencia política, y después que depusieron al general Romero, rápidamente le pidieron al MNR y a los demócrata cristianos que se unieran a una junta que estaría conformada por civiles y representantes del Ejército.

Teníamos muchas esperanzas al ver que había gente que regresaba del exilio para formar el nuevo gobierno. Al igual que el MNR y los demócrata cristianos, incluía al UDN, las universidades, y muchos sindicatos. De hecho, tenían a todo ciudadano respetable en el país, lo mejor de lo mejor de la academia y de los tecnócratas. La junta estaba compuesta por Ungo, los dos coroneles, Adolfo Majano y Jaime Abdul Gutiérrez, Román Mayorga de la universidad jesuita, y Mario Andino que representaba al sector privado. Salvador Samayoa era el Ministro de Educación, Rubén Zamora, el Ministro de la Presidencia, Enrique Álvarez Córdova el Ministro de Agricultura, y Héctor Dada, el Ministro del Exterior. Realmente era el gobierno más progresista que El Salvador podía tener.

Duarte no estaba incluido, y él estaba muy dolido porque no lo habían invitado a formar parte del gobierno. Ahora, pobre alma, está muerto pero lo que yo sentía en ese tiempo era que él era un megalómano. No voy a borrar su lugar en la historia porque estoy segura de que él tenía muy buenas intenciones, y ciertamente era carismático y popular.

Pero Duarte siempre hablaba muy entusiasmado de que su madre había sido una mujer del mercado y que él había crecido en una hamaca en algún lugar del mercado, y su madre lo mecía en esa hamaca hecha de sacos de harina, mientras ella vendía las pocas verduras para mantenerlo vivo; y su padre había sido un pobre carpintero, básicamente Jesucristo y la Virgen María con sus hijos. La verdad era que su padre fue un ingeniero y su madre una ama de casa. Él y su hermano fueron a una buena escuela católica y él obtuvo una beca para estudiar en la Universidad de Notre Dame en los Estados Unidos.

Mucha gente sabía que Duarte mentía, pero él era una figura carismática y con mucha influencia, y había sido alcalde de San Salvador. Ungo, en comparación era un pez de sangre fría, o algo inanimado. Duarte sudaba calidez y entusiasmo, y era todo besos y abrazos, especialmente en su relación con las mujeres del mercado. Su regreso del extranjero fue celebrado con una espectacular manifestación. Las calles estaban llenas de gente. Ese día, mi padre se quedó atascado en el tráfico y quemó el *clutch* del carro, y de ahí agarró una gran furia contra Duarte.

La Junta declaró que su objetivo fundamental era restaurar la ley, la cual estaba destruida, y redefinir la estructura política y económica de El Salvador. Ellos también proponían disolver ORDEN y restablecer relaciones diplomáticas con Honduras, las cuales habían sido rotas desde la guerra de 1969.

El golpe fue el mismo día de mi cumpleaños y mi madre nunca olvidó eso. Ella había organizado una pequeña fiesta para mí, y de la única cosa que la gente hablaba era de este nuevo gobierno que salvaría al país. Yo les dije que trabajaría para el gobierno, pero no obtuve la reacción que esperaba. Por primera vez estaba en el lado correcto, y ellos todavía creían que yo estaba loca. A pesar de todo, había esperanza.

El MNR y los demócrata cristianos, inmediatamente declararon su apoyo a la nueva junta. Pero ese fue el único apoyo firme que tuvieron. Las organizaciones de masas (BPR, LP-28, y el FAPU) no fueron invitadas a participar, y todas ellas la condenaron. Las organizaciones guerrilleras también la condenaron, sobre la base de que era sólo un truco impuesto en El Salvador por el gobierno de los EEUU para prevenir lo que había pasado en Nicaragua. El ERP inmediatamente llamó a una insurrección, pero se dieron cuenta de que la idea no tenía apoyo popular, así que declararon un cese de fuego unilateral. Al mismo tiempo, la Asociación de Empresarios, ANEP, se mantuvo ocupada condenando a la Junta desde la derecha.

Por lo menos, las cosas se calmaron por unos pocos días mientras todos sostenían la respiración para ver qué era lo que la Junta haría, especialmente si podrían ser capaces de controlar a la Policía y al Ejército. No hubo mayores acciones de parte de la guerrilla o de las organizaciones de masas durante ese tiempo. El mayor D'Aubuisson fue separado de la inteligencia del Ejército, lo que se vio como un paso positivo para los derechos humanos.

La primera Junta sólo duró un poco más de dos meses. Durante esos meses yo trabajaba con la prensa, la mayor parte del tiempo arreglando entrevistas con periodistas importantes y acompañando a los líderes a esas entrevistas. Estuve tan ocupada que casi no vi a mi familia durante ese tiempo.

Debido a los obstáculos de parte de los militares, el gobierno tuvo muchas dificultades para implementar cambios. Las organizaciones de masas habían estado negociando entre ellas todo el mes de diciembre de 1979. Esencialmente, su estrategia era subrayar las contradicciones de la situación con la esperanza de encontrar formas de fortalecer el frágil gobierno, así que había muchas acciones en la calle, como la ocupación de la Catedral y de los Ministerios, para demandar cambios. Pero el obstáculo mayor eran los militares. El 29 de octubre el Ejército asesinó a veintiún miembros de las LP-28, para demostrar de una forma dramática que los militares no estaban dispuestos a respetar los deseos de la Junta.

Para el 23 de diciembre los tres miembros civiles de la Junta decidieron renunciar en bloque, acusando a los militares de oponerse a los cambios estructurales que la Junta veía como necesarios: reforma agraria, reforma educativa, cambios a la banca, y así sucesivamente. Su salida era una forma de presión. Creyeron que su renuncia no sería aceptada y que regresarían pronto. Pero sucedió algo muy triste. Así de repente en la primera semana de enero, la renuncia fue aceptada. El coronel Majano anunció una segunda junta, esta vez con José Antonio Morales Erlich y Héctor Dada, de los demócrata cristianos. En marzo, Duarte recuperó el control del partido, dividiendo el partido en dos. Él tomó el lugar de Héctor Dada en la Junta; y para finales del año se convirtió en el presidente. Duarte había estado esperando ese momento. Ese hombre que había hablado de haber sido torturado por los militares había estado hablando con ellos todo ese tiempo. Les vendió el alma. No me da vergüenza decir esto. Pienso que es la verdad.

De todas formas, ese fue el final del gobierno progresista. Me duele mucho pensar en eso ahora, porque había mucho entusiasmo en el país. Es parte de la historia salvadoreña que no mucha gente recuerda, pero lo que se nos vino después fue crucial.

En enero de 1980, la Coordinadora Revolucionaria de Masas, CRM, se formó, y finalmente incluía al BPR, a las Ligas, el FAPU, el PRTC, y a los comunistas. El 22 de enero hubo una enorme manifestación para celebrar la creación de la CRM y para conmemorar la matanza de 1932. Todos estaban ahí: ANDES, grupos estudiantiles, sindicatos, organizaciones campesinas. A mí me habían prohibido ir. Pero no pude resistir y fui.

Estuvo muy bien organizada. Las columnas de gente cubrían 12 kilómetros, perfectamente formadas, cada quien, con sus bolsitas de agua, y bicarbonato para protegerse de las bombas lacrimógenas, y con pancartas, megáfonos y canciones. Todavía siento algo en el estómago, se me pone la piel de gallina, cuando pienso en esa gente, esos salvadoreños manifestándose con júbilo. Pero la Guardia Nacional y la Policía de Hacienda dispararon contra la gente; asesinaron como a 40 personas, e hirieron a muchos más.

En ese tiempo ya no trabajaba directamente con el MNR, pero el partido me había pedido trabajar como asistente personal de Héctor Oquelí en el Ministerio de Relaciones Exteriores. Él era viceministro en ese momento.

La Junta estaba inestable, bajo fuego de la izquierda y de la derecha. Y digo "bajo fuego" literalmente: a finales de febrero de 1980 el fiscal general, Mario Zamora, fue asesinado en su casa. El mayor Roberto D'Aubuisson lo había denunciado públicamente como miembro de las FPL. Fue una denuncia ridícula porque Zamora era un demócrata cristiano desde hacía mucho tiempo. Pero viniendo de D'Aubuisson, la acusación era una sentencia de muerte.

D'Aubuisson era un hombre muy activo, aun cuando había sido despedido de la jefatura de la inteligencia militar. Él hablaba públicamente en la radio, y en privado lo hacía en los cuarteles en todo el país, condenando a la Junta y a sus miembros. Era claro que él cons-

piraba en contra, pero también era claro que él tenía amigos podero-
sos. El 24 de marzo de 1980, el arzobispo Monseñor Óscar Arnulfo
Romero fue asesinado al celebrar una misa en la capilla del Hospital
de la Divina Providencia.

Mural dedicada a Monseñor Romero, El Pueblo de Dios en Camino, San Salvador
(cortesía de Rachel Heidenry)

Yo escuché la noticia mientras daba mi clase de inglés en el
Centro Cultural. El 30 de marzo fue el funeral y fui al centro con
Enrique Barrera y Ricardo. Llegamos al Palacio Nacional, frente a
Catedral, y nos encontramos con que la plaza estaba tan llena de
gente que no podíamos movernos. Casi todo el tiempo me la pasé
apretujada, con una señora ya mayor que tenía un bebé en sus brazos.
Dentro de los miles de personas en la plaza, nosotros, los del MNR
parecíamos los únicos vestidos formalmente. Todos los demás usaban
jeans y camisetas, la gente común de El Salvador, mujeres, niños,
viejos, jóvenes. Muchos lloraban. La ceremonia comenzó en Catedral,
y luego se movió hacia la plaza. Al mismo tiempo, las organizaciones
populares comenzaron a marchar con pancartas. Era una demostración ordenada. Todo estaba en calma. Y de repente hubo una explo-

sión, seguida por el sonido de disparos de balas rebotando en el pavimento.

Todavía puedo recordar el gentío comenzando a moverse en cámara lenta, como una gran ola. Sólo por un momento, tuve la oportunidad de ver que algunos de los disparos provenían de lo alto del Palacio Nacional. Eran francotiradores cuyas cabezas, hombros, y el cañón de sus fusiles eran visibles desde la calle. Después todo fue pánico ya que la gente corría gritando, cayendo al suelo, tratando de encontrar refugio lejos de la multitud y de la confusión. No había nada qué hacer, sólo nos empujaba la prisa y nos dejábamos llevar, tratando desesperadamente de mantenernos en pie.

La marcha del funeral trató de regresar a Catedral. Había humo por todas partes y cuerpos regados en la plaza. Las mujeres y los niños estaban histéricos, y los gritos eran ensordecedores. La gente se estaba ahogando en el desorden. Mientras los disparos continuaban, con rifles, ametralladoras y gas lacrimógeno.

Enrique, de alguna manera se separó de nosotros y yo me preocupé por él, pero Ricardo me dijo, "olvídate de todos, ¡Tienes que salir de aquí!" Nos agarramos de la mano y cruzamos desde la plaza hasta las calles aledañas. En mi memoria de ese momento siempre parece que voy volando, que nunca toqué el piso. Yo llevaba sandalias, y una de ellas se me deslizó hacia arriba y me colgaba del tobillo mientras corría, la falda se me subió hasta la cintura. Pero yo seguí corriendo. Más tarde nos dimos cuenta de que cerca de 30 personas habían sido asesinadas y 200 resultaron heridas.

Funeral de Monseñor Romero (cortesía de Ciudades Hermanas Estados
Unidos-El Salvador)

A inicios de abril se creó una alianza entre la Coordinadora Revolucionaria de Masas y el Frente Democrático, que se llamó: Frente
Democrático Revolucionario, FDR. Esa fue la alianza final de todas
las organizaciones políticas —no militares—, de la izquierda salvadoreña. Incluía una nueva fracción de la Democracia Cristiana que se
había dividido del partido principal cuando Duarte regresó. El FDR
apoyaba la lucha armada sin ser ellos mismos una organización militar. Casi al mismo tiempo, cuatro de las cinco organizaciones militares se unieron en una estructura coordinada llamada la Dirección
Revolucionaria Unificada, DRU.

A pesar de toda esta organización, la amenaza al gobierno era
mucho más fuerte de parte de la derecha que de la izquierda. La
influencia de D'Aubuisson obviamente estaba creciendo, aun cuando
Duarte eventualmente expresó que estaba seguro de que D'Aubuisson tenía culpabilidad en el asesinato de Monseñor Romero. El
recién llegado embajador americano, Robert White, también sospe-

chaba de D'Aubuisson, al punto de negarle la visa para que viajara a EEUU en abril.

Aun así, D'Aubuisson se las arregló para aparecerse en Washington ese mes, con el propósito de hablar públicamente en la Legión Americana, y privadamente con un número de políticos. Le tomó dos días al gobierno de EEUU para expulsarlo. De regreso en El Salvador intentó organizar un golpe de Estado, y Majano lo tuvo que arrestar. Pero a pesar de su implicación en la muerte del arzobispo Romero y el hecho de que fuera capturado con planes para un golpe de estado, D'Aubuisson tenía mucho apoyo de parte de los militares y de la derecha, y fue liberado a los tres días. Se fue a Guatemala, donde los militares en el gobierno le dieron la bienvenida con los brazos abiertos. Ellos estaban desarrollando su propia "guerra sucia" en esa época, de manera que tenían mucho de qué hablar. Él regresó a El Salvador poco tiempo después.

El coronel Majano y la juventud militar perdían cada vez más poder y el tiempo seguía su marcha. Eventualmente en febrero del siguiente año, Majano también sería arrestado por sus compañeros oficiales. Omar Torrijos de Panamá intervino por él, y logró que lo enviaran al exilio. Pero si Majano estaba dentro o fuera del país no hacía mucha diferencia en ese entonces: el momento político había sido totalmente acaparado por la lucha, ya que las organizaciones y la guerrilla finalmente se estaban uniendo.

Las organizaciones de masas mantuvieron su estrategia de huelgas y movilizaciones. También se comenzaron a armar —sin embargo—, no con la misma intensidad ni el nivel organizativo que tenían las guerrillas. Hubo cierto tipo de impulso creciente a medida que las manifestaciones se hacían cada vez más grandes. La última fue organizada en junio por la CRM, con un total de trescientas mil personas. Nunca, nada había pasado antes a esa escala; y fue emocionante ver semejante apoyo popular después de todo lo que había ocurrido. La marcha comenzó en el Parque Cuscatlán, en dirección al Palacio Nacional y la Catedral. Cerca del centro de la ciudad, las calles se hacen más angostas, así que la gente se amontonaba más.

Los militares se impusieron y no la dejaron pasar. Cuando los soldados comenzaron a disparar yo estaba en la esquina del parque, estaba ahí para observar cómo se veía esa inmensa cantidad de gente. De nuevo, los disparos provenían del techo del Palacio. Imagínense, trescientas mil personas en medio del pánico. Fue horrible. En mayo, hubo una huelga general convocada por el FDR, y fue un gran éxito. Otra fue convocada en agosto, pero no resultó tan buena. Fue atacada violentamente. Fue un éxito diferente ya que hubo menos participación que en la huelga general, pero fue coordinada con acciones de la guerrilla, las organizaciones milicianas y los comités de vecinos que se habían formado en algunos barrios.

Fuera de El Salvador, la DRU y el FDR habían creado la Comisión Político-Diplomática con base en México. Esta Comisión representaba a las fuerzas de oposición de El Salvador ante el resto del mundo. La misión incluía a tres representantes de la guerrilla y cuatro de los partidos políticos más grandes, incluyendo a Ungo y a Rubén Zamora.

Salvador Samayoa, quien había sido Ministro de Educación durante la primera Junta, surge de nuevo como representante de las FPL en la Comisión Político-Diplomática. Y en octubre, se crea el FMLN, cuando el PRTC finalmente se unió a las otras cuatro organizaciones que habían formado la DRU. De ahí en adelante la Misión Política-Diplomática representaba al FDR y al FMLN.

Para entonces, Ungo era claramente el miembro más importante de la oposición legal, y quien tenía la visión más realista. Era importante para el trabajo diplomático, por sus conexiones con la Internacional Socialista. Fuera de El Salvador estaban conmocionados por el asesinato de Monseñor Romero, así que la comunidad internacional estaba receptiva al mensaje del FDR/FMLN.

Con la creación de la Comisión Política-Diplomática, la oposición casi podía declarar que tenía un gobierno en el exilio. Como era de predecir, en los EEUU la administración Carter ignoraba todas las iniciativas políticas del FDR/FMLN; y la política de Reagan hacia Centroamérica anunciaba ser aún más dura. Pero el resto del mundo estaba más dispuesto a escuchar y a ayudar. La Internacional Socialista ya había anunciado su apoyo al FDR en una importante reunión en Oslo, en junio de 1980; México y Francia habían reconocido al FDR como la fuerza política representativa del pueblo salvadoreño en

1981. Fue en este punto que regresé al MNR, e inmediatamente me pusieron a trabajar como apoyo a la dirigencia del FDR. La mayor parte de ese trabajo era necesario en El Salvador, El FDR me envió a una misión internacional mayor a principios de noviembre de 1980. Fue probablemente la misión más extraña que tuve. Era un Congreso de la Internacional Socialista, que tomaría lugar en Madrid. Debido a los esfuerzos diplomáticos de Ungo y Héctor, nuestra lucha en El Salvador sería un tema prominente en ese congreso. Ellos necesitaban a alguien que representara al MNR en la Conferencia de Mujeres de la Internacional Socialista, como se llamaba entonces. Como yo estaba en El Salvador, tenía que tomar medidas de seguridad, no podía ir como Ana Margarita Gasteazoro, era simplemente demasiado peligroso. Así que viajé y hablé en la conferencia bajo otro nombre: "Mónica Pancho".

Primero viajé a la Ciudad de México, donde me encontré con que Vera ya había trabajado todos los detalles del viaje, incluyendo el nombre. Había una mujer indígena de Guatemala con ese apellido quien había sido asesinada por las autoridades; lo cual había afectado a Vera fuertemente. Así que ella escogió el apellido Pancho en su memoria. Yo necesitaba otra clase de vestido para esto, así que Vera y yo fuimos de compras a la ciudad de México por un traje y un abrigo, pantalones negros, unas bufandas, y zapatillas negras, todo muy diferente de como solía vestir yo.

Desde que llegué a Madrid, los agentes de seguridad del Partido Socialista Español (PSOE) se hicieron cargo de mí. Felipe González no estaba en el poder; y el partido todavía tomaba muchas medidas de seguridad. Ellos también habían vivido en la clandestinidad por muchos años bajo el régimen de Franco. La Internacional Socialista era muy importante en Europa, y un buen número de presidentes asistirían al congreso.

La gente del PSOE me llevó del avión —en un carro con vidrios oscuros—, directo al hotel. Yo era una VIP, así que alguien más se hizo cargo de mi pasaporte y de mis maletas. En el camino ellos me iban aconsejando: "bien, lo primero que haremos es cambiar tu apariencia. Teñiremos tu cabello de rubio y te maquillaremos. Cuando terminemos ni tu madre te reconocerá". Recuerdo pensar:

¿qué diablos me van a hacer?, pero no dije nada. Vera era una buena amiga y se preocupaba por mí. Así que después de registrarme en el hotel, fuimos a un salón de belleza para pintarme el pelo. Ahora, mi pelo me llegaba hasta la cintura, y aún ahora. La mujer del salón me vio y dijo, "olvídense. No podemos teñir estos cabellos de rubio. Es demasiado negro y grueso, tomaría demasiado trabajo. Y probablemente se lo arruinemos". Hizo una pausa y miró alrededor del salón. "¿A menos que quieran que lo cortemos?", todas gritaron a coro: "¡Nooo!"

Finalmente, Vera decidió que la solución era que usara una peluca rubia. Mientras me llevaron de regreso al hotel e intenté dormir un par de horas. Estaba muy cansada por los cambios de horario, y tenía muchas actividades programadas para ese día siguiente.

Me despertó una mujer que llegó a mi habitación y anunció que era una especialista en maquillaje de un teatro local. Así que mientras trataba de despertarme ya en la silla, me transformó en alguien diferente.

La nueva yo, era una rubia feísima: Mónica Pancho en persona. Era demasiado raro, y nunca me acostumbré a mi nueva identidad. Recuerdo estar en una recepción unos días después, cuando vi a una mujer de aspecto sumamente extraño que me observaba y me dije a mí misma: "¿Me pregunto quién será esa mujer?" ¡Era yo reflejada en un enorme espejo del salón de recepciones! Mi discurso sería el tema principal de la Conferencia: El desarme. Había mujeres importantes en el público, Yvette Roudy, Gro Harlem Brundtland, quienes tenían posiciones más importantes que la mía. Mi discurso era una excelente oportunidad para El Salvador. Pero después de haber estado tan inmersa en la historia de mi propio país, era difícil entender lo que "el desarme" significaba para el resto del mundo. Vera, con anterioridad, había escrito el discurso: una excelente escritora, pero muy británica y periodista en su estilo. Tuve que volver a escribirlo para que sonara como yo.

Al día siguiente, la conferencia de mujeres abrió con Felipe González. Luego me presentaron como Mónica Pancho de El Salvador, caminé hacia el pódium, sintiéndome extraña y desorientada.

Vestía de negro, con lentes y bufanda alrededor del cuello, y con esa horrorosa peluca rubia y tiesa hasta la cintura. Frente a mí había cerca de 500 personas. Yo soy muy sensible ante un público grande. Sus muestras de júbilo o pesar me abruman. Vera e Irene me dieron un trago de *whisky* y la cuarta parte de una pastilla de *Valium* antes de subir al pódium. Mi voz se quebraba al principio y yo tenía que estar calmada. Después de leer la primera página ya estaba bien. Sentí el aplauso de admiración por la lucha salvadoreña; y yo, muy emocionada con que nuestra lucha hubiera alcanzado tal reconocimiento.

Cuando terminé, Felipe González me dio un abrazo y dijo algunas palabras sobre El Salvador y lo heroico de su lucha. Hubo un descanso para el café inmediatamente, y Héctor se acercó y me dijo, "caramba, qué fea te ves". Él era mi amigo así que podía decir esas cosas, mientras que Ungo nunca lo hubiera hecho. De hecho, en la siguiente sesión vi que Ungo vino y se sentó al final del salón. Yo estaba sentada en la mesa presidencial, y fui a saludarlo. Le dije, "hola doctor Ungo", y él no me reconoció al principio. Cuando me acerqué a darle un beso, él ya tenía su mano estirada para saludarme. No creo que estaba muy contento con lo que vio, pero al menos me reconoció cuando escuchó mi voz.

En otra recepción yo estaba con un grupo de gente muy importante, y se nos acercó el Primer Ministro de Finlandia, Mauno Koivisto. Yo lo había conocido en la conferencia de Vancouver, y me preguntaba si me reconocería. Cuando alguien nos presentó me miró a los ojos y dijo, "tú eres Ana". Me dio un gran abrazo y dijo, "por tus ojos, nunca serás capaz de esconderte". ¡Mal para los de seguridad, bueno para mi ego! El resto del tiempo en Madrid, "Mónica Pancho" fue a las recepciones y dio sus discursos y participó en conferencias como lo haría una buena trabajadora del partido. Hay fotografías de ella. Cada mañana la estilista llegaba a mi habitación y me transformaba en la Mónica blanca y rubia. Primero aplicaba una base gruesa de maquillaje. Luego me cambiaba la boca, la nariz, las pestañas y las cejas. Finalmente venía el proceso de colocarme la maldita peluca. Tenía que recoger mi cabello y, con mucho cuidado, colocármelo alrededor de la cabeza. Luego me ponía un malla de nylon para fijarlo y acomodar la peluca. Daba calor, y picaba tanto que cuando al final me la quitaba, ya estaba loca por la incomodidad.

De hecho, no hice todas las cosas que normalmente haría en este tipo de eventos. Aparte de las consideraciones de seguridad, la peluca restringía mis movimientos. Era bien incómoda para usar y difícil para ponerla. En Madrid hacía frío y había mucho viento. En la calle, casi que salía volando. Una vez que me la quitaba no salía de mi cuarto. Quien fuera que quisiera verme, tenía que venir al cuarto. Me distraía haciendo algún trabajo de traducción para Ungo y Oquelí o escribiendo resoluciones. No hacía ningún cabildeo por temor a ser reconocida.

No sólo estaba incómoda físicamente, sino también con la personalidad que representaba. En mi trabajo internacional había aprendido que no debía acercarme a cualquier persona y verla directamente a los ojos, decirle quién era y de dónde venía, tampoco decirle sobre mi posición y pedir ayuda o apoyo, o lo que fuera necesario. Pero esa era yo con mi cabello largo y mis ojos claros, Ana Margarita. Quizás una actriz lo hubiera hecho, pero yo no podía. ¡Tenía que usar lentes! Eran claros y sin prescripción, pero era tan diferente y tan difícil ver a las demás personas directamente a los ojos, o hacer que la gente me pusiera atención.

Yo soy extrovertida, pero tiene que ver con toda mi persona. Y aquí estaba yo con una horrible apariencia, de edad media, maestra, tipo monja. Nadie se daba la vuelta para verme. Yo tenía que agarrar a la gente y torcerle el brazo para que me vieran, gente que normalmente me diría "hola". Estaba ahí un antiguo novio mío que no me reconoció. Me dolió que no me reconociera y que en lugar de ello se fascinara con un par de mujeres representantes de Venezuela. Era tan incómodo que pregunté si podía regresar antes de que finalizara el congreso. Había otras cuatro personas del MNR en la conferencia, así que me dieron permiso.

De regreso en El Salvador comencé a trabajar con los dirigentes del FDR que permanecían en el país. En ese tiempo el FDR estaba dirigido por cinco hombres, lo mejor de la oposición del país: Enrique Álvarez Córdova, el anterior Ministro de Agricultura y Ganadería; mi amigo Enrique Barrera del MNR; Juan Chacón del BPR;

Manuel Franco de la UDN; y el líder trabajador Doroteo Hernández. Casi todos tenían cerca de cincuenta años de experiencia en la lucha por el cambio en El Salvador. Poco después, todos fueron arrestados, torturados y asesinados. El mismo día, 27 de noviembre de 1980, tiraron sus cuerpos en una carretera a veinte kilómetros de San Salvador.

Los líderes del FDR se reunían cada semana en diferentes lugares por medidas de seguridad. Cada organización a su vez tomaba la responsabilidad de asegurar un lugar para esas reuniones. Ya que los partidos políticos en el FDR no tenían armas, era responsabilidad de las organizaciones —como el Bloque—, cuidarlos mientras estuvieran en las reuniones. Aún así, era muy peligroso reunirlos a todos. El procedimiento era que los líderes del FDR fueran recogidos a diferentes horas del día antes de la reunión, y pasaban la noche en el lugar de la reunión. De esa forma no habría movimientos sospechosos que llamaran la atención de la policía. Sé todo esto porque yo estaba a cargo de la seguridad y de la agenda de Enrique Barrera. A él ya le habían disparado varias veces, una vez mientras manejaba su carro. Pero no era solo él o los otros líderes. La represión había alcanzado nuevos niveles. Parece increíble escribir esto ahora, pero casi un millar de miembros de las organizaciones populares fueron asesinados o desaparecidos en el mes de octubre. No conocíamos los números exactos en ese tiempo, pero sabíamos que era muy malo, tan malo que de alguna forma, la muerte se había vuelto normal.

Temprano en la mañana del 25 de noviembre llevé a Enrique al lugar donde lo iban a recoger para la reunión. Esta vez el "conecte" estaba en la calle. Nosotros siempre cambiábamos los métodos de seguridad, y habíamos comenzado a hacer "conectes" mientras caminábamos. Eso significaba que tú y tu conecte se encontrarían después de caminar una cuadra en dirección opuesta. Nosotros siempre le dábamos entre 10 y 15 minutos de margen. Ese día dejé a Enrique, y a los quince minutos, manejé alrededor de la cuadra para asegurarme. Él no estaba ahí, así que pensé que ya lo habían recogido y que todo estaba bien. Pero no sé porqué, decidí manejar alrededor de la cuadra varias veces. Mientras manejaba, vi una camioneta tipo "van" que me pareció familiar, y tuve un presentimiento de que algo andaba mal.

Así que esperé unos minutos más y regresé a la misma calle donde había dejado a Enrique. ¡Y él estaba ahí!

—Gracias a Dios que estás aquí —me dijo él. Y se subió al carro.

—¿Qué pasó? —le pregunté. —¿Cómo ibas a llegar a tu casa? Enrique estaba furioso. Él hizo la conexión y se subió en un carro que lo estaba esperando y se fueron, sólo para que le dijeran que no habían podido encontrar un lugar seguro para la reunión. Así que lo habían dejado en el mismo lugar, y le dijeron que la reunión sería al día siguiente en el Externado.

Él tenía todo el derecho de estar enojado. En primer lugar, Enrique era un hombre grande con una gran barba, bien reconocible. El hecho de que lo dejaran en la calle sin una forma de llegar a su casa era peligroso e irresponsable. Alguien como Enrique no podía tomar un taxi solo. La mayoría de los taxistas eran informantes de la policía.

¡Y que le dijeran que la reunión sería en el Externado! El Externado había sido utilizado demasiadas veces y presentaba un sin número de problemas desde el punto de vista de la seguridad. De hecho, se había decidido en una reunión previa que no volverían a utilizar el Externado.

Nos alejamos del lugar, él vociferando acerca del grupo que era responsable de los arreglos de seguridad de esta reunión. "¿Por qué no se preocupan más de la seguridad? La seguridad no es algo que se organiza fácilmente, no cae del cielo", me dijo. Enrique estaba en lo correcto. La seguridad se debía trabajar constantemente, mantenerse, afilarse, pulirse. Y eso se duplicaba cuando se andaba desarmado, como nosotros.

A la mañana siguiente llamé a Enrique y él me dio la hora y el lugar donde lo recogería. Lo recogí y lo llevé al Externado un poquito antes de las nueve. La reunión se llevaría a cabo en las oficinas del Socorro Jurídico, la oficina de ayuda legal de la Iglesia, fuera del Externado. Otro compañero estaba ahí, y paramos en el parqueo. Hablamos para quejarnos de la seguridad.

—¿Por qué no tenemos una mejor seguridad? —dijo Enrique.

Yo tenía que ir a una reunión de propaganda en la UCA, pero les dije que regresaría al mediodía y que les traería pizza para el almuerzo. Vi cuando el compañero y Enrique entraban en la escuela antes de irme. Mientras me alejaba sobre la avenida que pasa frente al Externado, me sorprendió el número de camiones militares en la calle. Tuve una sensación incómoda y pensé en lo que podría significar. Hay una oficina grande de un sindicato a la vuelta de la esquina del Externado, que había sido registrada y saqueada recientemente, y pensé que tenía que ver con eso. Pero me fui para la universidad, a la reunión que se realizaría en la oficina de Ítalo López Vallecillos. Además de ser miembro del MNR, Ítalo era un poeta conocido, y había sido amigo de Roque Dalton. Manteníamos el radio a bajo volumen, y a eso de las 11:15 a.m. dieron un boletín especial de noticias. Decía que los líderes del FDR habían sido arrestados mientras desarrollaban una reunión en el Externado de San José. Solo eso, ni más, ni menos.

Inmediatamente comenzamos a difundir la noticia, mediante comunicados de prensa, y llamando a todos los periódicos y estaciones de radio, con declaraciones y denuncias, demandando su inmediata liberación. Eso era lo acostumbrado: entre más ruido se hacía, más grande era la oportunidad de obligar al gobierno para que los liberara, o que permitiera que se les visitara. En esa época la radio era más abierta que los periódicos, y daban más información de lo que estaba pasando en el país. Así que nos concentramos en ellos.

Al principio lo tratamos como un caso injusto de arresto. Nunca se nos ocurrió que ellos no habían sido arrestados —una acción oficial que eventualmente sería reconocida por las autoridades—, ellos habían sido secuestrados. Nunca creímos que el régimen les haría algo. Pero al terminar la tarde estábamos más perplejos y preocupados. Había boletines de radio cada cinco minutos, pero sin ninguna nueva información. No habíamos sido capaces de encontrar el rastro. Llamamos al Ministerio de Defensa, al Ejército, a la Policía Nacional, la Guardia Nacional, a todo mundo. Nadie admitía tenerlos.

Finalmente, esa noche, alrededor de las 9:00 de la noche, la radio anunció que se habían encontrados los cuerpos, abandonados en un camino de tierra como a 25 kilómetros de San Salvador, todos con muestras de tortura. El representante del ERP no había llegado a la reunión. El anuncio decía que los había encontrado la Guardia

Nacional. Los cuerpos fueron llevados a una casa funeraria, la misma en la que todos los desaparecidos eran llevados, especialmente aquellos asesinados por la Guardia Nacional.

Me llevé a varios compañeros conmigo y manejé a la funeraria para identificar el cuerpo de Enrique y llevármelo. La radio decía que los cinco habían sido torturados, pero yo no estaba preparada para lo que vi. Enrique Barrera había sido castrado y estrangulado con alambre de púas. Su cuerpo estaba lleno de moretones. El cuerpo de Enrique Álvarez Córdova no tenía forma debido a la cantidad de huesos quebrados. Esta era la primera vez que yo presenciaba algo así. Yo había visto cuerpos que habían sido torturados, pero era diferente ver a alguien tan cercano a mí.

La siguiente prioridad después de identificar el cuerpo era cuidar de la familia. Enrique era casado, con un hijo de cuatro años de edad. Para su seguridad, su esposa y su hijo tuvieron que ser sacados del país inmediatamente. Después tuvimos que atender el funeral. Era un asesinato político, así que nos hicimos cargo de todos los arreglos funerarios, dónde sería la vela y todo lo demás.

Fue un terrible impacto, teníamos que contarle la historia a la prensa internacional, y conseguir la mayor solidaridad posible de la comunidad internacional. El embajador White lo condenó. El funeral se realizó tres días después en la Plaza Libertad, el escenario de otras muchas manifestaciones. Todo el mundo estaba aterrorizado. Comparado con el comienzo del año y la manifestación de junio, la asistencia fue más pequeña. Aunque considerando el peligro, fue grande.

En los días siguientes la historia completa salió a la luz: Todos los secuestradores vestían uniformes militares y habían llegado al Externado en dos camiones. El Externado estaba de vacaciones, así que los estudiantes no estaban, pero las oficinas estaban trabajando. Había gente en las oficinas de los profesores en el primer piso. Los soldados hicieron que todos se tiraran al piso con la cara hacia abajo, y dejaron a un guardia vigilándolos antes de continuar. Hicieron esto muy rápido, de cuarto en cuarto, dejando a la gente en el piso y vigilados. Finalmente dieron con la reunión en el tercer piso. Los líderes del FDR fueron tomados por sorpresa. Se tiene que pasar por tres cuartos antes de llegar al cuarto de la reunión, y ellos no habían escuchado nada. Ni los militares ni el gobierno asumieron nunca la responsabilidad. Y la represión continuó sin disminución. Era una cacería a los miembros de la oposición. Las listas de los futuros asesinados eran colocadas en los postes de alumbrado público por los escuadrones de la muerte. Otras listas eran publicadas, diciendo cosas como: "Las siguientes 500 personas serán asesinadas por la Mano Blanca".

Ungo tomó inmediatamente el lugar de Enrique Álvarez Córdova, como representante del MNR en el FDR, pero a los pocos días su nombre apareció en una lista y tuvo que salir del país. Primero fue a Nicaragua y después a México donde ubicó las oficinas del MNR en el exilio.

Él no fue el único. Muchas personas del MNR aparecieron en las listas y tuvieron que salir. Significaba que otras personas tenían que tomar sus lugares para las operaciones del partido en El Salvador. Hubo movimiento en los escalones del MNR. Y fue así que yo adquirí mucha responsabilidad tan rápido. Había tantas muertes, y alguien tenía que hacerse cargo. Los que nos quedamos, tuvimos que tomar las mismas medidas de seguridad que los militantes clandestinos de la guerrilla. Significaba llevar una doble vida con nombres ficticios, y cambiar constantemente de movimientos: evitar rutinas que les permitieran a los escuadrones de la muerte escoger el momento para asesinarte. Emergíamos como personas públicas solo en reuniones o conferencias de prensa. Yo lo hacía cuando hablaba como representante del MNR con periodistas extranjeros, pero cuando dejaba el hotel, yo era otra persona con otra licencia de manejo.

Nada de eso era nuevo para mí. Sin que mis compañeros del MNR lo supieran, yo ya había comenzado a vivir una doble vida desde hacía un año y medio.

7

HACIA LA CLANDESTINIDAD

Nunca supe quién realmente era Sebastián, tampoco su nombre verdadero, hasta que nos arrestaron juntos en 1981. A esas alturas él había estado compartiendo mi casa desde hacía un año. No saber mucho de tu amante puede sonar a locura, pero para alguien involucrada en la lucha armada contra un sistema como el de El Salvador, tenía sentido. Ya que una de las reglas básicas de la clandestinidad es la compartimentación. Significa limitar al mínimo tu conocimiento sobre la identidad y las actividades de las otras personas. Entre menos sabes, más segura es tu organización y tus compañeros. Lo que no sabes, no lo podrás revelar cuando te arresten. Así que no hay preguntas.

Cuando nos conocimos, Sebastián tenía siete años de estar viviendo en la clandestinidad. La razón por la que él lo hizo fue la misma que empujó a tantos jóvenes de América Latina a unirse a la lucha armada durante los años sesenta y setenta, en algunos casos, a través de la iglesia y de las organizaciones estudiantiles. Él venía de Aguilares, el pueblo donde se originaron las Comunidades Cristianas de Base, y donde el padre Rutilio Grande trabajaba y fue asesinado. Sebastián tenía una relación muy cercana al padre Grande, y había sido su alumno en el seminario. Fue reclutado al movimiento mientras estudiaba en la Universidad de El Salvador, ahí se unió a la AGEUS (Asociación de Estudiantes Universitarios Salvadoreños).

AGEUS era un campo de batallas ideológicas donde las distintas organizaciones políticas o facciones, se disputaban la hegemonía. Todas las paredes del campus estaban llenas de pintas de cada uno de los distintos grupos. Esa plétora de acrónimos fue lo que Fidel Castro solía llamar "la sopa de letras de El Salvador". Había que dedicarse a estudiar a tiempo completo para llevar un registro de todas las organizaciones.

Sebastián se había graduado de maestro, y dio clases en bachillerato durante gran parte de los años setenta. Eso significa que pudo haber sido un miembro de ANDES, el sindicato de maestros de donde habían salido personas como la comandante Ana María, de las FPL, y Mario López del PRTC. Cuando nos conocimos, sin embargo, el trabajo encubierto de Sebastián era a tiempo completo. Estaba casado y tenía una hija, pero se había separado de su esposa hacía años. Se habían separado por motivos políticos: ella nunca estuvo de acuerdo con su involucramiento y se marchó a los Estados Unidos.

Yo no supe nada de esto sino hasta después. A mediados de 1979, yo sólo quería tomar las armas y unirme a la guerrilla. Llegué a creer que ese era el único camino que la gente tenía para salir de la opresión, y sentí que era mi responsabilidad unirme a ese proceso. Ese paso fue muy serio para mí, y lo pensé por mucho tiempo.

El MNR obviamente no era la solución. Cuando regresé en 1977, esperaba que el partido fuera una alternativa democrática como como son todos los partidos social-demócratas de Europa. Lo que yo quería era ver cambios, alguna evidencia de que se abrieran espacios en el panorama político salvadoreño. Pero desde el inicio de mi involucramiento fuimos duramente golpeados, no sólo nosotros sino todos los partidos y organizaciones que trabajábamos por ese cambio. Los demócrata-cristianos, que eran los menos peligrosos al status-quo — entre los demás partidos—, habían perdido cientos de miembros asesinados por los escuadrones de la muerte. No docenas, sino cientos. En lo que respecta al MNR, el partido se había venido reduciendo desde las elecciones en 1977. Era comprensible: la actividad política era peligrosa. La gente tenía miedo de ir a las reuniones, y de que los vieran con alguna figura pública. ¿Quién quería terminar como Martín Espinoza, un psiquiatra y uno de los líderes más prominentes, quien fue asesinado en febrero de 1980? El Doctor Espinoza, a finales de sus cuarenta años, era un hombre de sólida formación profesional que había vivido los altos y bajos del partido durante los años setenta. Un día, tres hombres entraron a su oficina, solo a matarlo. No hubo explicación o avisos de parte de sus asesinos después de su muerte. Él fue nuestro primer mártir, pero de ningún modo, el último. Cada una de esas muertes —y más recientemente la de Héctor Oquelí— fue un severo golpe para el partido. Héctor, probablemente, había cambiado el partido en un cien por ciento.

No había espacios legales para hacer ningún tipo de trabajo organizativo, pero nosotros éramos un partido legal, y esa era la única forma que conocíamos para trabajar. Habíamos intentado todas las formas legales y democráticas posibles para alcanzar algún cambio, solamente para darnos cuenta que no había modo.

Quizás fue ingenuo de nuestra parte creer que la ruta legal funcionaría, por lo menos si se observan los últimos cincuenta años de la historia política de El Salvador. Esos años estuvieron cargados de fraudes y dictaduras militares, desde 1969, cuando el MNR se formó. La legalidad no significaba nada. Esencialmente El Salvador no había vivido bajo las reglas de la ley por años de años, sólo la gente con dinero tenía derechos.

Los principales líderes del MNR —Ungo, Oquelí, Enrique Barrera — eran intelectuales que trabajaban en las universidades. Unos cuantos como Mauricio Domenic y Fito Castro eran hombres de negocio, y Jorge Sol —que pertenecía a una de las familias oligárquicas—, era un economista. También había sindicalistas, unos cuantos estudiantes y gente como yo.

Eso era, unos 50 intelectuales que tratábamos de hacer un partido político. Nunca nos conectamos con los campesinos ni con los trabajadores urbanos a través de sus líderes, quienes en todo caso eran independientes de nosotros. Así que no teníamos una base popular, y nuestro partido no era ni grande ni fuerte.

Sí teníamos influencia porque dentro de nuestros miembros había gente reconocida en el país como líderes intelectuales y profesionales. Pero lo que más producíamos era papel: manifiestos, análisis y otros documentos. La gente no se involucra con un partido que habla mucho, pero que no puede hacer mucho a favor de las necesidades de las mayorías. Y nosotros ni podíamos, ni actuar, ni hablar, ni protestar en público. De nuevo, es comprensible: los intelectuales y profesionales son personas que tienen algo que perder. Si no tienes nada, actuar requiere menos debate. Ahora que escribo esto, me doy cuenta de que estas son críticas duras; y espero que mis camaradas del MNR me disculpen, pero creo que nos lo merecemos. Éramos pequeños y elitistas.

No pretendo cuestionar el coraje de personas como Ungo. O el sacrificio de gente buena como Enrique Barrera o Martín Espinoza, todos ellos asesinados por las autoridades. Todos en el MNR arriesgábamos lo mismo, simplemente por pertenecer a un partido de la oposición.

Lo que sí cuestiono es la sabiduría de los esfuerzos del partido. Era obvio para mí que lo único que el gobierno y la derecha entendían era la fuerza, quiero decir la lucha armada. Y las balas tenían que ser apuntadas al blanco, y ser muchas, y tenían que ser organizadas con una estrategia global. Y eso significaba: la guerrilla.

Yo no era la única en esta situación. Muchas personas de mi clase y posición política se dieron cuenta de que la lucha legal no funcionaria, y llegaron a las mismas conclusiones que yo. Los dos hijos de José Antonio Morales Erlich, el demócrata cristiano que fue candidato de la UNO en 1977 y se unió a la Junta en 1980, se unieron a la guerrilla. El hijo mayor, Tono, le envió al padre una carta abierta que fue publicada por la prensa, explicando su decisión. Nunca lo conocí, pero Tono como prisionero político fue eventualmente una persona importante en mi vida. También uno de los miembros del gabinete de la Junta, Salvador Samayoa, tomó esa decisión y la hizo pública en la forma más dramática posible: en televisión, renunció a su puesto como ministro de Educación, y reveló que él era un miembro de las FPL.

Por cada anuncio dramático había cientos de personas que se unían de forma silenciosa y sutil a la guerrilla. Dentro del MNR, yo ocupaba mi tiempo escribiendo sobre nuestra posición, y nuestros boletines. Pero en realidad no teníamos bases. Nuestra relación con la gente era de arriba hacia abajo y no nos estaba llevando a ninguna parte. Richard y yo estuvimos de acuerdo, y los dos nos desilusionamos con el elitismo del MNR y con su impotencia ante los hechos violentos. Mientras nuestra desilusión crecía, observábamos las operaciones de la guerrilla con acrecentado interés.

Las acciones de la guerrilla eran principalmente de tres tipos. Algunas de ellas eran ajusticiamientos a miembros de la oligarquía o del gobierno. A estos actos usualmente le seguían comunicados asumiendo su responsabilidad y explicando el porqué del hecho. Por ejemplo, en mayo de 1977, las FPL asesinaron a Mauricio Borgonovo, un socio de negocios del anterior presidente Molina y del dictador nicaragüense Anastasio Somoza. Tuvo mucha cobertura en la prensa. Un resultado inesperado fue que el recién formado escuadrón de la muerte Unión Guerrera Blanca —inmediatamente en venganza— asesinó a un cura, el padre Alfonso Navarro. El padre Navarro no tenía nada que ver con la guerrilla, pero era jesuita y, como ya he mencionado, la derecha sospechaba de los jesuitas.

También había secuestros para obtener recompensas financieras o políticas. Por ejemplo, en 1978 las FARN secuestraron a dos hombres de negocios. Mataron a uno de ellos, Fujío Matsumoto, luego de que el gobierno se negara a negociar. El otro, Kjell Bjoerk, fue liberado después de que su compañía pagara por la publicación de un manifiesto en varios periódicos, tanto dentro como fuera del país.

En tercer lugar, había violencia dirigida hacia ORDEN, la organización paramilitar establecida durante los años sesenta para mantener el campo bajo control. Estas acciones fueron a menudo ajusticiamiento, pero a niveles locales, en poblados donde los miembros de ORDEN actuaban como «orejas» del Ejército y a veces eran represivos. A diferencia de las anteriores, esta forma de asesinatos tenía poca publicidad en la prensa y, esa no era la intención.

Por último, había ataques a las instalaciones militares y colocación de bombas en oficinas de gobierno, fábricas y embajadas. Las bombas eran la especialidad del ERP, quienes se las adjudicaban. En un capítulo anterior señalé el número de los asesinatos por el gobierno entre 1972 y 1979. Por esos mismos años, las guerrillas dieron muerte a ochenta y dos oficiales de las fuerzas armadas y noventa y dos paramilitares. También secuestraron a veinticuatro personas exigiendo recompensas.

Aceptar la idea de que la violencia era la única forma de cambiar las cosas fue una decisión muy importante en la vida de muchas personas como yo. Creo que todos hacíamos analogías en la mente: a veces lo expreso en términos de un niño al que se ha abusado de manera constante y violenta. El niño se paraliza o se vuelve loco, o reacciona y se defiende. De la misma manera, no puedes permitir que el Ejército asesine a veinte personas y no se defiendan. El pacifismo de algunas órdenes religiosas, el poner la otra mejilla, no era una posibilidad, tenía que haber una toma de poder por parte del pueblo.

Mi decisión fue unirme a la lucha armada como la única solución a los problemas de El Salvador. Llegué a ver que ya estábamos en guerra, no la guerra abierta y generalizada que comenzó con la ofensiva de 1981, pero una que había comenzado con la formación del primer grupo guerrillero a inicios de los setenta. Y yo estuve de acuerdo con eso. Después de una larga reflexión, decidí que era la única salida, aún después de que la guerrilla matara a un amigo de la familia, Roberto Poma.

La familia Poma era una de las familias más ricas y exitosas de El Salvador. Eran íntimos amigos y vecinos de mi familia, y Roberto era el segundo de sus cinco hijos. Mi padre era su padrino y su padre era el padrino de mi hermano. Roberto era una de mis personas favoritas Era como trece años mayor que yo. Cuando era pequeño lo adoraba. Recuerdo que estaba casado con una hermosa mujer nicaragüense llamada Lucía.

En 1975 Roberto era director del Instituto de Turismo de El Salvador, y fue él quien trajo el concurso Miss Universo a El Salvador. Hubo muchas protestas al respecto: ¿Cómo era posible El Salvador, un país tan pobre, tuviera este concurso de Miss Universo y gaste tanto dinero? La masacre de los estudiantes en Santa Ana en julio de 1975 fue el resultado de una protesta ante este concurso de Miss Universo. Hubo veinticinco o treinta estudiantes de secundaria asesinados por los militares en esa manifestación.

Después de eso, se formó una organización estudiantil en la UCA,

llamada Fuerzas Universitarias Revolucionarias 30 de Julio (FUR-30).
Dos años más tarde, en enero de 1977, Roberto Poma fue secuestrado
camino a su oficina, y el ERP asumió de inmediato la responsabilidad. Roberto llevaba una pistola, y al tratar de protegerse, recibió un
disparo. Lo tomaron, y exigieron un rescate de la familia, además de
la liberación de dos miembros del ERP que estaban en prisión.

Cuando los Poma terminaron de pagar el rescate, y los presos
fueron liberados, el ERP le dijo a la familia donde encontrar a
Roberto. Lo que encontraron fue un cuerpo en una bolsa de plástico.
Roberto había estado muerto durante dos o tres semanas. Ana
Guadalupe Martínez, comandante María, del ERP, fue liberada de la
prisión como parte del trato con los secuestradores, así como con
otros prisioneros. La comandante María se fue a Argelia, y allí
escribió su libro *"Cárceles Clandestinas"*, la historia de su experiencia
carcelaria. Al leer ese libro, me di cuenta de que yo había estado en la
misma celda que ella en la Guardia Nacional.

Una de las cosas que suceden en un proceso revolucionario es que
llegas a entender por qué las cosas pasan, o crees que las entiendes.
No justificaré del todo la muerte de Roberto Poma, porque estoy totalmente en desacuerdo. Pero entiendo lo que ocurrió en esa situación
especialmente. Accidentes ocurren, no deberían, pero ocurren. Y
puedo ver porqué escogieron a Poma. Él era un objetivo económico,
uno de los hombres más ricos y más importantes del país. No me
gustaría comentar en la forma que lo hicieron. No estoy de acuerdo, y
el grupo que lo hizo no era de mi gusto.

Cuando me uní a la lucha armada, los grupos guerrilleros comenzaban a trabajar juntos, correspondiendo así con los esfuerzos de
coordinación de las organizaciones de masas y la creación del FDR.
Previo a 1979, las diferencias ideológicas y personales no lo habían
permitido. Había dos principales diferencias ideológicas, una repre-
sentada más fuertemente por las FPL y la otra por el ERP.

Las FPL eran las más ortodoxas; lo cual no sorprendía porque
eran las más antiguas. Sus líderes habían abandonado el Partido
Comunista por su línea reformista: desde la matanza en 1932 el
partido había rechazado la lucha armada como una vía hacia el socialismo. En cambio, las FPL apoyaban la línea cubana: que sólo una

alianza de trabajadores y campesinos construida a lo largo de años de *"guerra popular prolongada"* conquistaría la revolución. En esto, coincidía con la facción de la guerra popular prolongada de los sandinistas en Nicaragua, dirigida por Tomás Borge y Bayardo Arce.

Por el contrario, la línea del ERP estaba por la *insurrección popular*. Su estrategia era construir amplias alianzas —hasta con la clase media—, y aprovechar el momento histórico cuando las condiciones estuvieran maduras para una amplia revolución popular. Eso los alineaba filosóficamente con los hermanos Ortega y su tercera facción sandinista. Pero dentro del ERP había habido un forcejeo entre el ala militar y la política del grupo. Ese forcejeo terminó con la ejecución de Roque Dalton.

Nunca he podido aceptar, ni olvidar, ni perdonar la muerte de Roque. Es una espina en todos los grupos salvadoreños. Así que la gente que estaba de acuerdo con Roque se separó del ERP y fundó la RN. Obviamente, el ERP y la RN se odiaban mutuamente, y ambas no compartían la línea de las FPL. Cada una de las tres estaba íntimamente aliada a una organización de masas, lo que complicaba más las cosas.

Era obvio que estas divisiones sólo fortalecían el control del gobierno de El Salvador. Así que, a finales de diciembre de 1979, las FPL, la RN y las nuevas FAL —el ala militar del Partido Comunista, que finalmente habían decidido unirse a la lucha armada—, se reunieron en La Habana para negociar una estructura coordinadora. Un año después de haberse hecho público, en la misma fecha, los tres grupos guerrilleros emitieron su primer comunicado. Las conversaciones continuaron con el ERP, quienes se unieron cinco meses después en el Directorio Revolucionario Unificado (DRU). Pero debido a que el ERP se unió, las RN se mantuvieron fuera de la DRU. El agrupamiento final dentro del FMLN tomó otro año para realizarse.

A pesar de que ambos, Richard y yo nos hicimos miembros de grupos clandestinos, los dos tomamos nuestras decisiones por separado y nos unimos a diferentes grupos. No sabíamos a qué grupo se había unido el otro. Obviamente, teníamos una idea de lo que el otro estaba haciendo. La decisión se respetó, y entendimos la necesidad del secreto. El secretismo es fundamental para el trabajo clandestino. Se esperaba que hasta los que estaban casados no compartirían en lo que andaban. Te martillaban sobre esto durante el entrenamiento, nunca abrirse, ni con tu compañero de vida. De hecho, era ahí donde se debía tener más cuidado. Nunca le dije a Richard a cuál organización me había unido sino hasta tres años más tarde, después de que abandoné la prisión.

A principios de 1979 estaba tomando algunas clases a medio tiempo en la universidad y comencé a juntarme con algunas personas que pensé que tenían algo que ver con las organizaciones político-militares. No fue tan difícil porque si bien ellos no operaban abiertamente, a esas alturas los grupos se habían fortalecido, y fácilmente se podía conocer a alguien y decirle "me gustaría colaborar con tu organización". Pero aún así tomaba algo de tiempo establecer conexión.

Escogí mi organización debido a su disciplina, secretismo y consistencia. Yo sabía que el Bloque estaba relacionado con las FPL, pero no me atraía. Eso señala una de mis terribles contradicciones. No quería involucrarme con las acciones de calle del Bloque. Tenía muchos amigos que querían que yo trabajara para ellos. Muchos eran abiertamente del Bloque, compañeros de estudio, artistas, maestros, compañeros de casa, FECCAS. Pero yo no quería ser parte de una organización pública, y sabía la fuerza que tenían.

Yo quería involucrarme con lo que estaba detrás. Quizás eso fue un elitismo o una "burguesada" mía, pero quería algo que fuera más difícil para entrar. Tenía una gran admiración por la comandante Eva, Chico y Toño, los tres líderes que se enfrentaron al Ejército durante 18 horas en una pequeña casa en Santa Tecla en 1976. Cuando finalmente los mataron, y el Ejército pudo entrar a la casa destruida, encontraron las paredes llenas de pintas escritas con sangre: REVOLUCIÓN O MUERTE, EL PUEBLO ARMADO VENCERÁ, FPL

Me tocó profundamente el hecho que estos seres humanos tuvieran esa fortaleza. En 1977 nunca pensé estar hecha de ese material. Ahora sentía que era mi deber unirme a esa lucha. Hice varios intentos. Al principio nadie me ponía atención, y la espera me frustró. Una o dos veces los de la UCA me dieron algunas tareas y me dijeron que harían el "conecte". Hice las tareas, ambas de carácter intelectual, como recopilar artículos sobre la reforma agraria, y leer los documentos de la organización para ver si era lo que yo realmente quería. Esperé en los lugares de las citas, pero los contactos nunca se aparecieron y no hubo seguimiento. Al ver hacia atrás no creo que ellos me estuvieran probando. No me daba cuenta de que era realmente difícil para una organización introducir a alguien y darle tareas inmediatamente.

Un *"conecte"* es un contacto con alguien que tú no conoces y que no te conoce. Generalmente la seña es algo visible como una pieza de vestir, un libro, o algo en el cabello, que también lo lleva la otra persona. A esto le sigue la contraseña, por lo general un intercambio de palabras para asegurarse de que no hay error, y que estás tratando con la persona que se supone que te tienes que encontrar. Un *"conecte"* típico podría ser, que cada uno llevara en la mano derecha una revista de *National Geographic*. Esa es la señal. Entonces, si tú eres quien ha iniciado el *"conecte"*, hablas primero, "Disculpe, ¿podría decirme dónde puedo cambiar unos marcos alemanes?" La respuesta podría ser: "Nosotros sólo usamos colones aquí. Pruebe en el banco". Estas son medidas de seguridad clásicas.

Hay historias divertidas de *"conectes"*, como el del compa al que le dijeron que su seña para identificarse, era un *"Gallito"*, unas mentas muy populares y baratas en El Salvador. La seña era llevar un *Gallito* y el lugar, una parada de buses en Apopa, pero el compa llevó un gallo vivo. De manera que el compañero urbano, llevó un pequeño paquete de mentas y el otro, el del campo, un gallo vivo.

Me tomó un mes conocer a Sebastián. El *conecte* me llegó a través de un amigo, a quien después desaparecieron. Él me dio el papelito con la fecha, hora, lugar, seña y contraseña. Yo no sabía de estas cosas, así que tuve que preguntarle. Por supuesto se puso a reír, pero me explicó. Y así me fui a conocer a Sebastián.

Nos conocimos en una vieja cafetería llamada *Bruno Veri*. Las galletas que mi abuela servía en su casa eran de ahí. Pastelería italiana fina. Todavía está ahí. Entré al lugar y por un momento observé muy nerviosa a mi alrededor. Todo en ese momento parecía nuevo. Mi vida clandestina comenzaba y me daba cuenta de que comenzaba a hacer cosas ilegales. Vi alrededor y me fijé en un hombre sentado en una de las mesas e inmediatamente supuse que era él. Casualmente leía, pero toda su aura lo hacía ver firme y serio. Me detuve otro segundo, noté que seguro tendría unos 30 años, pero parecía mayor debido a su seriedad. Casi totalmente calvo, con lentes y bigote grueso. Parecía un intelectual o quizás un cura.

Me fijé en eso antes de darme cuenta de que él tenía la seña: una revista *Time*, y mi contraseña era un lápiz Mongol amarillo. Lo tenía en mi mano. Estaba segura, él tenía la revista sobre la mesa. Me dirigí hacia la mesa y le dije: "Disculpa, ¿trajiste el café para la fiesta? y me contestó: "No. No lo traje. Estuve muy ocupado". Esa era la respuesta que estaba escrita en el *conecte*, palabra por palabra, así que me senté. Las palabras tenían que ser exactas, de lo contrario lo arruinabas todo.

Fue una hora muy intensa. Sentados como dos viejos amigos platicando en la cafetería, me dijo: "¿Así que estás interesada en trabajar con nosotros?" Y comenzó a hacerme preguntas, como un cuestionario. Era claro que él ya sabía mucho de mí. Sabía exactamente de donde venía, que había trabajado con el MNR, que hablaba muy bien inglés y que había estado en Cuba para el Festival de la Juventud. No es muy difícil obtener información de alguien en un país pequeño como El Salvador. Lo único que tienes que hacer es preguntarle a cualquiera.

Me explicó ciertas reglas. Me explicó lo que significaba la compartimentación, la necesidad de mantener la seguridad, y a quién le respondería yo: a él, mi responsable. Él ya tenía todo arreglado para mí: integrarme a un grupo de estudio los domingos, un grupo de trabajo que comenzaba al día siguiente, número de teléfono para localizarme, pseudónimo desde ese momento. Yo hice varias preguntas y él las contestó todas. Finalmente dijo, "bueno, ya sabes que tu militancia depende de cuánto trabajo hagas. Tendrás que demostrar cuanto estás dispuesta a dar". Le dije que era una pregunta de vida o muerte, y que yo estaba dispuesta hasta el final.

Me retiré con la impresión de que Sebastián era serio, disciplinado y extremadamente dogmático. Pero él era justo el tipo de persona que yo quería encontrar. No era el primero de esa organización que yo había conocido, pero con él sentí absoluta confianza y convicción para desarrollar el trabajo y hacer lo que fuera necesario a partir de ese momento. Bueno, ¿quieres trabajar? Hagámoslo, comenzarás con esto y aquello; y no es cuestión de estar de acuerdo, sólo hazlo. Rápidamente me fui involucrando, comencé a trabajar a tiempo completo, y veía a Sebastián casi diario.

La organización aprovecharía a cualquiera que tuviera la capacidad de trabajar, de dar su tiempo y de cumplir tareas. Y mientras más lograbas, más te involucrabas. Por ejemplo, había personas a las que veía solo una vez por semana porque era todo lo que ellos podían dar debido a sus trabajos o a sus familias. En mi caso no había niños y vivía sola.

Mis primeras tareas eran principalmente logísticas. Por ejemplo, me ordenaban conseguir una casa segura para una reunión que ya estaba programada. Me tocaba encontrar el lugar y llevar a la gente de acuerdo a un horario establecido porque no podían entrar a la casa todos juntos. La tarea era muy importante y secreta, pero yo sabía lo que hacía. Y arriesgaba mucho. Él comenzó a llamarme a media tarea y me decía: "Necesitamos recoger a alguien en este *conecte*. ¿Puedes prestar tu carro, o puedes ir tú?"

Era muy importante demostrar que querías ser aceptada, y probar que podrías hacer las cosas bien. Mi entusiasmo y mi mística en hacer las cosas, mi necesidad de demostrar que quería ser aceptada, era enorme. Yo estaba arriesgando todo, estaba arriesgando mi vida y lo sabía. Un día Sebastián llamó y me dijo: "Necesitamos llevar a unas personas a la montaña. ¿Puedes conseguir un carro?". No te dicen, "haz esto o lo otro". Te dicen "ésta es la necesidad, encuentra una forma de hacerlo".

Las tareas están definidas, pero para hacerlas, tú necesitas usar tus propios recursos. El día anterior él había planificado que teníamos que llevar a estas personas a una acción muy especializada. No podía usar mi vehículo. Era un Volvo y necesitábamos algo que no fuera reconocido. De las personas que llevábamos sólo conocía a una. Nunca volví a ver a los demás y ni siquiera recuerdo sus rostros. A esas alturas ya sabía cómo olvidar rostros. Es parte de tu propia disciplina. Así que pedí prestado el vehículo de la esposa de mi hermano.

Ella tenía un *Volkswagen* y era perfecto. El viaje tomaría desde las diez de la mañana hasta las tres de la tarde, y yo dejaría mi carro para que ella lo usara. Ella daba clases en una escuela y saldría a las tres. Pero resultó que la tarea no era fácil y regresé como a las ocho con el carro lodoso hasta la capota. No tuve tiempo de lavarlo. Ella no había usado el mío, había caminado a casa.

Mi hermano estaba furioso y me dijo que era la última vez que me daban algo prestado. Fue entonces cuando me di cuenta de que mi familia tenía fuertes sospechas de que yo andaba en cosas "que no tenía que andar". Mi cuñada todavía está enojada, y cree que yo puse a la familia en peligro. Les dije que había ido a una finca a dejar a un amigo, lo que no era una mentira. Pero su pregunta: ¿por qué en un día de semana, cuando deberías estar trabajando, pedirías prestado un carro, cuando tienes el tuyo y además, lo regresas en estas condiciones? Desde entonces, mi hermano y mi cuñada comenzaron a sospechar lo que yo hacía, y comenzaron a tener miedo porque yo estaba poniendo en riesgo sus vidas y las de sus hijos.

Después de eso no hubo forma. Los había "quemado" y ya no había modo de que me ayudaran. En realidad, fue algo más lo que realmente ocurrió, y lo que yo llamo la historia del aguacate. Era el cumpleaños de mi cuñada. Tenía la costumbre de servir la cena a las diez en punto y sabía que la fiesta seguiría y seguiría. En esa noche en particular tenía que estar en casa a las diez, por la seguridad y el peligro que implica viajar sola desde San Benito a Santa Tecla. Mi hermano y mi cuñada tenían un enorme árbol de aguacate que producía una gran cantidad de aguacates. Los empleados de mi cuñada me querían muchísimo, y cada vez que los visitaba, la empleada recogía una bolsa llena de aguacates para que me la llevara a casa. En ese momento yo acumulaba comida porque no era solo yo la que comía, había muchas personas a las que alimentar en mi casa, y en otras casas. Había una enorme canasta en la cocina con unos 100 aguacates, y doña Ángela, que ahora tiene unos 86 años, me dijo "niña Ana, ¿le preparo una bolsa con frutas?" Y entonces me emocioné y le dije que sí, y ella me preparó dos bolsas grandes con frutas, limones y aguacates.

Finalmente, llegó el momento de pedirle disculpas a mi cuñada y explicarles que tenía que irme antes de comer. Eso era algo que no podían entender. Les parecía que mi vida social se iba acortando poco a poco. Después de decir que tenía que llegar a casa y que era peligroso estar en la carretera, mi cuñada me dijo: "veamos, siempre has estado aquí hasta las tres o las cuatro de la mañana. ¿Por qué te tienes que ir ahora?".

No había puerta trasera, y ella fue a la cocina conmigo cuando fui a recoger las dos bolsas. Y miró las dos bolsas y le dijo a la empleada: "Doña Ángela, ¿qué es esto? Unas bolsas que preparé para la niña Ana" Mi cuñada se enojó. Arrojó todo de vuelta a las cestas, y me dio un aguacate. "Esto es para ti", me dijo, "yo no voy a alimentar a ninguno de tus amigos comunistas". A pesar de todo, nosotras habíamos sido muy unidas hasta entonces.

Y ese fue el punto de ruptura. No le guardo rencor, pero me sentí muy dolida. Por supuesto, mirando hacia atrás, entiendo sus razones. Ella estaba protegiendo a su familia. No hablamos durante muchos meses hasta justo antes de que muriera mi padre, unos días antes de que me arrestaran. Estaba en su lecho de muerte, aunque no lo sabíamos. Las dos estábamos muy conmovidas, de pie cerca de mi papá, mientras yacía en su cama. Nos dijo que quería que volviéramos a ser amigas. Me dijo que le desagradaba la tensión que yo estaba causando al ignorarla públicamente, y que quería que hiciéramos las paces. Ella se disculpó también.

No fue solo mi familia con la que sucedieron estas cosas. Mis amigos cercanos se estaban enojando conmigo, los que no estaban involucrados en nada político. Estaban resentidos porque lo interpretaron como un rechazo hacia ellos. Ese es el costo de involucrarse en la lucha. Pronto comencé a trabajar en propaganda. La tarea era escribir un artículo o hacer un comunicado de radio a partir de unos documentos. Ninguna de estas cosas era difícil, ya que tenía tres años de estarlo haciendo para el MNR. Cuando terminábamos de escribir y de grabar un comunicado, otros compañeros de la organización completaban la tarea. ¡Y lo que ellos hacían, era tomarse las estaciones de radio! Armados y enmascarados, ataban al locutor y a los demás, ponían la grabación *al aire* y abandonaban el lugar inmediatamente. Duraba diez minutos y lo repetían y repetían. Algunos podían ser más largos si eran mensajes de los líderes de las organizaciones, como el comandante Marcial de las FPL, o Joaquín Villalobos del ERP. A veces teníamos cintas de 45 minutos o una hora, y si la policía no llegaba, estaría sonando indefinidamente.

El trabajo era totalmente secreto. Cuando eres clandestina, no sabes nada de lo que los otros hacen, y no puedes ser curiosa. Pero por supuesto sabes que algo va a suceder. Y cuando la radio comenzaba a transmitir un comunicado en el cual habías trabajado, era emocionante. ¡Qué bueno, lo lograron!

También grabábamos música de varios grupos y los vendíamos a amigos o a grupos de solidaridad. Era para recoger dinero. Algunos de los grupos todavía existen, como "Yolocamba Ita". Ellos hicieron la música de la película Romero, y tocaron mucho en EE.UU y en festivales europeos. Yo podía reconocer las voces de algunos en el Bloque y del Taller de los Vagos, un grupo de poesía y teatro.

Para grabar estos mensajes, necesitábamos un estudio, para ello dependíamos de colaboradores. Un amigo de una estación comercial de radio, o de un estudio de grabación, te daba unas horas a medianoche. El movimiento no habría podido sobrevivir sin el apoyo del pueblo. Cuando hablo de apoyo, hablo de comida, estudios, carros, dinero. Cuando lo comparo con el MNR, la logística de todo esto es enorme. Yo solo era una pequeña pieza en esta red interminable.

Mi trabajo era reproducir los casetes e imprimir las cubiertas y luego distribuirlos, estos eran un éxito, pero era un riesgo venderlos. Yo le daba cinco a un colaborador y le decía: "aquí hay cinco, véndelos". Y ellos me daban el dinero. Teníamos una grabadora profesional que podía reproducir cierto número de casetes por hora a partir de la copia maestra.

Trabajé mucho cuando estábamos montando la "Radio Farabundo Martí". Mi parte era escribir guiones y ayudar en ciertas decisiones. Adquirí mucho poder muy rápido. Sabía que trabajaba para la radio y nunca supe desde dónde transmitiría. No preguntaba, sólo continuaba con mis tareas, como la de preparar guiones para los programas de radio, buscar a la locutora, Isabel, conducirla al estudio y recogerla para hacer los jingles. O pensar en consignas que expresaran la línea política. También hacíamos historietas que explicaban situación política del país. También hacíamos volantes de propaganda. Fue así como me involucré con la organización de prisioneros políticos, COPPES. Ahora, una vez esos volantes eran escritos yo no sabía dónde los imprimían o cómo los distribuían. En cierto sentido por mi creatividad y capacidad para organizar tareas, pronto llegué a ser la segunda después de Sebastián en esta *"célula"*.

Radio Farabundo Martí (Cortesia Museo de la Palabra y la Imagen)

No sé cómo pasaba todo, pero si escuchaba la toma de una radio sabía de quien era la voz, o si era un guión de los que yo había escrito. Y ese tipo de cosas llena tu corazón de orgullo, lo cual tenías que olvidar inmediatamente porque era tu vida, tu secreto y no tenías a nadie con quien compartirlo.

De repente estaba tan involucrada que abandoné la universidad, no había tiempo. Pero tenía que trabajar, así que me sostuve enseñando inglés a los trabajadores de ANTEL. No era mucho, pero suficiente, la organización no pagaba nada, ni devolvía nada. Pero yo era una exitosa profesora que ganaba diez dólares la hora, lo que era excelente para mí. Hacía tres horas por la mañana y quizás otra hora por la tarde así que el resto del día era mío. Cuarenta dólares al día era mucho dinero. Los activistas que tenían un estipendio tomaban ciento veinticinco colones al mes, en aquellos tiempos eran cincuenta dólares. Y lo dividían así: noventa colones para comida, veinte para transporte, y quince para artículos varios. La organización pagaba por la renta de la casa, pero en mi caso yo podía pagar todo. Pero todos colaboraban con lo que podían conseguir, no era solo yo. Si ellos conseguían una libra de queso y algunas tortillas para el almuerzo, se esperaba que todos los demás dieran lo que pudieran.

Cuando Sebastián llegó, toda mi vida social casi se detuvo. Las demandas de mi tiempo no me dejaban ni un minuto. Dejé de ver a muchas personas, incluso a muchos de mis amigos norteamericanos. Pero veía a mi familia, pasaba por donde mi mamá a almorzar, y le revisaba el refrigerador. Ella compraba carne una vez al mes y en esos días yo ponía pedazos de carne en bolsas plásticas mientras ella tomaba la siesta. Mi nana sólo me decía: "ella me va a acusar de que yo me las llevé"; y yo le decía: "no, no solo dile que fui yo".

Con Sebastián todo fue trabajo al inicio. Él no me atraía particularmente y estábamos tan metidos en el trabajo y la seguridad que nunca pensé mucho en él como hombre. Fue mi maestro en lo relacionado a la supervivencia clandestina. Recuerdo mi primer entrenamiento para usar una pistola. Las casas de seguridad estaban "limpias" en ese entonces y la idea era que, si la policía o la guardia venían, no deberíamos oponer resistencia. Pero siempre había la posibilidad de tener que usar un arma.

Tenía una 45 en mis manos y hablábamos de defensa personal. Sebastián me dijo: "si vas a portar un arma, tienes que estar dispuesta a usarla. Si no, mejor ni la toques. Un arma es para usarla, no es para apantallar". Así, lo primero fue aprender a sostener el arma. Y me dijo: Veamos una situación. Estamos en la calle. Tienes a un hombre enfrente con las manos en alto. Y no sabes lo que harás. De eso se trataba, cómo darle vuelta al individuo, como abrirle las piernas, como registrarlo, y como sostener el arma mientras tanto. "Ahora practiquemos. Tú me tienes atrapado. No importa lo que yo haga, no sueltes el arma. Mantén tu mano en el gatillo. Porque recuerda, tendrás que usarla si es necesario".

Así que la sostuve. Estaba tensa. Él trató de quitármela para mostrarme lo fácil que era. Pero no lo dejé y casi me quebró el dedo porque lo mantuve en el gatillo, y éste me cortó el dedo alrededor del segundo nudillo. Todavía tengo la cicatriz. Era fea, y él se sintió mal de haberlo hecho. Creo que lo que quería demostrarle fue mi obediencia. Él dijo: "no la sueltes". Y yo no la solté hasta el punto que casi me quiebro el dedo. Él se sintió mal. "¿Por qué no la soltaste?" Y le respondí: "porque eso fue lo que habías dicho". Fue la primera vez que fue dulce conmigo. Él no sabía si llevarme al hospital o traer un doctor para suturarme. Finalmente, sólo usamos primeros auxilios. Tuve suerte, no soy propensa a las infecciones y se mejoró. Mi dedo índice no fue útil durante una semana.

Me entrenaron otros además de Sebastián. Fue principalmente seguridad urbana: cómo notar si alguien te sigue, cómo chequear y seguir chequeando. Medidas de seguridad en guerrilla urbana. Fueron lecciones en diferentes casas. Usualmente usábamos capuchas. No nos conocíamos. Muchos largos seminarios o grupos de estudio en la línea estratégica.

Imagen extraída de un video donde aparece Monseñor Romero y Ana Margarita.

8

CÓMO HICIMOS UNA PELÍCULA

Una de mis primeras tareas dentro de la organización fue la de asistente de producción para la realización de una película filmada en 16 milímetros llamada *"El Salvador: El Pueblo Vencerá"*. Fue en 1979, mientras se realizaba una de las huelgas más grandes en la historia de El Salvador. Recibí una llamada de Sebastián para verlo en un hotel en el centro de la ciudad, y ahí me daría una tarea. No me dijo nada preciso, sólo que yo tomaría la responsabilidad de lo que él llamó un "personaje" de Costa Rica, para una tarea que tenía que ver con comunicaciones.

Llegué al Hotel Terraza. El costarricense resultó ser el actor y director Óscar Castillo. Sebastián me dijo que de ahí en adelante yo trabajaría con Óscar, haciendo lo que él necesitara. Tuvimos una larga reunión acerca de dónde viviría él y cuánto tiempo se quedaría en San Salvador; y también, sobre los arreglos para los camarógrafos que vendrían. Uno de ellos era Diego de la Texera, un famoso cineasta de Puerto Rico. Óscar era el productor, y Diego el único periodista. Papo también trabajaría como parte del equipo de cine. Eso significaba que la logística sería complicada. Al final, ya estaba enterada que estaría trabajando en una película.

Cuando terminó la reunión llevé a Óscar a la casa donde se alojaría, y en el camino platicamos un poco. Óscar era un hombre sofisticado, un ciudadano del mundo. Me cayó bien y quedé impresionada inmediatamente. Él tenía curiosidad sobre mí. Me preguntó si yo había vivido en Europa. Yo usaba mi pseudónimo y él usó el suyo todo el tiempo. Creo que nunca lo llamé Óscar mientras estuvo en El Salvador. Siempre lo llamé Rubén. La gente que facilitó la casa para alojarlo era una familia que estaba colaborando con la organización. Lo llevé y lo presenté, y la señora le enseñó su habitación, luego él me llamó aparte y me dijo que no quería quedarse ahí. Simplemente no era adecuado. El uso del teléfono sería difícil, contactarse conmigo también.

Tuvimos que contactar a Sebastián; y la única forma era regresar a mi casa y esperar la llamada. En el camino a mi casa Óscar me dijo que nos detuviéramos a comprar comida para la cena. Nos detuvimos y compró una botella de vino, queso, paté y galletitas. Típico de Óscar. Cenamos y esperamos la llamada de Sebastián, mientras tanto nos hicimos amigos. Él era actor. Se había divorciado hacía un año o dos, tenía tres hijas. Había trabajado con el cineasta chileno Miguel Littín, y con los sandinistas. Era abierto y no seguía las normas de seguridad. Como costarricense él creía que no tenía porqué. Cuando Sebastián llamó, Óscar habló con él y después me pasó el teléfono. Sebastián tenía pena. Me preguntó si era correcto que Óscar se quedara en mi casa. Me pedía eso la organización, por dos o tres días, mientras se aprobaba un plan alternativo. Por supuesto, le dije.

Tres días más tarde Sebastián me preguntó si yo podía tener a Óscar en mi casa durante todo el proyecto. Era un problema encontrar otro lugar, pero no era problema para mí. Óscar y yo nos acoplamos bien y somos amigos hasta el día de hoy. El proyecto duró seis semanas. Noventa minutos de una película terminada requiere horas y horas de filmación. El equipo de filmación tenía que ser traído desde EE.UU. Planificamos traerlo desde el aeropuerto, y cómo trasladarlo de un lugar a otro, y cómo pasarlo por los retenes del ejército hacia los campamentos guerrilleros.

Óscar era el productor. No pasó mucho tiempo en las montañas, pero a veces lo tenía que llevar a un lugar donde lo recogían en la mañana y lo regresaban por la noche. Yo estaba a cargo de obtener todos los materiales, lo que me lleva a contar una historia que nunca he contado antes: fui yo la que robó el libro del Museo Nacional de Antropología *"San Salvador a inicios de siglo"*.

Era un libro precioso con fotografías de San Salvador y de la alta sociedad. Se publicaron solo 21 copias. Era muy importante tenerlo para la película, para poder dar una perspectiva histórica. Yo tenía un amigo en el Museo, y allí me dejaban usar el libro media hora cada vez, y luego lo tenía que devolver. Pero necesitábamos el libro para reproducir algunas de las fotografías.

Óscar ya sabía de algunos recursos que necesitaba para la película. Eso incluía el libro, viejas películas familiares, todo lo que pudiera comparar la vida del pueblo y de la oligarquía. Intenté pedir prestado el libro, pero fue imposible. Un mediodía me encontraba en una mesa hojeándolo. Volví a ver a mi alrededor: todos estaban en su almuerzo. Cerré el libro, lo puse en mi cartera, y me fui sin decirle nada a nadie. Como una semana después mi amiga me llamó y dijo:

—Ana, te robaste el libro.

—¿Cuál libro?

—Tienes que regresarlo. Me lo van a descontar de mi salario.

—No, no. Yo no lo hice —le dije.

Me sentí muy mal. Ella era una buena amiga y todo lo que yo estaba pensando en ese momento era evitar problemas. Pero yo lo justificaba diciéndome que eso era su contribución a la revolución. La volví a ver, pero no abordamos el tema. Pienso que ella se imaginaba lo que estaba pasando. Teníamos el mismo grupo de amigos y a esas alturas casi todos estábamos involucrados.

Uno de nuestros mejores amigos, el chico que me la presentó, desapareció un poco después de mi arresto. Nuestros mejores amigos se fueron convirtiendo en nuestros héroes. Ella vive ahora en Estados Unidos, en San Francisco.

Mientras confieso estas cosas, también está lo que sucedió con el cineasta Alfredo Massi. Lo conocí porque yo estudié con sus hijos en la Escuela Americana. Él llegó a El Salvador desde Italia hacía años como instructor de la Fuerza Aérea. Era él quien había filmado los eventos presidenciales y sociales más importantes de los años treinta, y a mí se me había dado la misión de conseguir esas tomas. El plan era obtener el material fílmico de forma voluntaria. Así que Óscar y yo nos propusimos hacerlo. Óscar se hizo pasar como productor de películas para Columbia Pictures, que hacía un documental sobre la producción de café en América Latina. Eso significaba crear toda una historia ficticia: diseñar e imprimir tarjetas de presentación, y otros comprobantes del oficio. Mi responsabilidad era obtener una cita con Mattis, y fue entonces cuando mi apellido fue muy útil.

—Señor Massi —le dije por teléfono—, soy Ana Margarita Gasteazoro, hija de José Gasteazoro.

Él sabía quién era yo. "Está bien, me dijo, ven enseguida". Así que lo visitamos y vimos películas todo el día con él. Tenía cuartos y cuartos de películas de 16 mm y se tomó el tiempo para mostrárnoslas. Vimos la filmación de la boda de los Baldocchi-Dueñas, y la boda de los Poma. Así como eventos de gobierno. Nosotros necesitábamos esas imágenes para la película, para hacer paralelos entre la oligarquía y la vida cotidiana del pueblo. Tratamos de persuadirlo para que nos las prestara. Durante días estuvimos visitándolo para explicarle el proyecto, y para rogarle, pero su respuesta siempre fue, no. La colección era histórica. Él estaba contento de mostrárnosla, pero no de prestárnosla.

Él estaba encantado conmigo y quería enseñarme sus películas, mientras que Óscar me puyaba debajo de la mesa indicando "¡Quiero esas tomas!", y yo escribía secretamente lo que queríamos y dónde estaba. Después de casi una semana sabíamos que la única forma era hacer un mapa de dónde estaba todo en su oficina y pasarlo a otra parte de la organización. Al final nunca supe qué pasó, tampoco nunca pregunté. Era secreto. Parte de ese material apareció en la película.

Nunca más volví a ver al señor Massi, pero él tuvo que haberme visto en los periódicos cuando me arrestaron, y se tuvo que dar cuenta de todo. Por eso es que me siento nerviosa de regresar a El Salvador. No sé si el señor Massi está vivo o muerto.

Gran parte de mi trabajo era llevar al grupo donde necesitaban estar. Pero como ya lo he mencionado, estábamos en medio de una huelga general. Había soldados por todos lados. Un día nuestro grupo —el puertorriqueño, el costarricense y el salvadoreño—, se suponía que filmaría en los tugurios que venían a lo largo de la vía férrea hacia San Salvador. Se suponía que yo recogería a los tres en Soya-pango, la última parada antes de la estación del ferrocarril. Ellos llevaban toda clase de equipo de filmación profesional, cámaras de 16 mm, no de video como el que se usa ahora.

La hora para recogerlos tenía que ser exacta. No se les podía dejar por mucho tiempo con ese equipo. Mi padre había trabajado en esa área hacía muchos años, en una fábrica llamada Algodonera Salvado-reña, frente a la estación. Estaba segura conocer el lugar. Había estado ahí varias veces. Así que sólo seguí las instrucciones para reco-gerlos y llevarlos en mi *Volvo* rojo. Al llegar a la Algodonera, viré hacia la izquierda para recogerlos al otro lado de los rieles, y me di cuenta de que todo el lugar había sido convertido en un estacionamiento de carros chocados, que la Policía Nacional custodiaba.

La única forma de cruzar los rieles de la estación era a través de ese lugar. Bien, me dije, aquí voy. Abrí el portón y manejé por el camino angosto a la par de un montón de carros amontonados. Al poco tiempo vi por el espejo a un hombre que pedaleaba una bici-cleta furiosamente hacia mí. Era un policía. Me detuve en los rieles y él me alcanzó y paró.

—Hola —dijo él.

—Hola, ¿cómo le va? —le respondí, lo más simpática que pude.

—¿Qué anda haciendo por aquí?

—Bueno, ya sabe, pensé que había un camino hacia la estación de Soyapango.

—No hay acceso excepto por aquí. Usted hizo lo correcto, ¿pero por qué está usted aquí?

—Ah bueno, estoy esperando a tres periodistas que creo que están en este tren. Pero no estoy segura. Verá, uno de ellos es el novio de una amiga mía y ella me pidió que los recogiera.

—Bien, este es el lugar —me dijo. Pero entonces comenzó a preguntarme dónde vivía y a decirme que yo era muy bonita, y me tocó la mano. Lo cual yo permití, y mantuve la conversación mientras pensaba, el tren tiene que estar aquí ¿Dónde está el condenado tren?

El policía estaba en su bicicleta, recostado en mi carro, y yo sembrada ahí esperando. Obviamente coqueteábamos, y me pidió que saliéramos. Yo le seguí la onda. —No me puedes sacudir, ¿sabes? —dijo él—, este carro es reconocible, y ya le vi la placa.

—No se preocupe —le dije—, nunca lo dejaría plantado. Y mientras, pensaba, ¿por qué no aparece el condenado tren?

Al fin apareció, y los tres saltaron de un vagón y se montaron en el carro.

—Nos vemos —le dije al hombre. Manejé tan rápido que casi lo tumbé de la bicicleta y salí de ahí. Mi adrenalina corría después de toda esa tensión, y uno de los chicos me preguntó, "¿quién era ese hombre con el que hablabas?". Solo dije, "cállate y salgamos de aquí". Y nos fuimos en mi viejo *Volvo*.

Ahora, esa historia no debe tener mucha significación. La recogida había sido un éxito. Pero ese mismo año, el 15 de septiembre tuve un accidente. Camino a Santa Tecla, golpeé a un ciclista que resultó ser el hermano de un policía. Y aquel hombre de la bicicleta me encontró de nuevo. Fue un accidente estúpido, temprano en la mañana, en un día que tenía mucho por hacer. Manejaba en la carretera de Santa Tecla como a 90 kilómetros por hora, y delante de mí vi a dos chicos en bicicleta. Ellos iban uno al lado del otro, como hacen los ciclistas. Era una carretera de dos carriles. Me hice a la izquierda para pasarlos y comencé a frenar, pero no fue suficiente. Lo próximo que supe es que uno de los ciclistas voló sobre el carro.

Paré, algunas cosas estuvieron en mi favor. Primero, el muchacho tenía dieciséis años y se suponía que él no tenía que estar en la calle. Más tarde supe que él estaba usando ¡una bicicleta robada! Apareció un gentío, y la gente gritaba: "arréstenla, quítenle las llaves". Pero reaccioné rápido. El muchacho que yo había golpeado estaba atontado, pero se sentó y le dije: "súbete al carro, te voy a llevar al hospital de inmediato". Y eso fue lo que hice. Grité: ¡Todos! ¡Muévanse! Este muchacho tiene que ir a un hospital.

Cuando llegamos al hospital yo estaba temblando. Nunca había tenido un accidente antes. El muchacho salió con una pequeña venda en la cabeza. Resultó que se había roto la oreja. Mientras tanto el chico de la otra bicicleta había llegado y me había mostrado su carnet. Era un policía, de la policía paramilitar ORDEN, y ya había llamado a su amigo de Santa Tecla para que llegara al hospital. Resultó que era el policía del otro día.

"Me dejaste enganchado", fueron sus primeras palabras. Pero él me evitó los problemas con la familia del muchacho. Me dijo, "el chico tiene dieciséis años y no está golpeado, no te preocupes. Primero tienes que tener un papel firmado por la familia que diga que no te hacen responsable, de otra forma te pueden acusar y pedir dinero. Te sugiero que les des algo de dinero ahora". Fue conmigo a llevar al muchacho a su casa. Resulta que era una bicicleta robada, así que los papás firmaron el papel inmediatamente y el policía fue mi testigo. Él hizo todo eso por mí esa mañana, aunque me lo había enganchado.

Más tarde ese día fui donde mi padre y le conté lo sucedido, "papá, necesito trescientos colones, tengo que pagarlos o me meteré en problemas". Me los dio ahí mismo, sin sospechas. Él sabía lo que significaba: podía perder el carro y la licencia.

Desafortunadamente mi carro estaba *"quemado"*, era demasiado peligroso seguir usándolo. El policía vivía en Santa Tecla y yo me lo encontraba de vez en cuando, y tenía que decirle que no. Pero pronto me di cuenta de que tenía novia, y a la siguiente vez que me paró, le dije, "olvídate de mí, yo sé que sé que tienes novia. Por favor, no me molestes más. Si terminas con ella, tal vez". Ahora me da risa pero en ese tiempo era toda una tensión producto de una doble vida.

A mediados de junio, Óscar tenía que hacer llamadas al exterior. La huelga general todavía estaba en pie y teníamos órdenes estrictas de permanecer en casa, pero él tenía que hacer esas llamadas así que lo llevé al edificio del Telégrafo. Después, en vez de regresar a casa decidimos dar una vuelta para ver qué estaba pasando. Eran las 2:00 de la tarde y no había un alma en las calles, pero sí había tanques. La huelga era todo un éxito. Luego, justo enfrente de la Catedral, encontramos el carro de Diego con ambas puertas abiertas y nadie cerca. Pensamos que él había sido desaparecido, y pasamos las siguientes 24 horas en pánico absoluto.

Afortunadamente, Diego nos llamó a la mañana siguiente. Nos contó que había estado filmando, y que tuvo la oportunidad de hacerlo desde un helicóptero. Un helicóptero del ejército. Los soldados lo habían parado su carro y le habían pedido que reportara sobre la huelga. Luego, él y Papo salieron del carro y preguntaron si podían subirse a una tanqueta que pasaba por ahí. Todo había ido tan bien, que les ofrecieron un viaje en el helicóptero. Horas más tarde regresaron al hotel. Y habían dejado el carro frente a Catedral, ya que la huelga era tan completa y no había nadie en las calles. Algunas de las mejores tomas de la película provenían de ese viaje en helicóptero.

Cuando el proyecto se acercaba al final tuvimos que enviar todo el equipo a Costa Rica. Era complicado porque en ese tiempo no se podía andar con una cámara de filmación en un carro sin una placa que dijera Prensa, y un permiso del Comité de Prensa de la Fuerza Armada, el COPREFA. Óscar y yo nos dirigimos hacia el aeropuerto en un carro lleno de un valioso equipo de cámaras y rollos de película, que no tenían permiso para estar en El Salvador. Y en el camino, nos paró ORDEN. El paramilitar comenzó a preguntarme sobre el equipo, y yo le dije:

—Ay, señor, me estoy haciendo pipí. Voy a mil por hora, necesito ir a un lugar donde pueda orinar.

—Vaya, vaya señora —dijo él.

Eso fue todo y pasamos. No sé si eso funcionaría en otra ocasión, pero yo a menudo usaba *"trucos de mujeres"* para evitar situaciones duras. Óscar y yo estábamos temblando. Nos habría traído serios problemas. Nos hubieran desaparecido inmediatamente. La gente desaparecía a diez por día.

Muy pronto, después de eso, nos tocó ir al aeropuerto otra vez, debido a algo sorprendente que había pasado. La Guardia Nacional había ocupado la Universidad Nacional y la escuela de bachillerato aledaña. Fuimos a dar un vistazo, pero esa vez no llevamos el equipo regular, sólo un video V-8. Diego y Papo entraron y comenzaron a filmar al tiempo que un muchacho bajaba las gradas, un estudiante de bachillerato, de 16 años más o menos. Él les rogaba a los guardias que no lo mataran, pero los guardias abrieron fuego, y mientras lo asesinaban se dieron cuenta de que los habían filmado. Sólo fueron 45 segundos de una horrible escena.

Yo estaba afuera esperándolos en el carro. Diego y Papo salieron corriendo ¡Vámonos de aquí! Y nos fuimos. Pero ahora teníamos que sacar esa filmación de El Salvador tan pronto como fuera posible y entregarla a la prensa internacional. Significaba otro viaje lleno de ansiedad hacia el aeropuerto, y encontrar a alguien que la pudiera lleva. Con mucha suerte lo logramos, y el asesinato del estudiante salió en las noticias al siguiente día.

Eso hizo que las cosas se pusieran más calientes para nosotros, especialmente los fotógrafos, ya que el gobierno se dio cuenta de que estábamos en algo. Se dieron cuenta de que Diego había hecho la toma, y que él era el mismo tipo que ellos habían llevado en el helicóptero. El carro que usamos tuvo que permanecer escondido durante varios meses. Pero ya estábamos al final del proyecto, y Óscar y Diego tenían que salir del país en uno o dos días.

Hacer la edición de la película tomó un largo tiempo. También había que determinar qué tipo de película sería, una película sobre la FPL o una que incluyera una lucha más amplia. Y encontramos problemas. Cuando estaban procesando la película, la entrevista con "Marcial" — Cayetano Carpio—, comandante de las FPL, la cinta salió con un color amarillo. Era porque los colores de las FPL son amarillo y rojo, y el lugar donde se hizo la filmación estaba lleno de banderas de esos colores, y afectó el balance de colores. Fue lo peor que pudo pasar por todos los riesgos que tomamos para conseguir esa entrevista. Marcial usó una capucha porque en ese tiempo él no había mostrado su rostro y nadie sabía cómo era él. Tuvimos que filmar otra vez toda esa escena.

Finalmente terminamos de hacer la película y resultó ser un muy buen documental. Arreglamos la distribución de copias en El Salvador, y fue cuando yo la vi por primera vez. En 1981 ganó el Primer Premio en el Festival de Cine de La Habana.

Diego vive ahora en Nueva York y ha hecho otras películas, pero yo no he tenido contacto con él desde *"El Salvador: El Pueblo Vencerá"*. Óscar y yo renovamos nuestra amistad cuando llegué a Costa Rica en 1983. Recientemente apareció en Puerto Rico con su esposa Maureen. Yo no lo había visto desde que había salido hacia París después que su película, *Eulalia* fuera premiada en Costa Rica en 1987.

Afiche para la película El Salvador: El Pueblo Vencerá, 1980

9

EN LA CLANDESTINIDAD

Inmediatamente después de finalizar la película y lograr que el grupo de filmación abandonara El Salvador con seguridad, Sebastián se vino a vivir conmigo a mi casa en Las Delicias. Habían pasado un par de meses, desde que Richard y yo habíamos terminado nuestra relación, y yo sabía que el vecindario comenzaba a hacer preguntas: ¿Por qué mi amigo —el americano con lentes— no se veía más por ahí; y quién era este nuevo tipo? De modo que un par de días después de que Sebastián se mudara, me fui a la venta cerca de mi casa para lanzar un poco de "desinformación".

Fui y me uní a la gente que estaba en fila para comprar comestibles. Allí estaba la dueña, doña Bernarda, astuta y aguda. Ella me conocía muy bien, tanto a mí como a Richard. Llevábamos más de dos años viviendo juntos en Las Delicias. Probablemente se moría por saber por qué no lo había visto recientemente. Cuando llegó mi turno frente al mostrador, de forma casual le dije: "Doña Bernarda, la semana pasada me casé con ese hombre, Sebastián. Usted ya lo ha visto por aquí. Hemos venido juntos varias veces. "¡Ah, felicidades!", dijo doña Bernarda. Seguro que feliz de tener un nuevo chisme que contar. Y me fui, sabiendo que al día siguiente toda la colonia estaría contando el chisme: "¿Supieron lo de la loquita de la esquina? Se fue el canadiense y ahora, se casó con un salvadoreño".

La verdad es que Sebastián se había mudado a vivir conmigo debido a un problema de seguridad en la casa donde él vivía. Y por la estricta clandestinidad que regía nuestras vidas, él nunca me dijo lo que había pasado, y yo nunca le pregunté. Mi suposición era que un compañero que conocía la casa había sido capturado o desaparecido, forzando a Sebastián a dejar esa casa inmediatamente por temor a un cateo policial. Cualesquiera que fueran las circunstancias, el hecho era que Sebastián necesitaba un lugar donde quedarse y la Orga (nombre corto dado a la organización) oficialmente me preguntó si yo estaba dispuesta a que él se quedara a vivir en mi casa. Nuestro falso matrimonio era simplemente una leyenda, o sea una historia de cobertura para satisfacer a los vecinos. Eso era absolutamente esencial en El Salvador. Docenas de personas eran denunciadas a las autoridades por los vecinos que no tenían evidencia, pero simplemente sentían que algo "anormal" sucedía en la casa de al lado.

Yo tenía cierta reputación en el vecindario de tener un carácter un poco bohemio, por lo que ellos me llamaban "loquita". No era solo porque yo no me rasuraba las piernas, o porque no usaba vestidos bien pegados y tacones altos, como muchas mujeres de mi edad. La gente sabía que mi casa había sido siempre "abierta". Todo el vecindario sabía, que la gente entraba y salía y a veces se quedaban un tiempo y luego se iban. Ese era mi estilo de vida, y había sido el de Richard también. Tuvo que cambiar cuando entré en la clandestinidad, y mucho más cuando Richard se fue y Sebastián apareció. El matrimonio era la forma más natural de explicar la presencia de un nuevo hombre en mi casa y de una vida más apaciguada.

Pero decir que estábamos casados no era suficiente. Sebastián y yo teníamos que crear y mantener conductas de una pareja normal. No fue difícil, y fue una de probar cuán segura era nuestra historia. Las mejores leyendas son las más simples, las que llevan la menor cantidad de inventos; y ésta estaba muy cerca de la verdad. Íbamos a la tienda juntos a comprar pan. Éramos amigables con los vecinos, nos parábamos a platicar enfrente de las pequeñas casas, a pesar de que estábamos impacientes por llegar a casa y trabajar en algo. Nos marchábamos incluso a horas regulares por la mañana, como si fuéramos a trabajar. Teníamos dos carros, y yo normalmente salía a las siete y Sebastián en el suyo a las siete y media.

Paradójicamente, una vez la leyenda se estableció, su simplicidad nos dio más libertad. Nosotros ya teníamos cierta flexibilidad construida porque la gente en el vecindario me conocía y sabía de mis formas no convencionales.

Después de pocas semanas la Orga envió a otro compañero, un joven fotógrafo llamado Tomás, para que viviera en mi casa también. Así que tuve que hacer otro viaje a la tienda para dejar otra gota de "desinformación". "Doña Bernarda, adivine qué, El hermano de Sebastián se vino a vivir con nosotros... espero que no se quede mucho tiempo".

La dueña de la venta me hizo un gesto simpático, y supe que el cuento había sido aceptado. Es común que los parientes se muden a vivir juntos. Pero qué cambio trajo a mi vida. De repente mi pequeña y bonita casa se convirtió en una casa de seguridad. Así son las cosas: en el momento en que tres "compas" clandestinos viven en una misma casa, se tienen que tomar medidas especiales de seguridad, más allá de que si se trata de una pareja o de un individuo. Dos personas pueden estar al tanto el uno del otro, pero con tres se complica. Cada minuto del día tiene que encajar con rutinas y procedimientos. A menos que uno lo viva, es difícil de imaginar cómo estas medidas te cambian la vida. Hay muchos detalles que se deben seguir, tantos que es casi imposible un orden. Se tiene que invertir fácilmente dos horas extras de trabajo sólo en seguridad.

Por ejemplo, Sebastián me había enseñado como evitar usar las mismas rutas por la mañana cuando dejaba la casa. Para beneficio de los vecinos de nuestra calle yo siempre me marchaba en la misma dirección, pero una cuadra después tomaba distintas calles. Lo predecible es enemigo de la seguridad por dos razones: primero, la gente que te anda buscando sabe dónde buscar si siempre estás en el mismo lugar y a la misma hora. Segundo, si se varía la rutina, la gente que no te está buscando nota que algo está fuera de lugar. Depende de las circunstancias, por supuesto; en algunas situaciones, ser predecibles es lo que ayuda a ser invisible.

No era difícil variar las rutas hacia mi trabajo de dar clases o al

MNR, o a la casa de mis padres. Si andaba moviendo equipo o material de propaganda de un lado a otro, tenía que emplear cinco minutos extra en cada viaje para ver si la calle estaba limpia antes de descargar. Más tiempo, digamos media hora, se tenía que tomar para evitar el riesgo de que algo se presentara de repente, como controles de la policía o de ORDEN. Estas cosas a menudo alteraban mi plan cotidiano cuidadosamente preparado, había muchos de esos controles alrededor de San Salvador en esos días.

Mi cartera tenía una bolsa secreta y mi carro un compartimento secreto, y yo estaba dispuesta a tomar riesgos. Un par de veces que andaba de prisa, pasé por los controles sonriendo a los policías y actuando lo más normal posible; y llevaba conmigo material que me hubiera podido incriminar. Pero es una tontería tomar riesgos si no se tiene por qué. Por eso, en lugar de cruzar los controles, usualmente tomaba una ruta alternativa, aunque fuera más larga. Y eso, a su vez, requería volver a calendarizar los *"conectes"*: un cuarto de hora aquí, media hora allá, el tiempo se alargaba.

La seguridad influía tanto en la forma en que terminaba el día como cuando comenzaba. A menos que hubiera una razón para quedarse hasta tarde, todos teníamos que estar en casa a las 7:00 de la noche todos los días. De esa forma, los demás sabrían si algo le había pasado a alguno si no llegábamos a la hora. Los tres comíamos juntos, y luego hacíamos cualquier tarea que tuviéramos pendiente.

Sebastián permanecía en control y enfocado, pero compartir la casa con alguien, humaniza un poco. Mientras él siempre había sido la "Orga" para mí, comencé a ver facetas en él que no se habían revelado cuando él había sido simplemente mi responsable político.

Comenzó durante mi entrenamiento de armas cuando él se sintió culpable después de casi quebrarme el dedo. Esa dulzura repentina e inesperada de parte de él me desarmó, y me encontré tratando de entender quién era él. Nunca me había ofrecido ninguna información personal, pero viviendo tan cerca yo no podía evitar aprender cosas de él. Por ejemplo, al hacer trabajo de propaganda descubrí que era un talentoso caricaturista. A él no le importaba ayudarme cuando yo le pedía algún dibujo para una publicación o para un póster. Recuerdo a un compañero viendo un panfleto que yo había producido para el FDR y exclamó ¡Oh! yo sé quién hizo esto. El Salvador ¡es tan pequeño! Después de varios meses tuvimos que pensar en otra leyenda debido a las periódicas visitas de Isabel. Ella era una muchacha de 19 años de cabello negro y bonita, con una voz de locutora de radio, y todo lo que ella quería era irse a las montañas y convertirse en guerrillera. Por eso se había unido a la Orga, en primer lugar quería estar "en la guerra". En lugar de eso, vivía conmigo. La mitad de la semana la pasaba en mi casa en Las Delicias y leía comunicados para ser trasmitidos en las emisoras que se tomaban los compañeros. Para ella era una desilusión.

La leyenda que escogimos fue que era prima de Sebastián. No fue difícil, pero Isabel nos llegó con un reto extra de seguridad: la clandestinidad exigía que ella y Tomás no se vieran nunca, ni supieran quién era cada uno. Tuvimos que crear señales para que ellos las usaran al estar en la casa a la vez. Si Isabel quería ir al baño ella tocaría dos veces la puerta, y Tomás —que quizás estaba escribiendo en el cuarto del lado—, tendría que voltear la cara hacia la pared para no ver a "esta persona" que caminaba por el corredor. Por lo general si yo cocinaba, le llevaba un plato de comida a Tomás. Él debería comer en el cuarto de arriba, mientras Sebastián, Isabel y yo comíamos en la cocina. No era fácil en los cuarenta metros cuadrados de mi casa de dos plantas, y desafortunadamente, Isabel era difícil de manejar.

Ella era una linda chica con el corazón en su lugar, pero resentía con fuerza las órdenes que la mantenían fuera de "la guerra real". A veces hacía berrinches y se negaba a abandonar la casa. Una vez rehusó comer durante dos días. Yo era la persona responsable de la casa y de que ella mantuviera su horario, por tanto, se volvía "mi" problema. Para empeorar la situación, la casa era tan pequeña que ella tenía que dormir conmigo en el cuarto de arriba. Sebastián y Tomás en catres en la sala. No es divertido dormir con una chica de 19 años, que además está enojada contigo. Traté de explicarle a Isabel que su contribución a la lucha como locutora, era esencial, tan importante como la contribución de una persona cargando un FAL en el monte. Nunca la convencí y, de todas formas, su deseo se cumplió al año y medio de estar viviendo con nosotros. La orden de enviarla a la montaña llegó. Nunca más volví a saber de Isabel. La lucha con Isabel me ayudó a entender y aceptar lo que yo le había estado diciendo: que ganar la guerra dependía de que cada persona hiciera lo que sabía hacer mejor; y no de las fantasías románticas sobre la guerra. ¿Y qué pasaría en una lucha si todos insistieran en andar un arma en la mano? ¿Qué sucedería con las tareas organizativas, la logística, el trabajo político?

Me di cuenta de que nunca sería una "guerrillera". No importaba con cual organización trabajara, yo siempre sería una activista política, y eso era por mis habilidades y cualidades particulares. El entrenamiento de combate que me dio Sebastián fue suficiente para satisfacer el deseo de tomar un arma. Lo más importante era tomar consciencia de que yo contribuía más siguiendo órdenes y haciendo lo que sabía hacer mejor. Y no me decepcioné. De hecho, me sentí mucho más útil. Diciendo esto, tengo que admitir que no estaba contenta con la decisión de la Orga: al terminar la película, me enviaron de regreso a trabajar con el MNR. Después de toda mi agonía por la impotencia de la oposición legal, simplemente no quería seguir siendo parte del MNR. No era que yo necesariamente quería que se hiciera público que yo abandonaba el partido, pero me había costado mucho esfuerzo mental decidirme a dejar el MNR, e involucrarme en la lucha armada.

Y ahora, me enviaban de regreso a tiempo completo.

Esta nueva asignación me llevó a otra parte de la Orga, con el resultado de que Sebastián ya no era mi responsable. Me trasladaron a los demócratas: la parte de la organización encargada de fortalecer —e infiltrar— todas las organizaciones democráticas de El Salvador, no sólo al MNR.

Me había gustado tener a Sebastián como mi responsable. Él era tan fuerte y claro, y yo tenía un gran respeto por su conocimiento y experiencia. Pero no me tocaba a mí elegir. La Orga tenía razones muy sensatas para que yo permaneciera en el MNR. Y de hecho, resultó crucial pertenecer a un partido legal y reconocido para que yo permaneciera viva. Primero, brindó seguridad para mí y para mi trabajo. En pocas palabras, ser legal era una buena cobertura. No es que me garantizara nada. Como lo habían demostrado los asesinatos de Martín Espinoza y de Enrique Barrera. Las personas que trabajaban para partidos legales como el MNR, arriesgaban tanto como los que estaban en la clandestinidad –tal vez más, porque sabían menos sobre seguridad.

Una segunda ventaja era, que permanecer en el partido me mantenía abiertamente en contacto con lo que estaba pasando en la oposición legal. También me permitía participar en la toma de decisiones, y continuar haciendo mi trabajo internacional.

Más importante, había una consideración estratégica. A pesar de sus diferencias en ideología y estrategia, la Orga consideró que el MNR tenía que ser apoyado y fortalecido porque era un aliado estratégico en la lucha. El partido tenía que vivir y sobrevivir porque estaba del lado del pueblo, y sus principios estaban basados en el socialismo. Tenía una reputación muy sólida a nivel internacional y excelentes conexiones con los gobiernos progresistas de Europa a través de la Internacional Socialista. Y yo era la persona con mayor experiencia política internacional, y por tanto, tenía mucho que aportar.

Realmente, nunca dejé el partido oficialmente, así que reintegrarme fue fácil. Como siempre hay mucho que hacer y pocas personas para que lo hagan. Pienso que nunca nadie se dio cuenta de que yo tenía otras obligaciones. Si acaso, probablemente pensaron que yo estaba cansada y que había decidido descansar por un rato. El Dr. Ungo seguía distante y severo, pero personas como Enrique estaban contentos de tenerme de regreso en la oficina. Quizás Enrique era el más contento de todos. Había muchas personas en la oficina para discutir de política, pero... ¿quién más le podía hablar de cocina?

Mirando hacia atrás, no tengo problemas de conciencia con esta decisión. El MNR necesitaba ser fortalecido porque era importante en la lucha, y eso era lo que yo haría. No había ningún doble filo. Yo estaba ahí para trabajar para el MNR, y no en contra de ellos.

Sé de muchas personas que estuvieron en una posición como la mía, llevando una doble vida tanto en la oposición legal como en la clandestina. En ese tiempo los únicos miembros de la guerrilla cuyas identidades eran públicamente conocidas eran los comandantes como Marcial, Ana María, Villalobos y Eduardo Sancho. De otra forma, las organizaciones sólo permitían que algunas personas se hicieran públicas por razones específicamente de propaganda. Una de esas ocasiones que mencioné antes fue cuando Antonio Morales publicó una carta abierta a su padre, el vicepresidente de la República. El otro caso fue el de Salvador Samayoa, cuando renunció como Ministro de Educación y dijo que se unía a las FPL.

Saber que había otras personas en la misma posición, sin que yo supiera quienes eran, me ayudaba a sobrellevar las demandas de mi doble vida. Ahora sé más y puedo decir que muchas personas — algunas de ellas conocidas y reconocidas como héroes—, hacían lo mismo. Esa es una de las razones por las que no tengo miedo de que se publique este libro: puede ser que yo sea la primera que lo diga, pero ciertamente no soy la única persona que lo hizo.

En realidad, yo llevaba una triple vida: la media clandestina pero legal con el MNR, la totalmente clandestina con la Orga, y la normal almorzando con mi familia casi todos los días. A pesar del entrenamiento con Sebastián, mantener la seguridad era mentalmente desgastante, especialmente cuando esa tarea se colocó sobre la gran carga de trabajo administrativo. Tenía que mantenerme totalmente enfocada en mi trabajo, y recordar qué le diría a cada quién.

Entre mis tareas para la Orga, tenía a cargo otras tres casas de seguridad, incluyendo mi propia casa en Las Delicias. Tenía que establecer y mantener todos los procedimientos de seguridad, así como las demás tareas administrativas: pagar las rentas, asegurarme de que las casas estuvieran amuebladas y con alimentos, y dar a los compañeros sus estipendios una vez al mes. Al igual que yo, estos compañeros llevaban doble vida, y algunos estaban más arriba en la Orga de lo que estaba yo.

Una de las reglas cardinales en las casas de seguridad era que, si alguien de la casa no llegaba a la reunión programada o si era arrestado por las autoridades, no había tiempo que esperar. Los compañeros tenían que abandonar la casa inmediatamente, como sospecha. Eso es lo que le pasó a Sebastián cuando se vino a vivir conmigo. La regla era que no se podía dormir una noche más en esa casa, porque si el compañero era torturado y hablaba, podían ir a traer a los demás. Bajo tortura una persona puede mantenerse por días o puede quebrarse inmediatamente. Independientemente de cuánto tiempo tomara, una vez ocurría, las autoridades podían tener rodeada la casa en menos de una hora. Una vez ahí, podrían comenzar a disparar antes de que hubiera oportunidad de rendirse.

Todos conocíamos la historia de Clara Elizabeth Ramírez y otros dos miembros de las FPL que fueron rodeados en una casa de seguridad en 1976 y resistieron el ataque durante 18 horas antes de que los asesinaran. Las autoridades deben haber usado de todo para hacerlo, incluyendo tanques y artillería. Fueron de los primeros mártires de la revolución, nadie quería vivir esa experiencia en una casa de seguridad. No se podía tomar riesgos: si había algún riesgo de que la casa hubiera sido comprometida, había que abandonarla inmediatamente.

Nos pasó a Sebastián, a Tomás y a mí, después de seis meses de estar viviendo en Las Delicias. Isabel ya se había ido, y la casa estaba más relajada. Una tarde recibimos un mensaje diciendo que Ángel, uno de los que había trabajado en la película conmigo, había desaparecido. Él no solo me conocía, sino que además había estado en mi casa mientras Óscar Castillo se estaba quedando allí. No había alternativa: tuvimos que dejar Las Delicias. Así nomás, empacar todo y abandonarla en 45 minutos. Le dije a la señora de enfrente que habíamos decidido de repente irnos a la playa, pero no fui específica de cuándo regresaríamos. No era un buen cuento, pero no había nada más que hacer.

Sentí mucho tener que dejar mi vecindario en Las Delicias, mi casita con su diseño de curvas raras. Estaba llena de memorias muy queridas: la vida con Richard, sesiones de cocina con Enrique Barrera, lo emocionante de tener a Óscar durante lo de la película. Pero no soy de las personas que se detienen en el pasado, y simplemente me enfoqué en reorganizarme lo más pronto posible.

Rápidamente encontramos otra casa en Santa Tecla, pero continué pagando la renta para no perder la casa de Las Delicias. Nada pasó, así que, en los próximos meses, la organización hizo arreglos para que otras personas vivieran ahí. No era riesgo para otros si Ángel no los conocía. Por suerte, Ángel apareció en prisión un par de meses después, y el mensaje fue rápidamente conocido por la organización, que tenía sus líneas de comunicación dentro de las prisiones. Él estaba vivo, y nada nos había pasado a nosotros, así que se confirmó que no había ningún riesgo de seguridad y que la casa se podía seguir utilizando definitivamente.

A veces, por lo general después de algún problema de seguridad o cuando había mucha actividad policíaca cerca, teníamos que montar guardia toda la noche. Cada uno hacía un par de horas. Teníamos una hamaca en la sala de la casa en Santa Tecla, y podíamos acostarnos en la hamaca o sentarnos o caminar mientras hacíamos la vigilancia. Pero cualquier cosa que hiciéramos, teníamos que estar muy quietos. Vivir en constante tensión te deja más exhausta, más que hacer las tareas diarias, así que no era difícil permanecer despierta. A veces me ponía el metal frío de la pistola en el estómago para mantenerme despierta. Pero después de un momento se ponía tibia y tenía que sacármela y dejar que se enfriara.

Pareciera que la vida clandestina es sombría, y en muchas formas lo era. Pero no importaba qué tanto peligro estabas viviendo, siempre había tiempo para divertirse. No sólo puedes, sino que debes divertirte para mantenerte como ser humano. No importa lo que hagas, mientras lo disfrutes. Hasta en la prisión solíamos encontrar algo para entretenernos, y decíamos: aquí se goza barato. No había televisión en la casa, y a veces, sí teníamos unos minutos para nosotros mismos. Sebastián y yo nos poníamos a luchar. Eso no era parte del entrenamiento, era un juego para nosotros. Yo crecí con tres hermanos varones, y siempre fuimos rudos entre nosotros, así que no me era extraño. Recordaba los trucos que usaba con mis hermanos, y me funcionaban con Sebastián. Por ejemplo, si me hacía la coja él se enfurecía y decía: "vamos, lucha otra vez", igual que mis hermanos lo hacían.

Fue así como comenzamos a involucrarnos físicamente. Yo nunca luché con Tomás, y en cualquier caso nunca me atrajo. Él era un buen tipo y éramos amigos. Pero con Sebastián era diferente, y me preocupé cuando me di cuenta de que habíamos comenzado a gustarnos y que estábamos viviendo demasiado cerca. Se hizo peor porque a veces, cuando Isabel no estaba en casa compartiendo mi cuarto,

Sebastián se levantaba temprano en la mañana, se metía en mi cama y comenzaba a hacerme cosquillas.

Cuando Sebastián apareció en mi vida yo sabía que él tenía alguna clase de relación con alguien, pero yo estaba tan familiarizada con su rutina que sabía que él apenas tenía tiempo para verla. No fue sino hasta mucho tiempo después que me di cuenta de que estaba casado. Eso fue buena noticia. Por otro lado, yo estaba consciente de las reglas de la organización: no se podía tener relaciones románticas sin permiso. Muy dogmático, pero en el contexto de la seguridad tenía sentido. Sebastián conocía las reglas y se adhería a ellas, a su modo. Me imagino que en su cabeza las interpretaba a su manera: nada de besos, nada de hacer el amor, pero sí luchar conmigo y hacerme cosquillas en la cama.

Así lo hicimos, y todo fue muy platónico. Muchas veces él sólo quería platicar. Se quedaba acostado unos cuantos minutos y nada más. Luego se levantaba y eso era todo. El problema era que yo no quería que fuera platónico. Como una mujer liberada y de mente abierta, puedo admitir fácilmente que me encendía luchar con él o el jugueteo en la cama. Y también tengo que decir que me hacía mal mantenerme así, con esa sensación de cosquilleo en el estómago. Me estaba enamorando.

Así que un sábado por la tarde decidí que la situación se estaba volviendo ridícula. Eso fue todavía en la casa de Las Delicias. Yo estaba en el closet donde guardábamos la ropa y otras cosas, y Sebastián pasó por ahí. Él iba de salida, pero yo lo llamé y le dije, Sebastián, necesito hablarte. Él se detuvo y esperó.

—Me estoy enamorando de ti —le dije. Se puso pálido y me dijo:

—Es imposible. Voy a tener que dejar la casa —y siguió— Mañana. Hoy tengo otros compromisos.

—Escucha, Sebastián —le dije—. Yo no conozco tus otros compromisos. Pero yo te gusto. Lo sé. Pasamos la mayor parte del tiempo juntos. Te metes en mi cama, eres dulce conmigo, luchas conmigo, y a veces eres demasiado rudo, pero constantemente estás conmigo. En las horas que tienes libres no vas a ver a tu mujer. Te quedas conmigo porque quieres estar conmigo, así que pongámonos claros tú me gustas también. Así que sin tapujos.

Él dijo firmemente—, esto tendrá que ser reportado a la organización hoy mismo, y mañana, estoy fuera de aquí —. Luego se marchó hacia su "*conecte*".

Solo la idea de que Sebastián dejara la casa me mataba. Aquí es donde las contradicciones de la vida clandestina, la realidad contrapuesta a las reglas, brotan y te emboscan. La realidad es que estábamos viviendo juntos, durmiendo en cuartos uno al lado del otro, y necesitas amor. Necesitas abrazar a alguien y que alguien te abrace a ti. Pero las reglas de la clandestinidad, dictan que te debes controlar y mantener la misma disciplina que aplicas al resto de tu trabajo. Eso demanda que seas ascética, como un monje, y yo no lo era.

Claro que tampoco quería perderlo. Cuando regresó después de unas horas volví a hablar con él. Mira, le dije, si no es posible, respetaré tu relación con esa mujer, quien quiera que sea. Yo sé que en la organización tú no puedes tener dos relaciones al mismo tiempo, así que ahí dejémoslo. Y me propuse sobrellevar la carga.

El lunes teníamos que ir al puerto de La Libertad a hacer algunas tareas. Terminamos las actividades temprano, y decidimos tomarnos unas horas para ir a nadar al estero. Yo nado muy bien, y creo que eso no le gustó mucho; a los hombres a menudo no les gusta que las mujeres seamos mejor que ellos en los deportes. Después de un rato en el agua, él comenzó a jugar rudo conmigo, haciéndome cosquillas y luchando fuerte. Tragué mucha agua y me enojé. Tosía, y le grité: "¡No es justo, Sebastián!" Él me tomó la cara con sus manos y me dijo:

¿Sabes, Ana? Yo también te quiero, y podemos dormir juntos, tenemos permiso. Fue tan romántico... ¡y yo todavía tosía agua salada! Pero fueron unas palabras maravillosas.

Recuerdo muy bien la primera vez que realmente dormimos juntos con permiso de la organización. Sebastián se sintió libre, como si estuviéramos casados, y pude sentir cuando al fin se liberó. Todo ese tiempo se había sentido culpable. Estaba tan dedicado a la disciplina de la organización. Sin mencionar el hecho de que había sido educado en un seminario. De esa forma Sebastián comenzó a pasar las noches en mi dormitorio. Tuvimos una "*luna de miel*". Poco después de tener esa libertad, la organización ¡nos ordenó parar! Parece ser que un paso había sido obviado en el proceso del permiso.

Nos citaron a una reunión por separado con nuestros responsables dentro de la organización. Una mujer habló conmigo y un hombre habló con él. Lo que ambos dijeron es que yo era nueva en la organización; y que Sebastián no había resuelto su otra relación. Por tanto, debíamos controlarnos y no dormir juntos de aquí en adelante. Yo reaccioné muy mal y me incliné a cuestionar la situación, pero Sebastián fue firme ante las reglas. Él era muy disciplinado; lo que dijera la organización era la ley, y con eso no se jugaba.

No pasó mucho tiempo cuando mi nuevo responsable en el lado democrático de la organización me dio permiso, pero los responsables de Sebastián no estaban seguros. Ellos pensaban que Sebastián no era estable en sus relaciones y querían que él se controlara más, que tomara tiempo para pensar las cosas. Pasaron semanas mientras esperábamos la decisión.

El traslado de mi casa en Las Delicias pasó durante ese período, y Tomás había sido asignado a otra casa. Sebastián y yo compartíamos ahora una casa con otras dos personas en Santa Tecla, Geraldo y mamá Mari. De nuevo teníamos que crear nuestras leyendas. Geraldo era un compañero muy dulce que también trabajaba en propaganda. Él se convirtió en hermano de Sebastián en la leyenda familiar. Y con mamá Mari, una campesina de 55 años, yo adquirí una suegra ficticia. La verdadera familia de mamá Mari había sido asesinada por los escuadrones de la muerte. Literalmente, toda su familia: ocho hijos y su esposo. Ellos vivían en una de las zonas del país controladas por la guerrilla, y los ocho hijos se habían unido a la organización. Un día —no se sabe cómo ni quien— alguien los delató, quizás un vecino o algún informante. Comenzó la cacería y los mataron uno por uno, al esposo lo asesinaron ante sus propios ojos en la casa familiar. Debido al sacrificio que ella y su familia habían hecho por la lucha, la organización quería cuidarla y encontrarle un trabajo para que ella se sintiera útil. Mamá Mari era perfecta en su papel de madre de Sebastián. Tenía la tez blanca y era delgada, como Sebastián, y como él, también venía del campo. El hecho de que era campesina es muy común en El Salvador. Muchas personas en los medios urbanos son solo una generación aparte de sus raíces rurales. Y como toda campesina, ella cuidaba la casa y hacía todos los oficios de la cocina, lo que nos quitaba un gran peso de encima.

Cuando nos mudamos a la nueva casa, Sebastián dormía en un pequeño colchón que tenía que poner todas las noches. No era muy confortable para él, pero ya todos los demás cuartos estaban ocupados, y la única alternativa era que durmiera conmigo en mi doble colchón. Me sentía horrible viéndolo en ese pequeño colchón cada noche y le rogaba: "ven a dormir en mi cama, no vamos a hacer nada". Por supuesto, siempre terminábamos haciendo el amor. Después, Sebastián tenía que ir a "confesarse" con la organización y decir "que habíamos caído". Todo ese tiempo habíamos estado esperando que nos dieran el permiso para tener una relación formal.

Finalmente obtuvimos el permiso para vivir juntos como pareja.

Como todos saben, también eso trae problemas. Sebastián y yo teníamos algunos conflictos serios entre nosotros. Quién sabe si hubiera funcionado, si hubiéramos sido una pareja normal, quizás si sólo Sebastián hubiera estado clandestino.

Es común en las organizaciones guerrilleras encontrar hombres casados que mantienen otras relaciones fuera de la familia. Me sorprendió recientemente la forma en que la novelista Nadine Gordimer ilustró eso en su libro *My Son's Story* ("La historia de mi hijo"). Es la historia de un activista casado que tenía una amante, y de como él trata de balancear la relación con su esposa y sus hijos por un lado, y su amante y su trabajo político por el otro. La trama se desarrolla en Sudáfrica. Pero lo mismo ocurre en mí país. No importa cuánto el hombre trata de separar la doble vida que lleva. Por lo general la familia —y en especial la esposa— es siempre la más afectada por esa doble vida que lleva el esposo.

Esa división en la vida de una pareja es muy cruel, pero lógica y necesaria desde el punto de vista de la seguridad. Al menos yo no sentía tal resentimiento, porque estaba tan involucrada en la lucha como Sebastián. Eso forzaba a que nuestros conflictos salieran a la luz: nuestro origen de clase, nuestra formación política y nuestros estilos de vida; y para hacerlo más complejo, la leyenda de que pareciéramos ser una típica familia salvadoreña, hasta con una suegra contribuía a nuestros problemas.

Sebastián y yo trabajábamos largas horas y hacíamos la misma cantidad de trabajo, pero él siempre obtenía alguna preferencia: él era el hombre. Yo no estaba de acuerdo en dejarlo pasar, y fácilmente comenzábamos a discutir sobre el machismo. Por ejemplo, ¿por qué Mamá Mari podía lavar su ropa y no la mía? Ella dejaba que mi ropa sucia se acumulara. O en la mesa: digamos que Sebastián quería más frijoles; él pedía más y Mamá Mari —que tenía artritis en ambas piernas— inmediatamente se levantaba y se los servía. Y si yo decía, "por favor no se levante, él tiene sus dos piernas para hacerlo." Entonces comenzaba una fuerte discusión con el pobre Geraldo tratando de comer y de mantenerse fuera de todo.

Sebastián tenía sus puntos de vista muy definidos sobre la conducta apropiada de un revolucionario, y a veces yo no cabía en su definición. Él no aprobaba los libros o las revistas que yo traía a casa. Ni mis pasatiempos escapaban de su crítica, particularmente la forma en la que yo cortaba pedacitos de revistas y hacía mis collages. Según Sebastián, eso era evidencia de mi decadencia y de que yo nunca me desharía de mis tendencias burguesas.

Y seguramente, yo contribuía con mi forma de hablar. Comenzaba a darme cuenta de que —en lo más profundo— la decisión de elegir a Sebastián como mi compañero, era incorrecta; a pesar de la atracción y el respeto, no éramos el uno para el otro. Todas nuestras contradicciones estaban saliendo a la luz, y no había forma de resolverlas. Yo ya no estaba bajo su control; y además, tenía responsabilidades que él no podía conocer. Todo ese secretismo y disciplina, deformaba la relación y hacía que la comunicación fuera más difícil. Por otro lado, Sebastián nunca hablaba de sus sentimientos. Y si él hubiera podido expresar sus sentimientos, tampoco teníamos tiempo para eso. Cuando finalmente recibimos permiso formal para que fuéramos pareja, ya estábamos bien metidos en la preparación de la "*ofensiva final*", en enero de 1981.

10

LA OFENSIVA FINAL

La *ofensiva* final es uno de los más tristes recuerdos de mi militancia. Estuvo lejos de ser "final". Los últimos diez años fueron horribles, un sangriento estancamiento. Veo hacia atrás con una mezcla de sentimientos, llenos de recelo. Lo que voy a decir puede verse como una crítica al FMLN, pero a estas alturas creo que debemos ser críticos con estas cosas.

La creación del FMLN en septiembre de 1980, finalmente unió a los cinco grupos guerrilleros para coordinar su estrategia militar. Las decisiones se tomaban bajo el principio del centralismo democrático, en el cual la mayoría de votos decidía las cosas para todos los grupos participantes. El ERP argumentaba que las condiciones habían madurado: si se declaraba la insurrección, entonces la gente se levantaría de la misma forma como lo habían hecho los nicaragüenses en 1979. Las FPL se oponían; fieles a su línea de guerra popular prolongada, argumentaban que se necesitaba hacer más trabajo con los campesinos y los obreros para que se dieran las condiciones para un triunfo revolucionario. Pero la mayoría de los grupos estaban de acuerdo con el ERP, así que las FPL se sumaron a la ofensiva.

Retrospectivamente es fácil decir por qué no fue final, porque la gente no se tomó las calles en un levantamiento general. Lo hubieran hecho un año y medio antes, cuando las grandes manifestaciones de

cientos de miles de personas se tomaron las calles. Pero después de
un año de masacres, de asesinatos, de torturas y desapariciones, no
pudimos ni siquiera tener 200 personas en el funeral de Enrique
Barrera y en los otros de líderes del FDR. Así de aterrorizada estaba la
gente. Quienes estábamos incorporados en la lucha, creíamos que
sucedería. Trabajamos como locos, animándonos unos a otros para
mantener el entusiasmo. A medida que se acercaba la ofensiva, nos
sentíamos más entusiasmados. El FMLN estaba reclutando masiva-
mente para la campaña militar que se avecinaba. La gente dormía en
campamentos escondidos en las montañas, y había cursos de entrenamiento militar en la universidad.

No puedo decir más sobre el aspecto militar porque yo no era
parte de eso. Mi trabajo, como siempre, estuvo en lo político. Y la
ofensiva no era sólo militar, era una ofensiva política también, bajo la
responsabilidad del FDR. El MNR fue muy importante en este
trabajo, y era ahí donde yo me ubicaba. Mi atención principal estaba
en los sindicatos. Esperábamos su apoyo a la acción militar con una
huelga general más grande que todas las que se habían hecho el año
anterior. Hablé con muchos sindicalistas, fui a muchas reuniones, y
escribí varios manifiestos que pensamos serían utilizados durante la
huelga general. Cuando digo que el FDR estaba a cargo de la ofensiva
política, se debe tener en cuenta que era un FDR descabezado. Todos
los líderes asesinados habían sido reemplazados. Las organizaciones
habían nombrado a nuevos representantes. Cada uno de ellos tenía
un grupo de apoyo. Cuando asesinaron a los dirigentes del FDR, yo
era parte del grupo de apoyo de Enrique Barrera. Por todos, éramos
como 25 personas trabajando en ello, y cuando lo analizo ahora,
puedo decir que fue un trabajo muy bien coordinado. Pero ahora
Enrique estaba muerto. Y el sustituto de ese cargo dentro del MNR
era Guido.[1]

Guido era un hombre en quien yo confiaba y me caía bien. Había
sido uno de mis mentores cuando apenas me había unido al MNR. Él
había estado trabajando en México desde 1979, y de pura coincidencia
estaba de regreso en El Salvador cuando ocurrieron los asesinatos.
Dos días después, hice las cinco horas de viaje a Guatemala para
recogerlo. Esa tarea me tocó a mí, ya que mis compañeros que

podrían haberla hecho tuvieron que salir de inmediato hacia Nicaragua. Así estaban las cosas con el MNR en ese tiempo: el partido —que era pequeño en sus mejores tiempos—, casi no tenía gente en El Salvador.Guido, Ítalo López y yo éramos los únicos con autoridad que estábamos en el país.

Guido y yo platicamos bastante en el viaje de regreso por la carretera Panamericana, en parte para ponernos al tanto como viejos amigos, pero más que nada para conversar sobre lo serio y lo peligroso de la situación. El peligro que él corría al regresar al país era obvio. Le sugerí que cambiara su apariencia. No me tomó mucho tiempo convencerlo para que yo lo disfrazara. Fue divertido. Aunque el MNR no lo supiera, la idea de proteger a Guido provenía de mi colectivo en la Orga. Era parte del trabajo de apoyar y fortalecer al MNR: el colectivo estaba preocupado por su seguridad y dudaba de que el MNR tuviera el manejo necesario de seguridad para protegerlo. El colectivo me había pedido que le sugiriera la idea y que me asegurara del cambio.

Decidimos pintarle el pelo de blanco, que se dejara crecer la barba, y que usara lentes. Eso no fue difícil, pero me comenzó a preocupar su pelo. Yo era la peor persona en este tipo de cosas, yo nunca había usado productos para el cabello, y aún hoy, no tengo idea de cómo usarlos. Rogué por no hacer eso, pero no lo pude evitar, argumenté que yo era totalmente ignorante cuando se trataba de lo más básico del maquillaje. Visité dos o tres salones de belleza y farmacias, hasta que escogí una farmacia en Santa Tecla donde compré tinte para el pelo. Las instrucciones en la caja no eran muy claras, y no pude encontrar a nadie que me indicara cómo usarlo. Si hubiera tenido más tiempo hubiera llamado a mi cuñada, pero teníamos que hacerlo rápido. Así que deseando lo mejor, senté a Guido en la cocina, le puse el tinte, y le dije que esperara 20 minutos como decían las instrucciones.

Su pelo se volvió rojo.

—Mira, Guido —le dije—, no está funcionando. Creo que tenemos que lavarlo.

—Déjalo —dijo él—. Quizás necesite más tiempo.

Así que lo dejamos por una hora y media en lugar de veinte minutos. Cuando comenzamos a lavarlo, se le caían manojos de pelo. Yo creí que haber seguido las instrucciones exactamente, pero nadie me dijo que teníamos que quitarle el color natural primero. Pobre Guido. Tenía un pelo bonito y grueso antes de esta tarea. Ahora es más escaso y flojo.

Pero fue divertido volver a trabajar con él en equipo. El problema era que nosotros nos entendíamos tan bien que éramos capaces de tolerarnos de una forma que no lo haría con nadie más. Y en medio de toda la algarabía y todo ese trabajo, en esos raros momentos de soledad, nos mirábamos y decíamos: esto no va a funcionar.

Los sindicatos no estaban listos, y de hecho muchos de ellos estaban en contra de una huelga general. Había decenas de sindicatos en El Salvador, algunos de ellos muy pequeños y regionales. Muchos habían sido descabezados por el asesinato de sus líderes y de sus militantes. Eso significaba que no había una verdadera organización en muchos de ellos, o que la comunicación entre la dirigencia y la base estaba seriamente interrumpida. El resultado era que muchos de nuestros esfuerzos eran ineficaces. Una huelga no sólo debe venir de los líderes, sino que también de los trabajadores mismos, y muchos locales de sindicatos nunca recibieron el mensaje.

Los grupos que componían las organizaciones de masas eran los estudiantes, los campesinos, las comunidades cristianas, las mujeres de los mercados. La estrategia de la insurrección dependía de que todos se unieran cuando se declarara la ofensiva. Los sandinistas no se hubieran tomado Nicaragua a través de la fuerza militar únicamente, en 1979; todos los sectores se levantaron para derrocar a Somoza. Pero en El Salvador, las organizaciones no sólo estaban aterrorizadas y descabezadas, sino que además era extremadamente difícil planificar reuniones o distribuir comunicados. Había que hacer arreglos constantemente para luego comenzar de nuevo cuando los planes se caían. Era tan complicado que nunca teníamos tiempo de hacerlo de forma apropiada, ni siquiera podíamos dirigirnos a la mitad de los grupos con quienes teníamos que hablar. No me estoy excusando. Esa era la realidad de las condiciones de trabajo.

Guido y yo éramos buenos amigos y siempre habíamos sido claros entre nosotros. Había muchas cosas de mi vida que yo no podía compartir con él, por supuesto, pero éramos muy cercanos. En los momentos que podíamos apaciguarnos y platicar, nos dimos cuenta que la ofensiva no funcionaría en la ciudad. Sin embargo, teníamos fe en que los comandantes militares y los compañeros en la montaña tenían la situación bajo control. Nos parecía que había pocas posibilidades de que en El Salvador se desarrollara una insurrección popular. Pero sólo podíamos compartir esas dudas entre nosotros y continuar con el trabajo: escribiendo comunicados de prensa, asistiendo a las reuniones, dándole forma a los llamados a la insurrección, contactando a los sindicatos.

Dos meses antes de la ofensiva, la organización cambió todas las estructuras políticas y movió a la mayoría al área militar. De las 80 personas que trabajábamos en propaganda, en octubre, sólo quedamos diez a la hora de la ofensiva. El resto se había ido a la montaña, o estaban esperando unirse a la insurrección cuando ocurriera en la ciudad.

El traslado a la montaña se hacía a través de *"conectes"*, pero eran tantas personas que se tenían que ir, que los *"conectes"* eran por montones. Una tarde que visité una de las casas de seguridad. Un pequeño grupo de compañeros trabajaban alrededor de una mesa, organizando *"conectes"* en grandes hojas de papel cortadas en 16 pedazos iguales. Cada papelito tenía la información esencial: lugar, día, hora, seña, contraseña, y los dos seudónimos necesarios. Todos trabajaban. Me abrumaba verlos. Veía todo lo que hacían y pensaba, "¿qué diablos estamos haciendo? Aún ahora, detesto pensar en esos momentos de angustia, cuando no se veía nada más que desorganización, en áreas que pensábamos que sería perfecto. Y ya no había nada que hacer.

A pesar de la compartimentación, yo sabía mucho de los compañeros del área militar de Sebastián. Algunos eran amigos cercanos. Todos decían: "adiós, nos vemos en la toma del poder cuando entremos a San Salvador. Incluso cuando unos lo disimulaban mejor que otros, no podían esconder cierta altanería de "lo siento, tú estás en el lado político, te perderás toda la acción".

Recuerdo envidiar el entusiasmo y la confianza de algunos, y tener ese terrible sentimiento de que nada saldría como se esperaba.

Eso lo podía discutir únicamente con Guido. Ni siquiera a Sebastián podía expresarle mis dudas. Si comenzaba a decirle algo, me paraba en seco. Creo que él lo hacía en parte debido a la compartimentación. Él ni siquiera consideraba que algo podría salir mal.

El hecho era que ahora nuestras tareas eran completamente clandestinas. Me habían asignado a otro responsable. Sebastián y yo vivíamos en la misma casa, pero no teníamos nada que ver en nuestras tareas. Él ya no tenía ninguna autoridad sobre mí, pero siempre fisgoneaba sobre lo que yo estaba haciendo. Después de todo, yo trabajaba con los demócratas. Ese fisgoneo había comenzado meses antes, cuando obtuvimos el permiso de nuestros respectivos responsables para dormir juntos. Sebastián se había sorprendido de que mis responsables lo trataran tan ligeramente. Si hubiéramos estado en el mismo organismo; y si yo hubiera recibido órdenes de más arriba, él siempre tendría esa actitud: su línea era la "pura y verdadera", y yo era una "liberal".

Poco a poco, y de forma atrevida, comencé a darme cuenta de que la organización no estaba tan unida como me había imaginado. Yo no era consciente de que había una línea divisoria entre demócratas y puristas, pero me atrevería a decir que era entre los cristianos y los marxistas de línea dura. Me molestó mucho darme cuenta, pero no había tiempo para pensar profundamente. En todo caso yo no confiaba en mi análisis. En realidad no era un análisis, sino una idea o una intuición de que algo andaba mal, algo olía mal. Y a medida que la ofensiva se acercaba, no le dije nada a nadie. Simplemente me dediqué a trabajar.

Supimos de la planificada ofensiva del 10 de enero de 1981, un mes antes. Cuando pienso en ese diciembre de 1980, me parece una jornada borrosa de dieciocho horas de trabajo al día, a veces haciendo trabajo "medio abierto" para el MNR, y otras, dedicándome a lo clandestino. El resto de mis días eran esas tareas domésticas y de seguridad que me consumían. Un día típico comenzaba a las siete de la mañana con la primera clase de inglés en ANTEL. Cuando terminaba, iba a ver a mis padres y me quedaba para almorzar. A las dos de la tarde me encontraba en la oficina del MNR escribiendo un panfleto sobre la economía nacional, denunciando la huida de capital al extranjero; tres horas más tarde estaba en una reunión con algunos sindicalistas, hablando sobre su participación en la huelga general. En medio de todas esas tareas y reuniones, tenía que adquirir agua, lámparas, candelas y comida para las casas de seguridad, anticipando las dificultades que tendríamos cuando se lanzara la huelga general.

Antes de que me diera cuenta, diciembre estaba por terminar era navidad. Con todo lo que tenía que hacer, no había tenido tiempo para mi familia. Ellos se hubieran resentido de saber que yo estaba en la ciudad y que no tenía tiempo para ellos, así que les dije que pasaría la navidad con mi novio.

Unos días antes de navidad fui a verlos y a dejar regalos para todos. Como era la costumbre, fui a la cocina, y vi una gran cantidad de tamales que mi nana había preparado para que mi madre los repartiera entre sus amistades. Los tamales de mi nana eran deliciosos, y ella había hecho como doscientos para regalar. Cuando los vi, pensé en todas mis casas de seguridad. Yo tenía que hacer que lucieran como casas normales en navidad, y alimentar a todos aquellos compañeros. Así que agarré sesenta tamales mientras mi mamá hacía la siesta.

Mi nana me regañó:

—Ay no, Ana Margarita, no se los lleve por favor.

—No se preocupe, nanita —le dije, y desde la puerta agregué—, dígale a mi mamá que yo me los llevé.

—No, Ana, ella se va a enojar cuando se dé cuenta de que hacen falta tantos.

—Solo dígale que yo me los llevé para mis amigos. No se preocupe. Todo va a estar bien.

No fue así, como me di cuenta después. Pero al menos hubo tamales en todas las casas de seguridad para navidad. Era el 22 de diciembre de 1980. Fue bueno para la moral de todos, sin olvidar que lo que pasaba en el país era de terror.

Justo antes de fin de año recibí una horrible noticia que le tendría que dar a Pedro, un compañero que vivía en una de las casas de seguridad: habían asesinado a su esposa, una médica que trabajaba en la montaña, en Chalatenango. Esa era una de las tareas más duras de la guerra, informar a las personas acerca de sus familiares muertos.

Habíamos organizado una fiesta de fin de año para que el lugar pareciera normal al igual que el vecindario, pero la noticia hizo que la celebración fuera imposible. Pasamos el fin de año llorando.

Más tarde supe los detalles. Todo el campamento había salido en *"guinda"*, una retirada táctica cuando el ejército avanzaba. Todo el campamento se tiene que marchar para que no te agarren. Algunos instrumentos médicos se quedaron atrás. La esposa de Pedro y su asistente regresaron por los instrumentos. Fueron capturadas por una patrulla de ORDEN, quienes hicieron su "labor patriótica", violando, mutilando y luego asesinándolas.

Pocos días después del fin de año fui a México por unos días para hacer consultas con los líderes del MNR en el exilio. De regreso en San Salvador, fui a la gasolinera de mi papá a pedirle gasolina como siempre. Cuando me vio en mi Datsun, me llamó a su oficina. No era una típica oficina de gasolinera, tenía una mesa de dibujo en el centro y las paredes estaban adornadas con lindos cuadros y fotografías. Me miró en silencio mientras se quitaba los anteojos y los ponía sobre la mesa, con las manos se echó el pelo plateado y abundante para atrás, y apoyó los codos en la mesa sosteniéndose la cabeza, y me dijo:

—Ana Margarita, ¿por qué te robaste los benditos tamales? En su voz había desesperación. No enojo, sino desesperación. —¿Por qué tienes que hacer esas cosas?

—¿Cuáles tamales?— le dije.

No fue sarcasmo ni evasión de mi parte. Se me había olvidado. Muchas cosas habían pasado desde antes de navidad; y la ofensiva estaba por comenzar en ocho días. Mi papá con el amor de toda la vida, su voz cansada, angustiada, una vez más ofreció pagar para que yo saliera de El Salvador, a Nicaragua.

—Por favor, Ana Margarita, hazlo por mí —me dijo—. Tu madre me va a matar. No me dejó ni un minuto en paz durante las vacaciones de navidad por esos tamales. Ella cree que estás involucrada en algo muy serio, y me está haciendo la vida imposible por ti. ¿Por qué no te vas a Nicaragua?

Confesé haberme llevado los tamales. Él me rogó que no volviera a llevarme nada de la casa. Y me dejó ir con la gasolina que necesitaba. Él siempre fue así conmigo. Mientras me alejaba, tomé consciencia de que estaba muy preocupado. A diferencia de mi mamá, él sí sabía un poco en lo que yo andaba metida. No sabía en qué, por supuesto, pero yo siempre había hablado francamente con él. Le había contado cuando me uní al MNR y cuando fui a Cuba. Creo que siempre estuvo confundido conmigo, y nunca pudo comprender por qué yo hacía lo que hacía. Muy dentro de él, estaba orgulloso de mí, sé eso porque sus amigos me lo habían dicho, pero siempre estaba preocupado de que yo hiciera alguna locura o de que me pasara algo.

En esos últimos días recibimos la orden de limpiar las casas de seguridad. Ni armas, ni un solo papel se podía dejar en las casas. Luego comenzó la ofensiva. En la mañana del 10 de enero de 1981, el comandante Marcial hizo el llamado a la revolución a través de la radio guerrillera en nombre de la Comandancia General del FMLN: ¡TODOS A LA LUCHA!

No pasó casi nada en la capital. Unas pocas bombas detonaron, y hubo disparos esporádicos. Pero no hubo nada parecido a una esperada insurrección popular. Fuera de San Salvador fue diferente. Tuvimos victorias impresionantes en los primeros días. A pesar del pequeño número de personas que sabían lo que se venía, la inteligencia de las Fuerzas Armadas andaba perdida, y la guerrilla los agarró desprevenidos con una operación bien planificada y ejecutada. Hubo una toma del cuartel en Santa Ana y otra en la parte oriental del país. Hubo varios levantamientos en Mejicanos y en otros lugares. La Comandancia General del FMLN se había equivocado acerca de la madurez de la situación. La gran masa de salvadoreños no se unió al levantamiento, y problemas severos de organización impidieron a la guerrilla mantener la ofensiva, y sostener las posiciones capturadas. Casi inmediatamente Estados Unidos envió diez millones de dólares para proveer de equipo e instructores a las fuerzas del gobierno.

La ofensiva duró algunos días. Aunque se hizo evidente, desde las 9:00 de la mañana del primer día, que no funcionaría. En contraste con el año anterior —cuando la huelga general paró todo San Salvador—, esta vez se unieron menos de diez sindicatos, de los 150 que estaban activos. Solo dos de las casi 100 rutas de buses dejaron de funcionar. La vida en la capital siguió igual. Para nosotros fue devastador. Nos habíamos engañado con nuestro entusiasmo y nuestra mística. Nos habíamos comportado como focas de circo aplaudiendo todo, e ignorando cualquier duda personal mientras esperábamos la toma triunfal de San Salvador.

Habiendo dicho esto, quiero dejar en claro que la ofensiva no fue un error. El error fue decir que era "la ofensiva final", como en Nicaragua, en lugar de decir que era una de las muchas ofensivas que debíamos llevar a cabo. Fue un terrible error estratégico. Los avances militares habían sido reales, pero la palabra "final" había sido anunciada tanto que nos volvimos objeto de burla. Los logros de la ofensiva fueron una realidad. Aún si la comparamos con la ofensiva de 1989, tenemos que entender que ésta no hubiera sido posible sin la primera. Durante la década de los ochenta, fuimos avanzando y aprendiendo. De hecho, creo que si Estados Unidos no hubiera enviado la enorme cantidad de dinero para los militares, nos hubiéramos tomado San Salvador en dos o tres años.

De todos modos, es así como pasó. Después de la ofensiva vino un caos de absoluta incertidumbre que tomó meses para resolver. La compartimentación se había hecho tan necesaria que los miembros del MNR y los sindicalistas la utilizaban, no sólo aquellos que estaban en la parte militar. Y ahora, con toda la desorganización, nadie sabía cómo volverse a conectar. Perdimos a personas importantes porque no sabíamos cómo localizarlos. En la propaganda del FDR, por ejemplo, pasé muy malos ratos. No podía encontrar a un artista gráfico para que ilustrara nuestros volantes y periódicos.

Y a una escala mayor, había cientos de personas que habían quedado varados por las fallas organizacionales de la ofensiva. Muchos encontraron su camino de regreso en los campamentos en la montaña, pero muchos otros quedaron en la ciudad esperando direcciones y su "conecte". Nada pasó, nadie los contactó. Muchos habían abandonado sus trabajos y ahora estaban "quemados" como se dice. Habían perdido su cobertura. Otros tenían armas en sus casas, y no tenían donde esconderlas. Muchos se marcharon en esos días para Costa Rica o Canadá como refugiados. De hecho, hay muchos salvadoreños en Costa Rica que quedaron varados desde la ofensiva, algo que yo no sabía hasta que llegué aquí tres años más tarde.

Durante unas semanas parecía que yo también tendría que abandonar el país. El MNR me había nombrado su representante en Austria. Sabía un poco de alemán, hablaba inglés y tenía experiencia internacional. Mi nombramiento era perfecto; y la organización estuvo de acuerdo con que yo fuera. Se consideraba que Austria era el país estratégicamente necesario. Los países europeos, en conjunto jugaban un papel importante dentro de la solidaridad internacional. Pero yo no quería abandonar mi país. Prefería dejarlo para más tarde. Tuvimos muchas discusiones con Héctor y Vera, quienes habían hecho los arreglos para que fuera la representante en Austria.

En cualquier caso, los escuadrones de la muerte me liberaron de la necesidad de seguir argumentando. Pronto, después de la ofensiva, los periódicos publicaron una lista de 121 nombres con amenazas de ejecución. Todos eran miembros de la oposición legal, y la mitad de ellos ya estaban fuera del país, inclusive el Dr. Ungo, Héctor Oquelí, Héctor Silva, Rubén Zamora y Jorge Sol. Pero el nombre de Guido también estaba ahí, entre los primeros de la lista. Con disfraz o sin disfraz, él tenía que abandonar el país inmediatamente. ¿Y quién era la única persona en la fila para ser representante del MNR o del FDR?

Yo.

11

MUJER EN UN MUNDO DE HOMBRES

GUIDO HABÍA SIDO el responsable de la propaganda del FDR. Con su partida, yo asumí sus tareas automáticamente. Significaba escalar la más alta montaña, puesto que teníamos que comenzar a crear nuestras redes de nuevo. Habíamos crecido hasta tener cerca de sesenta personas para hacer comunicados de prensa, pequeños periódicos, anuncios internacionales, y otras tantas actividades con periodistas internacionales.

De repente yo era la responsable de pagarle a sesenta personas, asegurando que cada uno de ellos recibieran sus 125 colones al mes. No era mucho dinero, pero era lo que literalmente necesitaban para sobrevivir. Y luego había otras tareas, comprar grandes cantidades de papel y tinta y garantizar el traslado a las prensas clandestinas. Yo no hacía las entregas, personalmente yo tenía que garantizar que se hicieran. Había una red, por lo tanto, yo tenía asistencia de gente que sabía más. Pero en la reunión semanal del Comité de Dirección del FDR, yo era la responsable de todo el trabajo de propaganda.

Me sentía sobrecargada y, me preguntaba, ¿qué estoy haciendo aquí? Yo no tenía experiencia formal en periodismo, excepto lo poco que había aprendido a lo largo de los años. Eran los colaboradores quienes hacían todo esto posible. Los prensistas, los diagramadores, los que se robaban el papel de las oficinas de la Imprenta Nacional y nos lo daban. Sin ellos no hubiera sido posible lo que hacíamos. Y especialmente, mi nuevo responsable de la organización, quien había reemplazado a Sebastián. De aquí en adelante le llamaré Samuel. Él fue quien hizo que me organizara mejor, quien me enseñó a hacer un calendario para la semana, priorizar tareas, establecer objetivos y no confundirlo todo, y volverme loca con tantas tareas. En una época, tomábamos riesgos increíbles contra nuestra seguridad personal. Samuel me enseñaba cosas que nunca pensé necesarias para sobre-vivir en el mundo de los negocios.

El presidente del Comité de dirección del FDR era Eduardo Calles. Además de mí, los otros eran Max, Cantarito, Mariano del BRP, el representante de MIPTES, y el representante del MPSC, FAPU (RN). De los seis, dos están muertos: Cantarito y Max. El nombre Cantarito viene de cántaro, esos recipientes redondos de barro con dos agarraderas y una pequeña trompa, usados para mantener el agua fresca. A él lo estrangularon con alambre de púas cuando yo estaba en prisión. Max estaba en la comisión de Derechos Humanos. A él, a su esposa y a su hijo los sacaron de su casa y luego desaparecieron. Eduardo Calles está en Nicaragua con el FDR-FMLN, y el del MPSC, está con ellos. A Mariano y a su esposa también los arrestaron cuando yo estaba en prisión. Él era maestro de escuela. Ahora sigue siendo maestro en El Salvador, participando en la lucha de los maestros.

Siempre fue duro ser la única mujer en el comité. Tenía que ser más agresiva para mantenerme en pie. Al mismo tiempo me sentía insegura porque la mayoría de mis compañeros eran políticos desarrollados —o por lo menos su discurso lo era—, mientras que el mío era más débil e inexperto. Yo venía de la clandestinidad, donde las cosas son llamadas por su nombre y no se aprende el discurso político. Mi entrenamiento era totalmente empírico y el de ellos total-mente académico. Y eso que yo había tomado cursos de filosofía y sociología, pero mi experiencia había sido en las organizaciones de mujeres y de jóvenes, donde el lenguaje es directo y radical. En contraste, el Comité tenía que ser más diplomático y seleccionar su lenguaje. La única forma que yo tenía para defenderme era mostrar mi trabajo y sus resultados. Eso era lo que Samuel me había enseñado, "si vas a dirigir una reunión, comienza preguntando por los reportes de cada uno, da tu reporte, da tus resultados: eso fue lo que se distribuyó, esto fue el dinero que se gastó, sé exacta".

Recuerdo sus palabras muy bien, y eso me sirvió para exigir respeto de mis compañeros. Recuerdo que él decía, "haz lo que tienes que hacer, termina tu tarea y entrégala. Lo que digas no importa, es tu trabajo, lo que importa es lo que produzcas, y no lo que salga de tu boca". Yo siempre guardaba silencio en las reuniones y sólo hablaba cuando tenía que hacerlo. Cuando había discusiones políticas sobre la estrategia, guardaba mis opiniones y escuchaba. Era después que yo consultaba con Samuel sobre cuál debería ser mi posición.

Mi inseguridad estaba más bien en mi cabeza. En realidad, yo sentía el respeto que me tenían los demás miembros del Comité. Pero ellos, en general, monopolizaban la discusión; y a mí se me hacía difícil articular la posición del MNR. Sudaba y me daban escalofríos. Sufría, y no me gustaba esa responsabilidad que había asumido. Ellos tampoco me mostraban simpatía. Por el contrario, cuando sentían que yo no hablaba claro, me interrumpían. Mis tres minutos se terminaban y yo no había terminado de expresarme. A veces tenían razón. Aunque a los hombres no les gusta ver mujeres más inteligentes que ellos. Todo el tiempo, Samuel me decía que no me preocupara, que hiciera mi trabajo y que presentara los resultados y que me apegara a eso. A decir verdad, no hubo muchas reuniones. Me arrestaron al poco tiempo, ¡gracias a Dios!

El hecho de que la Orga me sacara de la clandestinidad, me molestó mucho. Yo me sentía mucho más segura y productiva en esas labores. Creo que afectó mi relación con Sebastián, y quizás fue esa la razón por la que me sacaron. Mi vida había sido fácil con él mientras estuve bajo su responsabilidad. Su rectitud absoluta me ayudada. Ahora que tenía tantas responsabilidades propias y no podía hablar con él acerca de eso, se me hacía difícil. Mis discusiones con Samuel y Guido, y con otros amigos eran más intelectuales, y era más fácil discutir problemas existenciales con ellos. Mientras mis amigos democráticos estaban llenos de dudas, Sebastián parecía no tener ningún problema existencial. Y cuando yo expresaba uno, él inmediatamente lo calificaba de "desviación burguesa".

Mi grupo de propaganda recibía información de parte de todos los sindicatos y de otros grupos, como el Comité de Madres. La publicábamos en diferentes formas. Cuando los prisioneros políticos comenzaron a pasar información fuera de las cárceles, era lógico que llegara a nosotros. Es así que el Comité de Prisioneros Políticos de El Salvador (COPPES), se convirtió en un trabajo muy importante.

COPPES fue creado en la prisión de Santa Tecla en noviembre de 1980, principalmente por iniciativa de José Antonio "Tono" Morales Carbonell y de Héctor Recinos. Tono era hijo de José Antonio Morales Erlich, un reconocido demócrata cristiano que había sido miembro de la Segunda Junta. Pero Tono se había unido a las FPL. Cuando lo arrestaron, fue una gran noticia. Héctor era sindicalista, uno de los líderes del Sindicato Nacional de Electricidad, STECEL. Cuando ellos se lanzaron a una gran huelga en agosto de 1980, lo arrestaron junto a todos los líderes del sindicato A su esposa e hija las desaparecieron —mientras él todavía estaba en prisión—, y nunca se supo nada más de ellas. A Héctor y a Tono los encarcelaron en Santa Tecla. Fue entonces cuando comenzaron a organizar COPPES.

Antes de 1980 no había muchos prisioneros políticos. Sufrían un horrible aislamiento. Luego, la reacción internacional acerca de las desapariciones y las masacres produjeron un mayor efecto, y la política de las autoridades había cambiado. Comenzaron a arrestar a más personas que terminaban en prisión. Al mismo tiempo, los prisioneros eran los últimos que sabían sobre los que desaparecían. A veces arrestaban a un grupo de personas, pero solo una aparecía en prisión. COPPES no solo denunciaba la situación de los prisioneros políticos, también publicaba las desapariciones.

Yo nunca conocí a Tono ni a Héctor, sin embargo, yo sabía quiénes eran antes de que los arrestaran. Aún hoy no conozco a Tono, a pesar de ser muy cercanos: nos escribimos semanalmente. Su trabajo fue muy importante para el FDR, no sólo por el valor de la propaganda, aunque eso fue considerable, sino porque ellos representaban a nuestra gente, a nuestros compañeros en la cárcel.

En ese tiempo, COPPES tomaba la información de parte de los

prisioneros y la sacaba de la prisión de cualquier manera, usando su ingenio para esconder cartas en los lugares más banales e inesperados. La palabra salvadoreña para referirse a eso es: *"embutido"*.

La mayor parte de mi trabajo ahora era en El Salvador. Hice pocos viajes. Hubo una reunión del MNR a la que atendí en México, un seminario corto de tres días, donde nuestra posición en la Alianza y nuestra línea en el proceso revolucionario fueron ratificadas, y revisados nuestros estatutos. Yo entregué un reporte acerca de lo que estábamos haciendo, y me reuní con Vera , con Héctor Oquelí y con todos los demás.

Fue alrededor del 8 de abril cuando regresé a El Salvador y a mi vida clandestina en la casa con Sebastián. Regresé para encontrar que mi padre estaba muy enfermo con enfisema pulmonar. Tenía 62 años, había fumado toda su vida, y nunca había cuidado su salud. Era la tercera vez que caía enfermo, pero había tenido largos períodos de convalecencia y se había recuperado. Estuvo en el hospital hacía casi un año, pero esta vez se negó a que lo ingresaran. Un amigo nuestro le había prestado una de esas camas modernas eléctricas que se mueven y dan masaje, y él había tenido una enfermera en casa. Pero, su nivel de oxígeno había disminuido y solo era suficiente para sus funciones vitales. Mi madre pensaba que nosotros teníamos que prepararnos para cuando mi padre quedara inválido, a causa de su enfisema.

Al mismo tiempo, tuve otra situación de presión con la que tenía que cargar: Samuel ya no sería mi responsable. Justo antes de que me lo dijera, fuimos a Guatemala para una reunión. Esos viajes estaban siempre llenos de discusiones y problemas existenciales. Yo me daba cuenta de que había cometido un error serio al ser pareja con Sebastián. Pocos días antes del viaje a Guatemala habíamos tenido una discusión sobre un pequeño radio que yo tenía. Era mío, pero resulta que alguien se iba a la montaña y necesitaba uno, y Sebastián decidió regalárselo. "¡Yo le dije que no, que no tenía derecho, que el radio era mío!"; y tuvimos una discusión ideológica sobre la propiedad. Si yo hubiera sabido la diferencia entre propiedad social y propiedad personal, y si hubiera tenido suficiente claridad ideológica, hubiera manejado la discusión mejor. Pero el hecho de que él sintiera que tenía derecho a tomar mi radio marco nuestra relación. Y él lo tomó, acusándome de ser una egoísta y desviada, y otras cosas más.

En las cuatro horas hacia Guatemala con Samuel, yo descargué toda mi tristeza y mi angustia acerca de estar con Sebastián. Había estado bien cuando él era mi responsable. Samuel lo entendió, y trató de resolverlo. Y me dijo, "bueno, cuando tengamos tiempo trataremos de mudarte fuera de esa casa. Tienes que entender que él no tiene tu cultura. Ustedes tienen mucha diferencia de clase y de educación".

Justo cuando regresamos de Guatemala, Samuel me dijo que no sería más mi responsable. En su lugar, sería Mariano. Samuel no podía decirme hacia dónde iba él. Había dependido tanto de él, que esa noticia era la muerte para mí. Mariano era bueno, pero tenía problemas personales en ese tiempo, y yo no sabía cómo sería trabajar con él.

Para hacer las cosas peor, tuvimos un problema inmediato y serio que resolver. La organización nos había dado una gran cantidad de equipo de comunicaciones para cuidarlo: amplificadores, equipo de grabación, y muchas otras piezas que yo no sabía. Se suponía que teníamos que llevarlos a un campamento, pero nadie lo había hecho. Entonces arrestaron a alguien que yo no conocía, pero que trabajaba con Sebastián. De un día para otro, Sebastián, Oscar, Mamá Mari y yo, teníamos que mudarnos, y hacerlo inmediatamente. Lo primero fue poner a Mamá Mari y a Óscar en una casa segura. Pero entonces vino la pregunta de si podíamos dejar el equipo en la casa. Por lo general, a la hora de salir corriendo, se dejaban los muebles y todo lo demás, pero nosotros no podíamos hacerlo por el valor del equipo mismo. Para ese tiempo la mayoría de mis objetos valiosos o que representaban peligro, estaban en la casa de mis padres, debajo de las camas. Mi madre nunca lo supo. Entonces, un amigo nos ofreció una casa para guardar todo el equipo. Y como era una casa segura, nos mudamos ahí. Nuestras cosas fueron amontonadas en un cuarto, y Sebastián y yo vivíamos en el cuarto de atrás. El resto de la casa estaba vacía. Se suponía que sería para mientras, hasta que encontráramos una casa más segura. Pero el tiempo pasaba...

Mi padre falleció el 23 de abril. La última vez que lo vi fue el día anterior, por la tarde. Papá estaba muy contento. Fue cuando hizo que mi cuñada y yo nos reconciliáramos. Nos llamó a las dos y nos dijo: "ustedes dos, es mejor que comiencen a hablarse otra vez. Esa actitud es enfermiza. Yo no puedo soportarlo más. Estoy enfermo y ustedes están haciendo mi vida imposible". Pasamos juntos un par de horas, y me fui diciéndole que lo vería al siguiente día.

El día siguiente anduve tan ocupada que ni siquiera llamé para saber cómo había pasado la noche. Ese día, había recibido una llamada para decirme que había serios problemas de relación personal en una casa de Santa Tecla, la cual estaba bajo mi responsabilidad. Había cinco jóvenes militantes viviendo ahí, una célula. La situación se había deteriorado de tal manera que tuve que ir a ver qué podía hacer, a quién podía sacar de ahí. Recordemos, que cuando hay un montón de gente que no se conocen entre sí, es difícil la convivencia.

Por dicha encontré una solución, pero eso significaba que tenía que ir a Santa Tecla esa tarde. Así que decidí ir a ver a mi padre después. Mi hermano Tono regresaba esa tarde de la universidad en Estados Unidos. Mi hermano Chico, el cura, ya había venido de Guatemala. Mi madre había intuido tenernos a todos juntos. A pesar de que el médico había dicho que mi padre estaría bien.

A las tres de la tarde tuve que cumplir con una cita en la UCA. Y al salir de ahí —por estar cerca de la casa de mis padres— cambié de planes y fui donde ellos. Cuando llegué vi una enorme cantidad de carros frente a la casa. Ahí me di cuenta de que mi papá había muerto. Mi madre llegó hasta la puerta sollozando y me dijo: "todo el día hemos estado intentando contactarte. La forma en que vives, Ana Margarita, nos hace sufrir mucho. Nunca sabemos dónde estás. No podíamos llamarte a ningún lado para decirte que tu padre había fallecido". Diez minutos más tarde llegó mi hermano Tono.

Mi padre había tenido dos ataques al corazón. Le habían comenzado la noche anterior, pero no me habían podido llamar pues no sabían mi número de teléfono. Asumo mi responsabilidad por eso, era parte de mi vida. Pero me sentí muy mal. Él estaba tendido en la cama con sus manos cruzadas sobre el pecho. Puse mis manos en las suyas y lo besé. Tenía una barba cortita. De repente me di cuenta de que no había tocado así a mi padre desde que tenía nueve años. Lloré. Al rato, mi madre me llamó aparte y dijo que fuera a mi casa y me vistiera de luto.

Cuando llegué a casa me di cuenta de lo duro que era una organización de este tipo. —Sebastián —le dije—, mi padre falleció hace pocas horas. Y él me dijo:

—¿Ya fuiste a la casa de Santa Tecla? Él sabía que la gente estaba en su área, sin embargo, era yo quien controlaba esa casa, por tanto era mi responsabilidad.

—No. —le dije.

—Pues tenías que haber ido —me dijo él.

—Sebastián —le dije—, mi padre acaba de morir, ¿entiendes? Y me fui a vestir. Cuando iba saliendo, me preguntó:

—¿Y para dónde crees que vas? Y le dije:

—De regreso con mi madre.

Él no quería que yo regresara por razones de seguridad, pero al final me dejó. Cuando regresé a casa esa noche yo quería llorar. Pero Sebastián me dijo:

—Nada de llanto. Recuerda que eres una revolucionaria. No puedes llorar por eso.

Y no lo hice. Nunca lloré por mi padre hasta años después cuando hice psicoterapia. Ahora lloro por mi padre todo el tiempo. Pero en ese tiempo obedecí. Me fui a dormir, y al día siguiente fui al funeral. Fue muy lindo. Mi hermano Chico condujo la ceremonia y la misa.

Algunos amigos de mi padre —que yo conocía pero que mi madre y hermanos no conocían— estaban ahí. Mucha gente se me acercó para darme el pésame, condolencias, y muchos de ellos dijeron, "tu padre estaba tan orgulloso de ti", y cosas así. Me alegra saber que su muerte ocurrió antes de que me arrestaran. No me imagino lo que hubiera sido si él hubiera estado vivo entonces.

Fui a misa durante todos los nueve días. Después, la Tito regresó a Honduras, Chico regresó a Guatemala, y yo regresé a mi trabajo. La revolución no paró por su muerte. Curiosamente, mucha gente me acusaba de haber provocado su muerte. Yo creo que él murió porque él quería, porque no podía soportar la idea de quedarse inválido.

El día antes de que me arrestaran, hubo una reunión en la casa con Sebastián. Uno de nuestros líderes dijo, ¿qué pasa si viene la policía? ¿Qué van a decir cuando vean todo el equipo de comunicación que tienen aquí? Nos reímos. Estábamos seguros de que nuestra cobertura era suficiente para protegernos. Además, esa misma tarde habíamos rentado una casa donde nos íbamos a mudar.

12

NADIE SABE, A NADIE LE IMPORTÁS

A MEDIDA que me fui involucrando más en el trabajo clandestino, me fui dando cuenta de los peligros que corríamos, y de que nuestras vidas estaban en riesgo. Mucha gente desaparecía en ese tiempo. Muchos cuerpos aparecían tirados en las calles, algunos mutilados y mostrando las huellas de la tortura. Nunca se sabía lo que iba a suceder ese día. O si ibas a morir.

Como resultado, tomé la decisión de asegurarme que mi relación con Sebastián estuviera en buena forma cada mañana cuando iba de la casa. Sin importarme qué, tenía que salir con buen ánimo, decirle adiós a Sebastián y dejarlo con recuerdo dulce. Soy una persona complicada, peleo mucho y puedo ser horrible, odiosa. Pero fijé ese objetivo: antes de salir de la casa debíamos estar en paz. También no deberíamos dejar que la situación en la que estábamos involucrados destruyera nuestra vida personal. Era como llevar dos cargas pesadas al mismo tiempo, hay que mantener el equilibrio.

La noche anterior a la que nos arrestaron, Sebastián y yo tuvimos una pelea. Yo había estado tratando de llegar a casa temprano. Por primera vez en meses íbamos a pasar la tarde juntos, solos y sin nada más que hacer. Pero cuando llegué a casa, Sebastián me dijo que él traería a un compañero para trabajar en la tarde, y que por razones de seguridad, él y yo no nos podíamos ver. Me desilusionó mucho, encima, tendría que darles de comer. Me molesté. Le dije que sólo había sardinas y sopa; que había habido una reunión al mediodía y se lo habían comido todo. La olla de frijoles que yo solía hacer cada dos días se había terminado. Y entonces fue él quien se molestó. El típico salvadoreño, si no hay arroz y frijoles, no hay comida. Sardinas no era suficiente. Sopa no era suficiente.

Tuvimos un gran pleito. Pero a la mañana siguiente cuando desperté, me volví hacia él y le dije, "siento mucho lo de anoche". Todavía era oscuro, antes del amanecer. Él tenía que irse temprano y los dos teníamos el día muy ocupado. No había tiempo para conversar sobre lo que había pasado. Nos acariciamos un poco. Él se fue al baño, y alguien tocó la puerta. Cada vez que pienso en eso, me siento contenta. Por lo menos no hubo resentimiento entre los dos.

Como en la mayoría de las casas en El Salvador, la puerta de entrada era una puerta de seguridad hecha de hierro pesado, con paneles de plástico para dejar entrar la luz. Hace mucho ruido cuando se toca normalmente, pero esa mañana la golpeaba un puño fuerte. Al momento de escuchar los golpes yo supe lo que iba a pasar. Sebastián salió del baño y no tuvimos que decir nada. Habíamos vivido con esa posibilidad durante mucho tiempo para ser sorprendidos de repente. Ambos manteníamos nuestros documentos en un sobre pequeño cerca de la mesa de noche, listo en caso de que ocurriera algo así. En un segundo decidimos que él correría a recoger esos papeles, y yo abriría la puerta. Él ya se había puesto los pantalones. Agarró los papeles y corrió hacia atrás de la casa donde colgábamos la ropa.

Le di unos segundos y caminé hacia la puerta. El compañero que Sebastián había traído a la casa la noche anterior, ya estaba listo, medio vestido en el pasillo. Había dormido en el comedor, y no nos habíamos visto. Pero no era el momento para decir nada.

Esperé otros segundos, le quité llave a la puerta y abrí. Inmediatamente entró una escuadra de hombres ¿treinta? ¿cuarenta? Un regimiento completo entró por la puerta. Los hombres comenzaron a registrar toda la casa. Mientras entraban les dije fuertemente que quién les había dado la orden para registrar mi casa. Me dijeron que no necesitaban ninguna orden y continuaron abriendo todo y rompiendo todo lo que no podían abrir.

Iban vestidos con uniformes verdes y botas militares. Llevaban rifles M-16. Los uniformes no tenían identificación ni hombreras, ni insignias que pudieran indicar a qué fuerza pertenecían. No recuerdo las caras. Cuando entraron, me corría la adrenalina, me mataba el terror que sentía, imposible recordar las caras.

El otro compañero no se movió, no me dijo nada, trató de parecer lo más normal posible bajo las circunstancias. Yo fui hacia el teléfono en la sala, pensando que lo primero que tenía que hacer era llamar a alguien para que supiera lo que estaba ocurriendo. Mi hermano Javier sería lo mejor. Levanté el teléfono antes que uno de los hombres lo arrancara de la pared y me gritara que yo no podía llamar a nadie.

En la parte de atrás de la casa se oía una conmoción. Después me di cuenta de que no sólo habían rodeado mi casa, sino toda la cuadra. Capturaron a Sebastián tan pronto como él se subió al techo. Ahora lo estaban golpeando a culatazos.

Cuando lo trajeron de regreso a la casa, lo empujaron hacia el dormitorio y nos ordenaron vestirnos. Yo llevaba puesto un pijama de mangas largas. Ellos observaron a Sebastián quitarse sus pantalones y a mí el pijama, y también cuando nos estábamos vistiendo. Entonces nos separaron, se llevaron a Sebastián al comedor y a mí me llevaron al cuarto de enfrente. Por momentos podía ver desde ahí, el pasillo hacia el comedor y tener una idea de lo que estaba pasando. Amarraron al compañero y lo pusieron en una esquina en el garaje. A mí no me amarraron inmediatamente. Comenzaron a interrogarme.

La falta de insignias en sus uniformes daba miedo. Era importante saber qué fuerza de seguridad había venido, porque unos son peores que otros. Continué preguntándoles quiénes eran y ellos no me decían, así que me rehusé contestar cualquier pregunta que me hacían. Era un reto. Mientras tanto, los hombres que hacían el registro estaban destruyendo toda la casa. Abrían los muebles y destrozaban los colchones con cuchillos. Rompieron el cielo raso de la casa. Tiraban los libros al piso. Cuando terminaron con el primer piso se fueron arriba y tiraron todo también, aunque los cuartos estaban vacíos.

Yo, todo el tiempo atenta, tratando de ver lo que le hacían a Sebastián. Había entre 6 y 10 hombres en el comedor con él. Primero le pusieron una venda en los ojos y lo pusieron boca abajo en el sofá. Entonces le amarraron las manos por detrás con el nudo favorito de la fuerza de seguridad. Es muy simple: un pedazo de cuerda que amarra los pulgares juntos, extremadamente doloroso para la circulación, y mantiene la sangre en las manos. Una vez amarrado, uno de los soldados tomó dos alambres largos y los colocó en el tomacorriente de la pared, tomó los otros extremos, y comenzó a darle choques eléctricos a Sebastián en los pies. Yo no podía ver mucho, pero podía escuchar a Sebastián gimiendo. Fue horrible, y no había forma de detenerlos. O quizás sí había.

Decidí decirles que yo era miembro del MNR. Eso hizo que se ofuscaran y concentraran su atención en mí. Era la primera pieza de información que tenían desde que el operativo había comenzado. Y creyeron que habían encontrado algo sumamente importante. Pero desde que comenzaron a maltratarme me negué a decirles nada más. Sólo les repetía que yo era miembro de un partido político legal, y que eso era del conocimiento general.

Como no iban a ninguna parte conmigo, enviaron por un oficial superior, un capitán. Cuando entró, inmediatamente vi que tenía la insignia de la Guardia Nacional en el cuello. Eso significaba que era realmente una mala situación. La Guardia Nacional era capaz de matarnos, como lo habían hecho antes con mucha gente. Así que le dije al capitán: "mira, yo he sido militante del MNR en los últimos seis años. Soy la única aquí involucrada en algo político. Sebastián no sabe nada de mí ni de lo que yo hago". Hubiera sido mucho peor si se daban cuenta de que éramos de la organización. Puse al MNR en ese momento para protegernos a los tres. Con todo el trabajo internacional que yo había hecho, calculaba que sería un gran escándalo tan pronto como el MNR se diera cuenta que me habían arrestado. Yo era conocida como una socialdemócrata. Pensé que de esa forma arriesgaba poco, debido a la solidaridad internacional que el MNR podría traer por uno de sus miembros.

Ya era de día cuando nos sacaron de la casa, quizás las 7:00 de la mañana. Primero me vendaron los ojos con una de mis toallas de cocina, y me amarraron. Luego nos sacaron de la casa. Yo no podía ver ni escuchar lo que estaba pasando con Sebastián, ni con el otro compañero. Los guardias me tiraron en la camioneta, y ahí comenzó todo. Yo tenía miedo de que nos llevaran a diferentes lugares, pero ocupaba mi mente tratando de distinguir los sonidos y las vueltas en la ruta que seguíamos. Mi casa estaba en una calle principal, y yo decía en mis adentros: estamos girando hacia la avenida, doblamos a la izquierda, vamos hacia... y así sucesivamente.

El viaje fue casi derecho, pienso que nos dieron un par de vueltas para confundirnos. Después de 30 minutos me imagino que llegamos al lugar: la Policía de Hacienda y la Guardia Nacional están uno frente al otro. Me di cuenta porque sentí cuando cruzamos sobre los túmulos en la calle, justo frente a ambas barracas. Luego nos detuvimos.

Yo no sabía nada del otro muchacho en la casa, ni su nombre. Y nosotros no teníamos una leyenda que dijera lo que él hacía en nuestra casa. De hecho, nuestra seguridad estaba tan bien hecha que yo sabía muy poco de Sebastián. Yo no sabía lo que él hacía, y en ese tiempo él no sabía lo que yo hacía. Obviamente yo tenía alguna idea de las áreas generales en las que él trabajaba, y él conocía las áreas en las que yo trabajaba, pero sin detalles. Éramos amantes, pero habíamos sido muy estrictos con la compartimentación.

Después de que me sacaron del carro me hicieron subir por unas gradas. Cuando me preguntaron:

—¿Nombre?— y les grité:

—¡Ana Margarita Gasteazoro!

Lo hice para que el otro compañero lo pudiera oír, si acaso estaba cerca. Era la única cosa que yo podía pensar en darle un poco de información. El guardia que me estaba interrogando me dijo que yo no tenía que gritar.

Después de esas primeras preguntas me sentaron en el piso, y me esposaron los brazos a una silla. Sentí que era un cuarto grande y que había más personas ahí, pero todo estaba en silencio. Sólo podía escuchar murmullos y pasos de la gente que iba y venía. A causa de mi nerviosismo, tenía que hacer pipí a cada rato. Significaba llamar a un guardia, que venía a quitarme las esposas, esposarme a su propia muñeca y llevarme al baño. Yo todavía con los ojos vendados, y solo contaba con una mano para bajarme los pantalones y encontrar el asiento del inodoro. Algunos de ellos eran muy cabrones. Mientras me llevaban al baño me decían "voltéate". Yo me volteaba y me topaba con una pared.

Uno o dos de ellos se portaron decentes conmigo. De nuevo debido a mi nerviosismo, tenía la boca seca, y continuamente tenía sed. Pedía agua a cada rato. Uno de los guardias fue bueno. Me preguntaba, "¿señora, está Ud. bien?" En cierto momento él me quitó las esposas y me sentó en una silla de madera. Me hizo sentir muy bien al levantarme del piso y sentarme en la silla, y esa vez, solo esposó uno de mis brazos.

Fue un día tan largo como horrible. Nos habían agarrado como a las 4:00 de la mañana. Y llevaba en ese gran cuarto más de catorce horas. No había nada que hacer más que estar sentada con los ojos vendados, tratando de escuchar lo que ocurría. En algún momento, encendieron la televisión, lo cual se sumó al ir y venir de la gente. Pero también había sonidos ahogados de tortura, gemidos que venían de otro cuarto. En la distancia se escuchaban gritos. Quizás era intencional de parte de la guardia hacerlo de esa forma, para aterrorizar a quienes estábamos esperando turno.

Vendada, y debido a la confusión general, no pude darme cuenta de la hora. Cerca de las 9:00 de la noche, el guardia decente vino y me dijo: "aquí tiene algo de comer" y me dio una tortilla con frijoles, pero le dije que no tenía hambre, solo sed. Él me dijo, "tiene que comer, necesitará de todas sus fuerzas para aguantar". Pude sentir cierta humanidad en él. Me tomé el riesgo y le dije: "señor, mi esposo es calvo y tiene barba, lo trajeron aquí conmigo en la mañana. ¿Puede sentarlo cerca de mí?"

De repente me di cuenta de que pusieron a alguien en el piso a la par mía, y lo estaban amarrando a mi silla. Era Sebastián. Con la mano que tenía libre le toqué la cabeza y el hombro. Por su camisa pude sentir que estaba todo sudado. Me di cuenta más tarde que lo habían torturado de nuevo, y que los dedos de sus pies estaban gravemente dañados debido a los choques eléctricos. Pero cuando le pregunté, "Sebastián, ¿cómo estás?". Él simplemente me dijo, "bien, ¿cómo estás tú?" Eso fue todo lo que nos dijimos porque en ese momento un hombre gritó, "¿quién puso a estos dos juntos?" Y hubo todo un gran *alboroto* mientras nos separaban y lo desataban de la silla. Pero fue un momento magnífico; pude tocarlo y supe que él estaba ahí, que no se lo habían llevado y asesinado. Lo volví a ver un año después, gracias a una coincidencia.

Dos minutos después de que se llevaran a Sebastián, llegaron más guardias y me sacaron de la silla, socaron la venda de los ojos, y me amarraron los pulgares en la espalda. Me sacaron del cuarto, me llevaron hacia abajo, al primer piso, y luego fuera del edificio. Eran dos guardias, y fueron muy rudos conmigo. Mientras me empujaban y me puyaban con los rifles, me decían continuamente "mujer con cerebro de hombre". Que nunca me debía haber involucrado en actividades de hombres. Me decían de forma grosera: "¿Estás loca?" Y se decían uno a otro con burla y disgusto, "esta mujer no es una mujer, es un hombre".

Estaba lloviendo. No sé por cuánto tiempo caminamos, pero ellos seguían golpeándome y puyándome. Yo me caía a cada rato. Me levantaban de los brazos y seguíamos caminando. Cruzamos un campo. Podía sentir la grama con mis sandalias y cuando me caía. Después pasamos por un terreno más rústico y duro, hasta que finalmente llegamos a otro edificio. Todavía estaba vendada y era oscuro, pero pude sentir el concreto bajo mis pies y pude distinguir que habíamos llegado a la luz.

Entramos a través de un garaje, y después de una corta caminata llegamos a otro cuarto donde pude escuchar un aire acondicionado. Pensé, "ahora me van a torturar, éste es el cuarto de torturas".

Una voz dijo. "quítenle las vendas y las esposas, y siéntenla". Me quitaron las vendas y vi que estábamos en una oficina, una lujosa oficina con mapas de El Salvador en las paredes. Parte del cuarto estaba lleno de equipos de oficina. Me tomó un segundo reconocer que el equipo era de la oficina del MNR; obviamente habían entrado ahí y lo habían tomado todo. Detrás del escritorio estaba el capitán que había llegado a mi casa. Él dijo inmediatamente, "todo este equipo es tuyo, de la oficina bajo tu control". Yo dije, "no". Y él dijo, "sí lo es".

Y comenzó a interrogarme. Su voz era controlada y educada, un contraste agradable al de los gorilas. Él tenía mi bolso y comenzó a sacar mis cosas una por una: mi chequera, mi cartera, mi libro de agenda. Mientras él sacaba cada objeto preguntaba: "¿es esto tuyo?". Y yo decía que no a cada cosa. Realmente, estaba a punto de vomitar porque tenía mucho miedo, tan convencida de que la tortura comenzaría pronto. Quizás él vio que yo estaba en un estado de *shock* porque comenzó a hacer diferentes tipos de preguntas. ¿Por qué tenía tanto dinero en el banco? ¿A quién se suponía que yo tendría que ver esa mañana? Al abrir mi agenda dijo, "el día 8 escribiste esta palabra en código, *"parque"*, ¿qué hiciste en el parque? ¿A quién viste? ¿A quién pertenece este número?"

Ahora, es cierto que todo en la agenda estaba codificado, pero él sólo estaba tratando de adivinar. Él no podía estar seguro, pero no es muy difícil identificar códigos. Yo me mantenía negando todo, así que él cambió de táctica de nuevo y me preguntó cosas del MNR y de la guerrilla. ¿Dónde estaban escondidas las armas? ¿Dónde se encontraban en las casas de seguridad? A medida que el interrogatorio progresaba comenzó a levantar la voz y a ponerse agresivo. Se convirtió en una rutina. Una serie de preguntas agresivas eran seguidas por un breve período de descanso, luego me preguntó, "¿quieres algo de tomar?". Yo acepté una *Coca-Cola* por primera vez. Después me ofrecieron un cigarro. Yo no había fumado en casi 8 años, pero esta vez acepté el cigarro. Él nunca me tocó, no esa tarde ni en ninguna de los subsecuentes interrogatorios.

A estas alturas ya era muy noche, después de casi dos horas, él se levantó y dijo varias veces que si yo no cooperaba me metia en serio problemas. Yo insistía que no había hecho nada, que yo era miembro de un partido legal, y que tenía derecho como ciudadana a hacer trabajo político en El Salvador, que era un país democrático y libre. Él se rindió después de un momento y llamó a dos guardias para que me llevaran.

Cuando me paré dijo, "bueno, vos sabés en lo que estás metida. Te voy a decir por última vez que si no cooperás te vas a meter en un gran problema". Es divertido, pero a pesar de mi miedo al comienzo de la interrogación y de los gritos de tortura que escuché durante todo el día, no le creí. Quizás fue debido al *shock* y a la fatiga del día, o quizás por sus maneras correctas y su falta de violencia hacia mí. Me tomó un largo tiempo darme cuenta de que eso era deliberado, y que él me estaba acomodando para lo que venía después.

Los guardias me vendaron y me esposaron fuertemente. Al salir del cuarto comenzaron a golpearme con las culatas y a puyarme con las puntas de los rifles. Era la misma rutina de hacía un par de horas. Me caía frecuentemente debido a los empujones y a los puyones, y ellos me agarraban de los brazos y me gritaban: "¡Torpe hija de puta!

¿Por qué no te levantás?".

Salimos del edificio, de nuevo sobre la grama hasta que llegamos a la orilla de un precipicio. Quizás no era muy alto, pero con los ojos vendados y la única información que tenía era de mis pies, podía sentir que el piso no estaba cerca. Los dos me pararon y dijeron que me iban a matar. Me quedé inmóvil, esperando que me dispararan a la cabeza. Pero entonces me empujaron hasta caer sobre la grama y me golpearon de nuevo con las culatas. Hicieron esto tres veces: el precipicio, la amenaza y luego los golpes: un juego de gatos y ratones que duró más de media hora.

Finalmente, me llevaron al edificio principal, que más tarde me di cuenta de que eran los cuarteles de la Guardia Nacional. Subí las gradas otra vez, las mismas que había subido y bajado antes. Pensé que iba de regreso al cuarto grande. Pero en lugar de dar vuelta hacia la derecha como antes, esta vez atravesamos unos corredores. Cruzamos una puerta e hicieron que me desvistiera. Tuve que darles el "brasier" y el calzón, y cuando les pregunté porqué, me respondieron: "porque no queremos matarte, te queremos viva". Dejaron que me pusiera el resto de la ropa y me tiraron en un catre sin colchón. Después de amarrarme los brazos firmemente al catre, se fueron sin decir una palabra.

Estuve ahí unos minutos, con un miedo terrible. Me habían dejado vendada pero la luz permanecía encendida. Después de un rato pude quitarme la venda de los ojos y mirar el cuarto. Era una celda pequeña de uno por tres metros. Había espacio para un catre, y un hoyo en una esquina mal construido, ¡lleno de excremento! La celda habría sido alguna vez un baño, por los azulejos que tenía alrededor, a la altura de un metro. A la par del hoyo había un lavamanos. Un envío del cielo, pensé. Habría agua. En el piso había cobijas tiradas entre la inmundicia ¡y cucarachas! Al ver alrededor, me di cuenta de que había tres paredes, una a mi izquierda, otra a la derecha, y otra frente a mí. Todas tenían palabras escritas sobre ellas, oraciones como: "Dios, por favor sácame de aquí". Era terrible. El techo era de *plywood* y lleno de agujeros, 96 por todos. Los conté mil veces, en inglés, en español, alemán, francés. Inventé lenguajes a medida que pasaba el tiempo.

Al rato comencé a sentir náuseas. ¡Tenía tanto miedo! Y el cigarro que el capitán me había dado hizo que me sintiera mal. Vomité sobre mí misma; atada a la cama no tenía más que voltearme sobre el vómito. Me mantuvieron atada ahí por tres días y no me permitieron ir al baño. Lo que significaba que me hacía en los pantalones, esa noche y luego los dos días siguientes. Tampoco me dejaban dormir. La puerta de la celda era de metal, con una puertecita que se abría desde afuera. Cada ciertos minutos un guardia abría la puertecita pequeña, y si me miraba durmiendo, golpeaba fuertemente la puerta y gritaba: "¡¡¡Despierta!!!".

Por lo menos podía ver. Ellos venían y me volvían a poner la venda en los ojos, la socaban, pero yo podía empujarla con la cabeza de nuevo. Finalmente, se rindieron y no me la pusieron más. Después de eso pude ver un clavo en el piso cerca de la pared. Me alegró haber descubierto ese clavo. Pensé que si lo pudiera alcanzar, podría matarme.

Cuando me quitaron el "brasier" y el calzón, los guardias se dieron cuenta de que tenía el período, y comenzaron a insultarme: *"mujer sucia"*, me decían. A la vez, el haber tenido el período y que me dijeran *sucia*, creo que me salvó de ser violada.

En un momento oí pasos de alguien que caminaba por el pasillo, luego, el ruido de llaves y el sonido de "desenllavar" la puerta. Un hombre entró y cerró detrás de él. Era alto y moreno, llevaba una camiseta negra, una boina y lentes de espejos. La cara estaba marcada por el acné, y era bien musculoso. Se inclinó hacia mí y me tomó la cara en sus manos. Yo no podía moverme, y estaba paralizada por el terror. Presionó mis cachetes con sus manos fuertes, me abrió fuertemente la boca hasta hacerme gritar del dolor. Tomó mis pechos y los apretó tan fuerte como pudo. Luego me abrió los pantalones, me tocó y me llamó con nombres inmundos. ¡Sentí tanto odio! Quería escupirlo en la cara.

Él había venido a hacer su trabajo: traerme comida. Venía cada hora, y cada vez me hacía lo mismo. Entraba con un plato de comida, me quitaba una de las esposas y decía, "ven, come". Yo le decía, "por favor, quiero ir al baño, quiero limpiarme", y él simplemente decía, "no, ven y come", una y otra vez. Y yo seguía diciendo, "no, sólo quiero agua". Pero él no me daba agua. Y luego me esposaba el brazo que había dejado libre y se iba.

Seguí pensando que lo único que yo quería era escupirlo en la cara. ¡Y finalmente lo hice! Él me abofeteó muy fuerte. Todos los guardias cargaban un juego de esposas; él agarró la suya, la puso alrededor de mi pecho y la apretó muy fuerte. Me dolió tanto y dejó una marca redonda alrededor. Pero de nuevo, el hecho de que tuviera el período probablemente me salvó de una violación. Quizás no. Podría ser que él no tenía instrucciones de violarme, solo abusar de mí tanto como pudiera.

El resto del tiempo estaba sola en la celda. Poco a poco me fui dando cuenta de mi entorno. Escuchaba todos los sonidos cercanos a mi celda. Me di cuenta de que había hombres viviendo a la par mía —quizás prisioneros—, seis o siete, juntos. Ellos tenían una rutina diaria. En la mañana salían a hacer ejercicio, luego miraban televisión por la tarde. Yo podía escuchar los murmullos y las risas, pero no podía entender mucho. Dormían casi todo el tiempo, fumaban y se reían, como amigos.

Eventualmente me di cuenta. Eran los guardias que habían matado a las cuatro monjas Maryknoll, hacía casi un año. Los asesinatos habían causado un incidente internacional. Algunas de las monjas eran norteamericanas, y el Departamento de Estado de EE.UU. presionó al gobierno salvadoreño para perseguir a los asesinos. Yo sabía, a través de los periódicos, que los habían arrestado pocas semanas antes de mi arresto. Mientras más escuchaba más segura estaba de que esos hombres eran los asesinos.

Las religiosas Maura Clarke, Ita Ford, Dorothy Kazel y la misionera laica Jean Donovan, asesinadas el 2 de diciembre de 1980 (Maryknollsisters.org)

A medida que pasaba el tiempo comencé a reconocer por los ruidos cuándo era de día y cuándo de noche. Temprano en la mañana, podía escuchar a los guardias marchando y corriendo afuecra, cantando y jadeando mientras hacían ejercicios. A los seis hombres en la celda vecina también los sacaban a hacer ejercicios.

Pero no a mí. La segunda noche en mi celda todavía no me habían dejado dormir. El guardia de los lentes de espejo había entrado y salido varias veces, y yo estaba exhausta y furiosa. Acostada en ese catre, el dolor en la espalda y los brazos por las esposas, me estaba volviendo loca. Comencé a golpear con el catre con las esposas, golpeaba y golpeaba con las dos manos. Al principio hacía ese ruido era para escucharme, como para afirmarme que estaba viva. Pero poco a poco me volví más desesperada, y golpeaba más fuerte y más fuerte hasta que empecé a sangrar de las muñecas. Pero no podía parar. Luego los guardias en la celda de la par comenzaron a gritar, "¡Vieja puta, cállate!" Un guardia caminaba de arriba a abajo en el pasillo, durante todos su turno. Cada vez que se asomaba a verme por la ventanita, yo le gritaba: "¡señor guardia, señor guardia, por favor!" No me contestaba. No sé por cuanto tiempo lo hice o cuándo paré de hacerlo.

Todos esos días pasé amarrada al catre. Escuchaba los gritos de personas que estaban siendo torturadas durante horas interminables. Siempre hombres, nunca escuché la voz de una mujer. Oír los gritos de una persona siendo torturada, o de alguien sufriendo un dolor extremo, es más doloroso que sufrir el dolor mismo. Te destroza.

El guardia con los lentes de espejo era la única persona que venía a mi celda. Nunca decía nada concreto —solo insultos—, y nunca me di cuenta de quién era. Cada vez que venía me le quedaba viendo como tratando de ver a través de sus lentes, y me decía a mí misma, "tengo que recordar esta cara".

Al tercer día de estar en esa situación sabía que no podía soportar más. Yo no sabía lo que iba a hacer o qué sería lo que me iba a quebrar. Ya no soportaba el dolor en la espalda, los abusos del guardia, los golpes, la falta de sueño, no saber dónde estaba, no tener ninguna referencia del mundo exterior.

Estaba completamente sola y pensaba que estaría así para siempre. Lo único que podía hacer era mirar hacia el techo y contar y volver a contar los agujeros. Fantaseaba acerca de quitarme la vida con el clavo, intentaba empujarme contra el catre para darme alivio a la espalda. Pero eso dolía también. Dolor, dolor y más dolor. Sentía cada sensación: los resortes del catre, las esposas, las nalgas, la cabeza, el pelo enredado y trabado en los resortes, el excremento, los orines, el vómito.

Justo cuando creí que me volvería loca, la puertecita en la puerta se abrió y escuché la voz del capitán diciéndome:

—¿Estás lista para hablar?—, y le dije:

—No tengo nada que decir.

—Ya sabés que esto se va a poner peor —dijo con un poco de resignación en su voz—. Y te voy a preguntar otra vez: ¿Estás lista para hablar?

—No tengo nada que decir—, le dije nuevamente.

—Muy bien, todo depende de vos —dijo—. Sabés que te podemos tener aquí para siempre. Y que las cosas se van a poner peor. Nadie sabe dónde estás, a nadie le importás. Nadie ha preguntado por vos.

Luego cerró la puerta, y escuché pasos que se alejaban. Yo pensé, "mierda, esto va a seguir así". Pero escuchándolo y hablando con él, esas pocas palabras dichas en tono razonable, me dieron fortaleza. Nadie me había hablado antes. Al no tener contacto con el mundo, me sentía debilitada e incapaz de soportarlo. Pero el hecho de que él me preguntara si estaba dispuesta a cooperar, de alguna forma me dio fuerza. Y comencé de nuevo a contar los agujeros, a pensar en el clavo, a planificar lo que haría tan pronto como lo agarrara.

En retrospectiva, todavía no sé porqué ese clavo era tan importante para mí. Representaba un escape, supongo, la idea de que yo podía controlar mi vida, teniendo el poder para terminar con ella. Era un pequeño clavo, quizás de una o dos pulgadas de largo, pero yo pensaba que si lo podía alcanzar podría cortarme las muñecas. Me quedé fija con ese pensamiento. Observaba el clavo y luego iba perdiéndolo de vista. Tenía miedo de que me pudieran ver mirando el clavo. Si ellos se lo llevaban yo estaría totalmente en sus manos. Cuando oía algún ruido fuera de mi celda, comenzaba a preocuparme de que vendrían a llevarse el clavo. El clavo y los agujeros era todo lo que tuve durante esos días. A veces volvía a leer las paredes y los mensajes escritos por gente que apenas sabía escribir. Me preguntaba si estaban vivos, y quiénes habían sido torturados. Sentía que tenía que sobrevivir de alguna manera y ser fuerte. También sentía que si era mi turno para morir, nunca iba a abrir la boca acerca de nada ni nadie.

Al tercer día comencé a oír sonidos que no eran parte de la rutina diaria. En una situación como la mía uno se apega a los pequeños detalles. Inmediatamente supe que algo nuevo estaba pasando. Puse mucha atención: no eran los guardias de la celda vecina, y no era el hombre con la comida. Mi celda era la última al final del corredor. A excepción de los pasos del hombre con los lentes de espejo —que conocía muy bien—, y cómo sonaban sus llaves antes de llegar a mi celda, esta vez escuchaba el sonido de llaves y pasos de dos hombres continuamente bajo el corredor y acercándose a mi celda.

Eran dos guardias que no habían andado antes por ahí. Entraron, me quitaron las esposas y no me dijeron nada. Entre ellos, sí, se dijeron cuánto apestaba yo. Yo estaba tan débil que ellos tuvieron que cargarme en sus brazos para ponerme de pie. Me vendaron los ojos, me amarraron las manos por detrás y me sacaron de la celda para una segunda interrogación con el capitán. Fue muy extraño caminar de nuevo, sentir mis pantalones mojados, consciente de la porquería en que estaba. Fue totalmente humillante, y ahora, ocho años más tarde, la memoria puede empujarme de nuevo a sentir la depresión. Pero fue el final de estar esposada a ese catre. Había sobrevivido esa primera etapa en mi detención.

13

AMAR LA VIDA A
CONTRACORRIENTE

Después de bajar las gradas que ya me eran familiares, salimos del edificio y atravesamos el campo. Puedo decir que habíamos llegado de nuevo a un área iluminada. Nos detuvimos y escuché la voz del capitán diciendo, "les voy a dar instrucciones a ellos para que te quiten las esposas y la venda de los ojos. Siéntate, no vas a voltear a ver ni a la izquierda ni a la derecha, simplemente me vas a ver directamente a mí".

Me sentaron y me quitaron las esposas. Luego me desamarraron los pulgares. Siempre que en la guardia te mueven de un lugar a otro ellos te amarran los pulgares por detrás. Pero dentro del edificio, te esposan también. Finalmente me quitaron la venda de los ojos.

Lo primero que vi fue la cara del capitán. Él estaba vestido de verde olivo sentado al otro lado de la mesa frente a mí. Era una mesa con una sombrilla desplegada; estábamos en el Club de Oficiales. Ahí estaba yo, sucia y hedionda, después de tres días de estar atada, sin ir al baño, y ahí estaba él, mirando hacia el otro lado de la estúpida mesa blanca. Él llevaba una pistola en la mano. Alrededor de nosotros había cinco perros pastor alemán, enormes. Era cerca de medianoche.

El capitán tenía un cuaderno de notas en las rodillas, y comenzó a hacerme preguntas que había escrito ahí. Eran las mismas preguntas de siempre; y yo de nuevo, lo negué todo. Al rato, me hizo una propuesta: A cambio de colaborar durante 10 ó 15 días, me daría un pasaporte con otro nombre. Podía irme al país que quisiera, y me darían dinero suficiente para mantenerme los primeros meses. Sebastián era parte de la oferta. El capitán lo llamó "el imbécil de tu marido". Cuando finalizó con la oferta, no respondí. Él continuó, sabía cómo interrogar. Definitivamente estaba bien entrenado.

Cuando rechacé la oferta del pasaporte, comenzó a preguntar acerca de mi familia. Me preguntaba mucho acerca de mi hermano José Francisco (Chico). ¿Cuándo fue la última vez que lo había visto? ¿Qué le había llevado yo? En esos días todos los curas eran sospechosos, especialmente aquellos que habían estudiado en el Externado, donde el padre Rutilio Grande había enseñado. Mi hermano Chico era del Opus Dei, pero en todo caso él estaba en Guatemala. Nunca me preguntaron nada sobre Javier.

Los modales del capitán esta vez eran amables y amistosos, como si tuviéramos una conversación social. Lo que era un poco absurdo, dada la pistola que ahora estaba sobre la mesa. La verdad es que siempre fue correcto y amable conmigo. Era parte de la técnica por supuesto. Nunca me tocó; ese era el trabajo de los gorilas: los guardias que me llevaban de un lado a otro. Ellos eran los que me golpeaban y me insultaban. La dulce y ácida técnica es típica de la fuerza de seguridad en todas partes del mundo, el policía bueno y el policía malo.

Yo detuve la "conversación" y me quejé del trato que me habían dado, atada a una cama y sin permitirme ir al baño, sin lavarme, sin comer, y la luz encendida todo el tiempo. Le dije sarcásticamente: "dice Ud. que no me tortura, pero yo puedo escuchar la tortura todo el tiempo". Él lo ignoró, diciendo que yo estaba imaginando cosas. Entonces me quejé del hombre con los espejuelos, que me había manoseado. El capitán dijo que se le llamaría la atención al hombre, y fue verdad porque nunca volvió a molestar.

Después, llamó a los guardias y les dijo que me llevaran de nuevo a la celda. Y ellos otra vez jugaron a los *"malos policías"*: me empujaron y amenazaron con matarme. Eso siempre pasó, no importa qué tanto me quejara con el capitán.

De regreso a la celda, las luces todavía encendidas. Después de quitarme la venda de los ojos y desamarrarme los pulgares, me dijeron que ya no me iban a amarrar. Eso fue una buena noticia. Pensé que era buena suerte. Les pedí que si podían traerme *pinesol* para limpiar la celda. Y sí, me trajeron un limpiador carbólico —creo—, cuyo olor siempre lo asociaré con la prisión. Así que comencé a limpiar la celda con los trapos y papeles que encontré por ahí.

Cuando el lugar estuvo limpio, me quité la ropa y comencé a lavarla en el lavadero. Y finalmente, me lavé yo misma. No tenía un peine, me peiné con los dedos. Un rato más tarde me trajeron un trapeador sucio y un colchón, pero nunca ropa limpia. A la mañana siguiente me dieron un pedazo de jabón.

El tiempo comenzó a separarse en días y noches otra vez. Comencé a tener una vida "normal" en mi celda, y una mejor idea de lo que sucedía a mi alrededor. La mayoría de los días difícilmente veía a los guardias, pero había mucho ruido; venía de los sargentos que gritaban y de las tropas que marchaban fuera de la prisión. Había también ruido de personas que se movían alrededor en los corredores, y ocasionalmente gritos de torturas en las celdas que estaban un poco más lejos.

El desayuno por las mañanas era empujado a través de una portezuela de la celda por dos muchachos jóvenes que vivían en el cuartel, con cabezas rapadas, como si fueran militares. Es común encontrar muchachos como estos en las cárceles de El Salvador. Crecen para convertirse en pequeños monstruos, totalmente inmunes al dolor porque a ellos los han abusado también, tanto por los soldados como por los guardias. Manlio Argueta lo menciona en su libro *"Un día en la vida"*.

Esos días trataba de no pensar en mí misma. Al principio pensaba mucho: en la vida, de lo que había pasado con Sebastián, acerca de mi familia, mi perro. Y me deprimió. Lo más importante era pensar en actividades que pudiera hacer en la celda. Lavé cada pieza de ropa, la torcí y la sequé, tratando de mantenerme en esa actividad el mayor tiempo posible; igual caminar en la celda, hacer algún ejercicio, sentadillas o push-ups, dibujaba cualquier cosa en las paredes de la celda con el clavo.

Parte del tiempo escuchaba a los guardias en la celda del lado, esos que habían sido arrestados por el asesinato de las monjas. Ellos estuvieron ahí todo el tiempo que yo estuve en el edificio de la Guardia Nacional. Traté de escuchar lo más que pude y de recordar lo que decían, y cuáles eran sus nombres. Por alguna razón yo estaba segura de que iría a prisión. Quizás era porque pensaba que no me iban a matar. Me sorprendía a veces lo optimista que me había vuelto. Ciertamente, estaba contenta sobre la existencia de COPPES y de poder continuar con mi trabajo político.

"Cada momento, cada situación es tu trinchera", era parte de la mística o de la creencia que me hacía seguir adelante. La idea que donde quiera que nos encontráramos siempre nos mantendríamos luchando por la revolución es lo que me daba fuerza. Y me entretenía mientras esperaba que me sacaran de la celda a los interrogatorios.

Me interrogaban casi cada dos días, pero yo no podía predecir exactamente cuándo. Podía ser tres días seguidos y después nada por los dos días siguientes. De nuevo, es parte de la técnica de mantenerlo a uno fuera de balance. Yo podía escuchar las llaves o cuando caminaban en el corredor. Eso me provocaba adrenalina. Nunca sabía si era para llevarme a algún lado, o para golpearme, o para traerme comida. Pero cuando venían siempre seguían el mismo patrón. Primero yo escuchaba a los guardias que bajaban hacia la sala, siempre dos de ellos. Luego la puerta se abría, y ellos entraban. Después me ponían la venda en los ojos y me esposaban antes de sacarme de la celda. Los interrogatorios eran largos, cosa que cansaba; duraban entre 4 y 5 horas: siempre con las mismas preguntas, una y otra vez. Siempre estaba el sargento presente, quien tomaba nota de todo en una gran máquina de escribir mecánica, marca *Underwood*, que hacía *clac, clac, clac*.

Uno de los carceleros se llamaba Américo, me repetía las preguntas que el capitán me había hecho antes, una y otra vez, y otra vez para ver si yo cambiaba mi historia. Los gorilas hacían el papel del "policía malo". Me dieron los peores golpes que sufrí en mi vida. Tenían mucho cuidado de no dejarme marcas en la cara, siempre era mis pechos y la espalda, los glúteos, las piernas. También me golpeaban el estómago si yo no decía lo que ellos quisieran que yo dijera, o si no estaban contentos con mi respuesta: casi siempre ese era el caso.

En ese tiempo no entendía eso del policía bueno, y el policía malo. Era confuso. Podía ver al capitán por largos periodos de tiempo, pero no cada día. En los once días que estuve en la Guardia Nacional quizás lo vi unas cuatro veces. Curiosamente, aunque nunca confié en los motivos del capitán, sí confié en que él no me haría ningún daño físico. Y los gorilas nunca me golpeaban cuando él estaba presente; él se iba y entonces era cuando me golpeaban. Yo me quejaba en el siguiente interrogatorio, y él siempre decía que haría algo al respecto. Por lo menos podía protestar frente a él y esperar que me ayudara. Pero lo que hacía era ganarse mi confianza. Es la técnica de quebrar la resistencia del prisionero.

De alguna forma podía molestarlos. Una noche grité y grité muchas veces para que apagaran la luz. "Apáguenme la luz, por favor", una y otra vez. Era una protesta rudimentaria, pero me daba un poco de poder. No pretendía que me golpearan y quedarme quieta. No tenía miedo de que el abuso fuera incrementado, así que corrí ese riesgo. Era mi técnica de defensa propia o de sobrevivencia. Ser capaz de reaccionar ante ellos me dio fortaleza. Y al final cedieron con lo de la luz. Comenzaron a apagar la luz en la noche.

Nunca me volvieron a llevar al Club de Oficiales. Muchos de los interrogatorios tomaron lugar en un cuarto que tenía tres camarotes a un lado y al otro, un lugar que obviamente era para los interrogatorios. Tenía una mesa con dos sillas y una lámpara, eso era todo.

Por otro lado, comencé a darme cuenta de que yo no estaba sin estatus. Empezaron a cambiar la comida que me daban. No era buena, pero tampoco era solo tortillas y frijoles. Me daban la comida de los oficiales. Obviamente pensaban que tenían a una persona importante en sus manos, como alguien que sabía mucho. Esto no era cierto, pero empecé a sentirme más segura.

Al principio me trataban rudamente; era la misma rutina: llegaban a sacarme de la celda, primero me sentaban y luego me ataban las manos por detrás, juntando los pulgares y amarrándolos.

Además del capitán, la tropa que me llevaba a los interrogatorios y los muchachos que me traían la comida, las únicas otras personas que vi, fueron dos oficiales que vinieron por separado, uno a la vez. Una noche la portezuela de la puerta se abrió. Me asomé para ver y era un teniente que estaba de pie frente a la puerta. De buena manera me dijo: "Señora, traje a *Princesa*, mi perra". Cargó a su pequeña perra blanca y negra para que yo la tocara. Saqué mi mano y le di una sobadita, y ¡fue grandioso! A Princesa le gustó que la acariciara.

Observé al teniente y traté de identificarlo, pensando que lo había visto en alguna parte. Me dijo que él había estado en el operativo cuando me arrestaron, y que se sentía mal porque sabía que yo era maestra, y que su madre también era maestra. Resulta que ella era integrante del sindicato de maestros, ANDES 21 de junio. Él sabía que yo también era integrante de ANDES porque ya había habido algo escrito sobre mi arresto en los periódicos (en realidad me habían hecho miembro honorario). ANDES había demandado que el gobierno garantizará mi vida y libertad. Yo sentí que le recordaba a su madre, y aunque él era de la Guardia Nacional y me había arrestado, sentía algún respeto por mí. Dijo que se suponía que él no debía hacer lo que estaba haciendo, pero que pensó que me haría sentir mejor si él me traía a su perra. Luego cerró la puerta y se fue. Nunca más lo vi.

Otra mañana se abrió la ventana y ahí estaba otro oficial. Me dio un cepillo de dientes, una pasta de dientes pequeña, y una camiseta verde olivo. Finalmente me pude cambiar de ropa. Todavía llevaba la ropa con la que me habían arrestado, y estaba muy sucia. Trataba de mantenerme limpia, pero era muy difícil. Lo peor de todo era mi pelo, un pelo muy grueso que me llegaba hasta la cintura. Pero ahora estaba todo enredado. No tenía con qué peinarme y nada para agarrármelo, ni lavarlo. Era imposible hacerlo sólo con un diminuto lavamanos en la celda.

La camiseta era de él, me dijo, y estaba muy limpia. Suena divertido, pero guardé esa camiseta militar por mucho tiempo. La usé todos los años que estuve en prisión. Una mujer me dijo que yo me había vendido al enemigo por la camiseta. Solía ponérmela con un par de pijamas blancas rayadas, regalo de mi cuñada Judy. Me imagino que se veían raras, porque mis compañeras de prisión se reían y me decían "la loca de las pijamas rayadas".

De todas formas, esos dos pequeños actos de amabilidad fueron muy especiales, sobre todo el que me llevara a *Princesa*. Me hicieron sentir que yo podía amar a la humanidad, sin importar las circunstancias en las que me encontraba. Me sentí llena de vida, y un poco más segura.

De hecho, después de tantas horas de interrogación intensa y de todos esos días en la cárcel, empecé a sentir como si ya conociera mi espacio y que podía controlarlo hasta cierto punto. Un día los gorilas me dijeron que me iban a llevar. Limpiaron mi celda y me trajeron una toalla, un pequeño jabón y un peine de cinco centavos. Me dijeron que donde me llevaban iba a poder bañarme. Fue uno de los momentos más felices de mi vida cuando escuché eso.

Nuevamente me vendaron los ojos y me esposaron para sacarme de la celda. Me llevaron unos pasos hacia el corredor y luego, a otra celda. Me quitaron la venda de los ojos y las esposas y me encerraron con llave. El cuarto tenía los mismos azulejos que en las paredes de mi celda. Había un montón de periódicos, alguien había estado durmiendo encima de ellos, usándolos como colchón. Comencé a leer los periódicos desde el 10 de mayo, el día de mi arresto. En la portada estaba la foto de una mujer que había sido arrestada, y enviada a la prisión de mujeres. Había sido arrestada un día antes de que vinieran por mí y por Sebastián. Me di cuenta de que la habían tenido en estas celdas muy cerca de mí, pero nunca la escuché.

La conocí más tarde en la prisión. Leí por un rato, luego me quité la ropa y me di una de las más maravillosas duchas en mi vida. Me quedé un largo rato bajo el chorro de agua fría, luego pasé horas desenredándome el pelo con el peine diminuto que me habían dado. Más tarde me dieron más ropa limpia. Cuando me la comencé a poner me di cuenta de que alguien de afuera sabía de mí. Reconocí la ropa de mi cuñada, y me imaginé que mi madre la había enviado. Cuando me puse la falda y una camiseta azul sentí una gran alegría porque comprobaba que no era cierto lo que me habían estado diciendo: que nadie sabía de mí ni de lo que me había pasado y que nadie trataría de encontrarme. Eso me dio mucha fortaleza, y fue maravilloso estar limpia y con el pelo desenredado.

Cuando los guardias regresaron, siguieron la misma rutina, con las vendas en los ojos y las esposas, y me llevaron hacia abajo del edificio. Me dejaron en un cuarto angosto y muy oscuro. Pronto me di cuenta de que era realmente un cuarto oscuro, con un equipo fotográfico y fotos sobre las paredes. Me senté y esperé. La puerta se abrió y entró un poco de luz. Y, para mi sorpresa, entraron mi madre y mi hermano Javier. ¡Magnífico! Los guardias nos trajeron unas bancas. Mamá se desplomó y comenzó a llorar, me abrazó, y me dio un Rosario que tenía en sus manos. Javier me besó, y luego comenzó a regañarme.

—¿Por qué nunca aceptaste la oferta de abandonar el país? ¡Eres estúpida, Ana Margarita! Hubieras aceptado. ¡Nunca creí que fueras tan estúpida! ¿Quién te crees que eres? Estás pretendiendo ser del pueblo, pero eres una burguesa, siempre serás una burguesa y todos te van a odiar, tanto la burguesía como la gente pobre del país.

Él realmente estaba muy ofuscado. Y mamá lloraba y lloraba. Yo no discutí con Javier. Me mantuve callada. Le dije a Javier, "es imposible que eso pase". Él quería saber por qué, y yo le dije "ni siquiera me preguntes". Yo sentía que sabía lo que yo estaba haciendo. Para mí no había nada más de que hablar, ni qué decir.

Luego, Javier dijo, "no te preocupes, no te van a matar, ya te vimos, así que no pueden". Mi mamá dijo, "sé fuerte, reza, cree en Dios". Ella no quería llorar, quería ser fuerte pero no podía detener el llanto. Ella me tocaba, me acariciaba, nunca antes me había tocado así, cuando era niña, o cuando estaba en mi adolescencia. Me senté con ella y le agarré las manos fuertemente. Permanecimos juntos alrededor de cinco minutos, luego vino alguien y se los llevó. El rosario me lo colgué en el cuello. En las fotografías que me tomaron más tarde, y que se publicaron en los periódicos, se pueden ver las cuentas del rosario que cuelgan sobre mi camiseta.

Yo nunca escuché de nadie a quien le hubieran permitido ver a su familia bajo estas condiciones. Y ellos nunca me dijeron exactamente como habían entrado a la Guardia Nacional. Lo único que sé es que Vides Casanova, el Ministro de Defensa, era amigo de Javier. Así que me imagino que fueron a verlo, y que él les dijo que yo había rechazado la oferta de salir del país. Que era por lo que Javier estaba furioso. Era muy tarde para reconsiderar la oferta y no había forma de evitar ir a prisión.

Fue extraño, pero ver a mi madre y a Javier me dio mucha fuerza. Cuando me regresaron a la celda me sentí feliz, limpia y fuerte. Caminaba y caminaba, sentía más confianza a cada momento. Vinieron por mí otra vez, me pusieron las vendas en los ojos y las esposas, y me llevaron hacia otro cuarto al que nunca me habían llevado antes. Las paredes eran azul pastel y había un par de mesas. Había cinco hombres en el cuarto: el mecanógrafo, los dos sargentos que me metían y sacaban de la celda, y los dos muchachos que me llevaban la comida. El mecanógrafo me dio un documento y dijo que lo tenía que firmar. Comencé a leerlo.

Era mi declaración extrajudicial: "Yo, Ana Margarita Gasteazoro Escolán, confieso que soy una comunista"... Leí un párrafo y tiré el papel sobre la mesa. Me sentí muy segura de mí en ese momento. Y le dije: "esto es un montón de mentiras, yo nunca dije nada de eso". "Sí, me dijo, pero tienes que firmarlo". Yo le respondí, "yo no estoy firmando este papel, son todas mentiras y quiero ver al capitán". Entonces me enseñaron la declaración de Sebastián. "Ustedes deben haberlo torturado para que él lo firmara. Yo no estoy firmando nada. Quiero ver al capitán".

Me llevaron de regreso a la celda y me sentaron. Después de un momento el capitán vino a mi celda y se sentó a la par mía. "¿Hay algo malo?" preguntó él. Le dije, "¡Yo no voy a firmar nada!". Y él dijo que nadie estaba obligado a firmar nada en este país, que era un país libre y que yo podía firmar o no firmar lo que yo quisiera. Que era mi derecho constitucional, y que no había por que preocuparse.

"¡Nunca me forzarán a firmar nada!" Ahora puedo reírme de eso, qué tan segura estaba yo. ¡Me sentía tan segura de mí! ¡Estaba cerca de dominar a la Guardia Nacional!

El capitán dijo que nadie podría hacerme firmar nada, pero que yo tenía que darme cuenta que yo era una "subversiva", y que me enviarían a prisión en los próximos días. Me dijo que me admiraba, y que realmente me respetaba porque yo me había mantenido fuerte, y no había aceptado el dinero ni la oportunidad para abandonar el país. Le pregunté qué hubiera hecho él en mi lugar, y me dijo que él hubiera hecho exactamente lo mismo por sus ideales. Luego estrechamos la mano, "No te preocupes, nadie te va a matar. Nunca te volveré a ver, pero te deseo la mejor de las suertes". Se fue y yo me quedé ahí sintiéndome muy feliz.

De repente, la puerta se abrió de par en par y los gorilas entraron. Me agarraron muy fuerte, me vendaron los ojos y me golpearon por todas partes, luego me arrastraron de regreso al cuarto con las mesas. "¡Vos puta, así que crees que no vas a firmar esta confesión!", gritaron ellos y comenzaron a golpearme de nuevo y yo trataba de decirles, "pero el capitán dijo que yo no tenía que firmar". Fue horrible, todo tan calculado, y yo finalmente me di cuenta de cómo me habían engañado. Yo creía que lo sabía todo y ahora me daba cuenta que no sabía nada. Yo no era más que una pelota de fútbol de alguien, para patearla. Ellos trajeron a los muchachos para que observaran y se rieran y me gritaran "¡Vieja puta!".

Después de un rato, trajeron algo para que yo lo firmara, y no permitieron que lo leyera. Yo me mantenía repitiendo lo que el capitán me había dicho, y la respuesta era "¡Vos vieja puta! ¿Vos creés que no tenés que firmarlo? Pues aquí, ¡las órdenes las damos nosotros!" y los golpes se redoblaron. Firmé el papel y las tres copias, como esperando engañarlos, con una letra diferente a la mía. Eso fue observado por uno de los muchachos que estaba inclinándose sobre la mesa. Él tenía mi cédula en sus manos, y gritó: "¡Sargento esa no es su firma! Ella está firmando con otra letra". Me golpearon otra vez, y dijeron, "¡Firmalo correctamente, vieja puta!". Y firmé.

Cuando volví a la celda me desmoroné. No fue la peor golpiza que sufrí, pero fue el peor momento de todos. No me había quebrado desde que me arrestaron, pero ahora lloraba. Sentí que había decepcionado a todos al firmar esa confesión; y que había firmado mi sentencia de muerte. Era como que al fin entendía la crueldad del mundo. Fue una desolación tan poderosa que me sentí enferma, con ganas de vomitar, al mismo tiempo que me salían las lágrimas. Pasaron muchas horas antes de calmarme. Los sargentos vinieron de nuevo. Otra vez a esposarme. Vendada me hicieron bajar las gradas. Y fuera del edificio un carro estaba esperándome, con un motorista y alguien más sentado a la par mía. Manejamos dos cuadras, cuando me quitaron las vendas. Pude ver que estábamos dentro del complejo de la Guardia Nacional, próximo al Estadio de deportes. Nos detuvimos en un pequeño edificio, y me llevaron a través de una estrecha puerta y me dejaron en un pequeño cuarto. Ahí me hicieron esperar por un rato hasta que los sargentos regresaron. Me levantaron y me llevaron a través de la puerta sin decir absolutamente nada, ni adónde íbamos.

Y de repente, ¡flashes y flashes! fotógrafos, luces y cámaras sobre mí. Cuando pude ver bien, vi tres sillas frente a una mesa redonda y mucha gente. Al otro lado había otra mesa redonda llena de papeles y fotos. Caminé directamente hacia la segunda mesa y comencé a ver los papeles, vi mi nombre y varios cargos contra mí.

Finalmente me di cuenta: era una conferencia de prensa y se esperaba que yo haría mi declaración, o admisión de culpa. Los papeles decían que yo había asesinado al jefe de la Lotería Nacional un par de meses atrás. ¿Por qué yo? No lo sé. Se decía que yo había sido capturada con un equipo de radio y muchas armas de fuego. Comencé a reír y dije, "esto no es verdad, yo nunca tuve nada que ver en eso".

Inmediatamente los guardias me jalaron y me sentaron a la fuerza en una de las sillas. Nadie estaba sentado a la par mía y les pregunté, "¿estamos esperando a alguien más?". Me imaginaba que las sillas podrían ser para Sebastián y para el otro compañero, y miré a mi alrededor. Ahí entre el público estaban el capitán y el oficial que me había dado la camiseta. El capitán dijo, "no, nadie más va a venir". Dentro del público vi a un ex novio que yo había tenido en la universidad y que ahora era un fotógrafo para la France Press. Llevaba puesto un gorro egipcio que una vez le di como regalo. Me dio fuerza verlo usando mi regalo, y sin esperar más tiempo comencé la conferencia de prensa hablándole directamente a él.

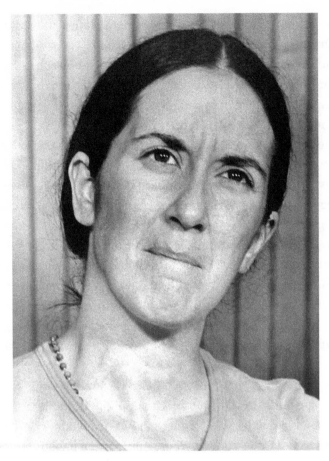

La conferencia de prensa ocupa las portadas de los periódicos
(foto de Iván Montecinos)

Es curioso. La Guardia había hecho todos estos esfuerzos para doblegarme y, a decir verdad, tuvieron éxito. Pero ahora habían deshecho todo ese trabajo al ponerme en esta conferencia de prensa. Ahora yo estaba en mi territorio. Yo sabía todo acerca de la televisión y de conferencias de prensa, y no estaba intimidada por las cámaras. Miraba directamente hacia ellas mientras me hacían todo tipo de preguntas. Los periodistas eran muy agresivos. Los habían escogido cuidadosamente, y les habían dado un comunicado acerca de mí. Pero yo también era agresiva.

—¿Has intentado, como dice la acusación, reclutar a periodistas extranjeros para lavarles el cerebro, y para darles información no verdadera? —preguntó uno de los reporteros.

—No hay necesidad de reclutar o de lavarle el cerebro a los periodistas en El Salvador —respondí—. Ellos vienen a este país y pueden ver la realidad, como la pobreza y la violencia.

—Y ¿cuál es tu rol en el MNR? —preguntó otro.

—Siempre he sido integrante del Movimiento Nacional Revolucionario. Mi membresía ha sido pública. No hay nada que esconder. Me arrestaron injustamente. Yo no he hecho nada ilegal— contesté.

Y más preguntas: "¿Es cierto que has puesto bombas en este, o en aquel lugar? ¿Es cierto que mataste al jefe de la Lotería Nacional?".

Muchas personas se quiebran o se confunden en una conferencia de prensa, pero yo contesté muy fácilmente, a veces sarcásticamente, refutando los cargos. Tuve cuidado cuando me preguntaron cómo me habían tratado en la cárcel; y si había sido torturada. Respondí que no haría ningún comentario al respecto. Todavía estaba en las manos de la guardia y tenía miedo de las consecuencias si yo denunciaba los abusos.

Finalmente les pregunté si tenían más preguntas. No había ninguna. Les hice un resumen refiriéndome a lo que había sobre la mesa; y les dije que las autoridades habían inventado todo eso sobre mí. Más tarde leí que algunos de los periodistas habían tenido "evidencias", que incluía el equipo de radio y algunas armas mezcladas con objetos que habían tomado de las oficinas del MNR.

Al terminar la conferencia de prensa los sargentos me llevaron de regreso a la celda. Yo esperaba que me llevaran a la prisión ese día, porque esa había sido la rutina con otros prisioneros políticos. Me sentía mal por haber firmado la declaración, pero estaba recuperando mi confianza. Exigí que me llevaran a la prisión esa misma tarde. No tuve resultado; pasé la noche en mi celda y no fue hasta la mañana siguiente que finalmente me sacaron del edificio de la Guardia Nacional.

Y eso fue curioso también: me llevaron en un carro seguido de dos carros de escolta, todos con armas apuntando hacia fuera de las ventanas. Alrededor de las 7:00 de la mañana, mientras pasamos por Ilopango, le dije al sargento que me había tomado la declaración

¡Deténgase y consígame los periódicos! Y él preguntó ¿con qué dinero? Y le dije, cómpremelos. Y detuvieron el vehículo y los compraron. Y ahí estaba mi rostro en la portada de esos periódicos. No nos detuvimos hasta llegar a la cárcel de mujeres de Ilopango. Increíble, pero el sargento, al despedirse, estrechó mi mano y dijo adiós.

Primera página de El Horario de Hoy, 22 de mayo, 1981, con foto tomado por Iván Montecinos durante la conferencia de prensa.

14

PRIMER DÍA EN PRISIÓN

HAY SOLO un acceso de entrada y salida a la sección A en la Cárcel de Ilopango. Es una gran puerta de hierro que conduce a las secciones principales. Las otras dos secciones son para las prisioneras comunes. La Sección B es para mujeres jóvenes que van de los 16 a los 25 años de edad. La Sección C es para mujeres de 26 en adelante. Originalmente había una sección de maternidad para mujeres con niños o embarazadas, pero ésta fue incorporada a la Sección C. Cada sección tenía un gran portón de hierro, el cual se mantenía abierto durante el día y cerrado durante la noche. Se cerraba una vez que todas habíamos sido encerradas en nuestras celdas. Las paredes de concreto habían sido pintadas de azul.

La puerta de la Sección A estaba abierta cuando entré por primera vez. No sabía con qué o con quién me encontraría una vez que pasara la puerta. Pero estaba lista para involucrarme, y para hacer amistad con el resto de las prisioneras políticas.

"Cada momento, cada situación es tu trinchera", me decía. Desafortunadamente la primera prisionera que vi en la Sección A, una mujer joven que estaba parada en el portón, no me devolvió la sonrisa. Me sentí decepcionada. Aquí estaba yo, lista para hacer de la prisión otro campo de batalla en la lucha revolucionaria, y esta mujer me dio la espalda y regresó a la sección. Ella representó una de las duras realidades de la detención política en El Salvador; algunas habían sido arrestadas como prisioneras políticas sin motivo alguno.

Entrada a La cárcel de mujeres de Ilopango (cortesía de Meeri Koutaniemi)

Magdalena era un buen ejemplo, como me di cuenta después. Ella era una prostituta del Puerto de La Libertad. Había sido acusada de matar a un paramilitar perteneciente a la organización ORDEN. Pero ella no lo asesinó por sus actividades relacionadas con los escuadrones de la muerte, ni por las torturas, ni por los asesinatos en que él había estado involucrado. Había sido uno de esos "crímenes pasionales". Él había sido su amante y por una razón u otra, ella lo había matado. Pero las autoridades habían decidido que era un crimen político, y así fue como terminó en la Sección A.

Yo era la prisionera política número 12, pero de las once mujeres en la Sección A cuando llegué, solo siete eran políticas en realidad. Se ajustaba a las intenciones del gobierno de inflar los números de prisioneras políticas. De tal manera, podrían decir a la comunidad internacional, que ellos no estaban asesinándolas, como lo habían hecho antes.

Por suerte no hubo tiempo para que la ausencia de bienvenida de

Magdalena me incomodara. Había otras ocho mujeres esperando conocerme una vez que atravesara la puerta. Ellas sabían quién era yo. Lo habían escuchado de las mujeres en la cocina de la prisión, quienes habían leído sobre mi conferencia de prensa en los periódicos esa misma mañana. La noticia de alguien nuevo en prisión vuela rápido, y con el tiempo que había tomado hacer los procedimientos de entrada, las mujeres de la Sección A ya habían escuchado que tendrían una nueva compañera llamada Ana Margarita Gasteazoro. Algunas de ellas ya habían escuchado de mí, por mi trabajo con el MNR.

Yo también sabía quiénes eran la mayoría de ellas; y no las había conocido antes. La primera que me saludó fue alguien cuyo rostro había visto recientemente en los periódicos.

"Me llamo Esperanza", me dijo. Bueno, yo sabía más que eso. Su nombre completo era Ana Mercedes Letona, pero era mejor conocida como comandante Clelia, una de las líderes más importantes del ERP. Recordaba haber leído sobre su arresto en febrero, y estar sorprendida de que no la hubiera asesinado la Guardia Nacional. La policía la había capturado junto a un pequeño grupo de miembros del ERP, a medianoche en una casa de seguridad. No había habido disparos porque las casas de seguridad estaban por lo general "limpias" a esas horas. Todos los arrestados en ese cateo fueron enviados a prisión. Su pseudónimo en la clandestinidad había sido *Ana Esperanza* y ella había sido arrestada bajo ese nombre. Así que, durante los próximos dos años, todas las demás en Ilopango la conoceríamos como Esperanza.

Ella me presentó a otras mujeres. Marta, y las dos hermanas, Paquita y Ana. Yo reconocía sus caras también, porque todas ellas habían sido arrestadas en el mismo cateo. La otra era Vida Cuadra, directora de una agencia independiente de noticias que producía una revista semanal llamada *Información Centroamericana*; y también tenía una columna en el periódico más progresista de El Salvador, *La Crónica*. Lo último que había publicado antes de que la arrestaran fue el comunicado de Ungo sobre su renuncia a la primera junta. La arrestaron en enero, junto a su colega, Lupe.

Afiche de COPPES con foto de Lilian Mercedes Letona, "Comandante Clelia"

Todas estaban ansiosas por saber lo que me había sucedido, pero al principio fueron discretas —delicadas es una mejor palabra—, al preguntarme por lo que había pasado. Esa gentileza era normal entre nosotras siempre que alguien llegaba a la Sección A. Muchas de las nuevas llegaban inmediatamente después de sufrir las torturas en manos de la policía. Por eso nos asegurábamos de que el primer contacto con las prisioneras de la Sección A no fuera otro interrogatorio. Intentábamos dar una sensación de que se encontraban entre compañeras, que no estaban solas, que se sintieran seguras. El sentimiento de la solidaridad casi se podía tocar en esos momentos.

Esperanza, Paquita y Ana comenzaron a mostrarme el lugar. La mayor parte de nuestra sección era un edificio de tres pisos, separado del resto de la prisión por la puerta de metal por donde yo había entrado. Había una pequeña plaza que se hizo cuando separaron la sección del resto de la prisión. En las paredes que rodeaban la plaza, había tres torrecillas con guardias que nos vigilaban constantemente. Eso podría haberme deprimido, pero no fue así. Había algo muy lindo en la sección: los árboles que teníamos en la plaza. La prisión había sido una finca, y al construirla, habían dejado vivos unos de los árboles. Cuando las compañeras me dieron un paseo por el lugar la primera mañana, descubrí que teníamos un árbol de mango, otro de almendras, otro de limón, otro de aguacate, y otro de guayaba. Y otro de nance, al otro lado de las paredes. Todo eso nos hacía apreciar el lugar: ¡ver árboles! en vez del concreto y los barrotes de hierro de una cárcel.

La distribución era la misma en los tres pisos: un cuarto amplio en el centro y tres cuartos de diferente tamaño a cada lado. Una puerta de hierro a la izquierda conducía hacia un cuarto oscuro y sucio con dos baños y tres duchas. Cuando llegué todas dormíamos en una celda grande en el primer piso, y me asignaron una cama. Nuestro comedor era el gran cuarto del centro. Tenía mesas descuidadas y sillas de formica, de esas que se encuentran en comedores populares. En el piso de arriba había otro gran cuarto vacío, y un "taller" solo con una máquina de coser. Esperanza sonrió al señalarme la máquina de coser: así es como se supone que tenemos que rehabilitarnos y ganarnos la vida mientras estamos en prisión.

Casi todos los cuartos tenían llave. Yo estaba bajo la impresión de que había mucho espacio, pero ese año llegaron tantas prisioneras que otros cuartos en el edificio fueron convertidos en celdas. A medida que llegaron, había menos de un metro entre una cama y otra: dos ladrillos era lo que marcaba el espacio entre cada cama.

Paquita me preguntó si quería bañarme tendría que usar un balde. Le dije que estaba bien, pero le pregunté porqué no funcionaban las duchas. Me explicó que solo había agua temprano en la mañana, y que ellas tenían que agarrar agua en cualquier recipiente disponible antes que la cortaran. Ciertos días no había nada de agua.

Cuatro de nosotras decidimos tomarnos un café y hablar sobre COPPES. La sección tenía una pequeña estufa, así que hicimos café y nos llevamos unas sillas al taller en el segundo piso donde nos sentamos y platicamos. Mis credenciales de las actividades con el MNR y el FDR fueron suficiente para que me incluyeran inmediatamente. Me sentí muy bien.

Las cinco compañeras ya habían realizado las primeras actividades como COPPES dos semanas antes, el Día de la Madre, el 10 de mayo, un poco antes de que me arrestaran. Las reglas cambiaron cuando el número de prisioneras creció. En ese tiempo las prisioneras políticas recibían visitas de sus familias durante las mismas horas. Se tomó la decisión, entonces, de hacer algo que tuviera cierto impacto en las familias de las presas comunes. Lo que hicieron fue cantar una canción del día de las madres.

Paquita dijo, "todo lo teníamos planeado, con una pancarta, con consignas y todo lo demás. Las celadoras no sabían qué hacer. Nadie nos iba a parar de cantar una canción, pero era claramente una actividad de COPPES. Fue una especie de introducción: ¡Hola, somos COPPES, el Comité de Presas Políticas!"

Me preguntaba por qué Vida Cuadra y su amiga Lupe no se habían unido a la reunión, pero pronto lo tuve claro. Crear un capítulo de COPPES en Ilopango iba a ser políticamente complicado. Todas las mujeres involucradas en la planificación eran de la misma organización, el ERP. Vida y Lupe estaban en contra de COPPES. Ellas pensaban que al organizarnos recibiríamos sentencias más largas y nos haría más vulnerables a la presión de las autoridades. De acuerdo a su análisis, mientras más tiempo estuviéramos en prisión menos efectivas seríamos en la lucha. El principal objetivo era procurar nuestra salida tan pronto como fuera posible en lugar de correr el riesgo de alargar el encarcelamiento por crear problemas.

Supongo que la tensión era inevitable ya que los grupos nunca son homogéneos. Pero nosotras que estábamos a favor de organizarnos éramos la mayoría, y trabajamos duro para permanecer así. Vida y Lupe se mantuvieron fuera por casi un año, eventualmente se unieron a COPPES.

Hablamos de cómo COPPES podía continuar con la lucha desde adentro de la prisión. Estuvimos de acuerdo en que la misma disciplina que habíamos mantenido en nuestra organización tenía que aplicarse aquí. La diferencia ahora era el trabajo en sí; y el hecho de que teníamos más tiempo para realizarlo. Los compañeros fuera de prisión estaban librando una batalla con armas, otros con propaganda; nosotras, prisioneras políticas, teníamos que seguir la lucha, y la prisión era nuestra trinchera. Esa determinación se mantuvo fuerte mientras hablábamos de los distintos comités que necesitábamos organizar.

Las cuatro en la reunión comenzamos con una lista corta de objetivos prácticos. Teníamos la experiencia suficiente para saber que no podíamos enfrentar todos los problemas ante nosotras. Se gasta mucha energía y se abren demasiadas posibilidades de discutir sobre cada nuevo asunto. Así que lo hicimos simple, y ya como éramos pocas en esas primeras semanas, fue posible.

El primer objetivo fue mejorar la comida. Ya estábamos claras con el problema del agua, pero cuando suspendimos la reunión para ir a comer, me di cuenta de que la comida era un problema mayor y más urgente. El almuerzo era unos espaguetis sobre cocinados, con una salsa que era más agua que nada, y acompañados por la ración básica de la prisión: frijoles y tortilla.

Frijoles y tortillas era lo que daban tres veces al día. Los frijoles venían amontonados en un plato de plástico, con dos tortillas encima como si fuera el techo de una casa. Esa era la ración básica conocida en las prisiones como *"el rancho"*. Una vez a la semana nos daban un huevo, y muy de vez en cuando queso o algún vegetal que estuviera barato y accesible. Muy rara vez hubo un guiso de carne o de pollo.

Era posible pedir a las familias o amistades que trajeran comida u otras cosas para hacernos la vida más fácil. Nos podrían traer una cocinita, por ejemplo, siempre que fuera eléctrica; cocinas de gas no eran permitidas. Las autoridades las consideraban peligrosas. A las autoridades no les importábamos; era más fácil para ellos mantener las prisiones a bajo costo, 50 centavos por prisionera al día. Y eso incluía: comida, gas y electricidad. El presupuesto de la prisión había sido reducido, tanto que ni siquiera teníamos uniformes ¡Lo que me parecía bien a mí! En cualquier caso, no importaba lo que nos dieran de comer, siempre sabía horrible.

Paquita explicó que ellas y otras dos ya estaban trabajando para mejorar lo de la comida, compartiendo lo que los familiares les habían traído. Era variado, podría haber solo un pedacito de queso o plátano para cada persona, pero eso hacía la diferencia.

Un segundo objetivo fue mantener una pequeña cantidad de dinero para comprar necesidades básicas como pasta de dientes, toallas sanitarias y demás. La prisión no tenía presupuesto para ese tipo de cosas, y era muy duro para mujeres que no tenían recursos. Para alguien como yo era diferente; yo había venido sin nada, pero mi familia me traía cosas. Algunas de las muchachas ni siquiera tenían familia. Así que comenzamos a establecer un fondo común. No fue complicado. Decidimos que, si nuestros familiares nos traían 5 ó 10 colones, los pondríamos en el fondo común para ver hasta dónde podíamos llegar.

Un tercer asunto era el trabajo. Sabíamos que si hacíamos cosas para vender fuera de la prisión, podríamos mejorar nuestra vida de forma considerable. También era claro que las mujeres que están ocupadas tienen mejor moral que aquellas que no hacen nada, como era el caso con las comunes.

Y por supuesto, decidimos hacer trabajo político. En esta etapa temprana, significaba encontrar formas de hacer propaganda de nuestro trabajo, o sea, lo del FMLN y lo del FDR. Estábamos conscientes de que teníamos que comenzar poco a poco, dentro de la sección. Con ese fin, Esperanza y sus compañeras ya habían solicitado un pizarrón a la Cruz Roja. Lo habían justificado como herramienta educacional, cuando en realidad lo usarían como cartelera. El primer paso fue hacia labores de propaganda. Esa cartelera condujo a COPPES a su primera confrontación con las autoridades de la prisión unas semanas más tarde.

Fue de mucho entusiasmo para mí. Había pasado horas en la Guardia Nacional pensando en lo que haría cuando llegara a prisión, y ahora estaba ahí con esas compañeras, todas con experiencia, mujeres prácticas, para trabajar y compartir ideas. Al mirar a mi alrededor, a las demás mujeres, me sentí feliz: había llegado hacía unas dos horas y ya veía claro el trabajo que se nos avecinaba. Sentía que teníamos capacidad de organizar a toda la prisión. Fue una reunión muy constructiva y dinámica. No quiero ser *chauvinista*, pero es típico de los salvadoreños juntarse y organizarse así, hombres y mujeres. Donde quiera que se encuentren siempre están listos para trabajar juntos, para cuidarse entre ellos.

Después del almuerzo me fui a la plaza para mi primera sesión como prisionera. La tarea era atar pedazos cortos de lana y hacer bolas de lana para luego tejer con ellas. Eso no puede parecer inspirador, pero no estaba mal. Por lo menos no había un capataz para presionarnos y podíamos hablar todo lo que quisiéramos. Los pedazos de lana venían de una fábrica de guantes de una zona libre cercana, desperdicios que la prisión obtenía de gratis. Había un número de fábricas haciendo piezas o ensamblando productos que luego se reexportaban a los Estados Unidos. Es típico del tipo de desarrollo industrial que ocurría en Centroamérica en el siglo XX. Funciona porque a los obreros se les paga poco, y las condiciones no son muy buenas.

Nosotras hicimos cosas muy bonitas con esas piezas de lana, cada rollo alcanzaba en la palma de la mano, y en muchos colores. En buena parte, heredé esa habilidad de mi mamá: el buen gusto para apreciar colores y crear. Una vez se han amarrado y enrollado unos cuantos rollos, se puede tejer. Ese día hice un gorro.

A las ocho de la noche nos encerraban en las celdas. Se apagaban las luces a las diez —por orden de la celadora—, quien tenía su pequeño cuarto con una puertecita que se mantenía abierta para que pudiera vernos. Había cuatro de esos cuartos en todo el edificio, como en un internado de escuela católica. De hecho, la prisión fue creada por monjas de la Orden del Buen Pastor. Como parte de su congregación, las monjas cuidan a prisioneras en toda Latinoamérica. En la época en que yo estuve ahí, ellas habían abandonado El Salvador en protesta por el asesinato de Monseñor Romero. Todas las celadoras, entonces, eran civiles.

Puede sonar divertido decir esto, pero los estándares en la prisión bajaron de manera considerable cuando las monjas se fueron. Quizás para COPPES fue mejor que las monjas ya no estuvieran. Ellas eran más duras con la disciplina que nuestras celadoras. Las monjas no permitían tantas libertades de movimiento, y hubieran hecho nuestro trabajo más difícil. Me contaron que las monjas obligaban a las prisioneras a levantarse a las 4:00 de la mañana, y las mantenían trabajando constantemente. Con las monjas, el piso se tenía que mantener como espejo. Y eso no era fácil, especialmente cuando llovía y la suciedad se arrastraba desde la plaza. Nosotras, las políticas, manteníamos el piso limpio, pero no como espejos, seis pasadas con el trapeador y ya. La primera noche, después de que apagaron la luz, me acosté mirando a través de los barrotes en la pequeña ventana de ventilación en la pared. Podía ver unas cuantas estrellas. ¡Fue magnífico! Sé que no parece mucho, pero después de doce días en la Guardia Nacional, ese pequeño pedazo de cielo frente a mis ojos era un regalo maravilloso. Había vida al otro lado de las paredes, y aunque yo estuviera encerrada en la celda, por lo menos tenía la compañía de otras mujeres. Estaba viva, y cada lugar era mi trinchera.

Me acomodé y escuché a las mujeres hablando. Las conversaciones se fueron desvaneciendo poco a poco, hasta el punto de que podía escuchar la respiración de algunas en las camas cercanas. Estamos aquí. Estamos vivas.

La cárcel de mujeres de Ilopango (cortesía del MUPI)

15

CÓMO ORGANIZAMOS COPPES EN ILOPANGO

Tuvimos nuestra primera huelga de hambre en agosto, tres meses después de que yo llegara. Duró un poco más de dos semanas. Fue cuidadosamente planificada. COPPES se encargó de coordinarla con los compañeros en la cárcel de Santa Tecla. Sabíamos lo que queríamos de las autoridades; y qué demandas teníamos posibilidades de obtener. Como lo comprobamos, nuestros cálculos habían sido realistas. Pero al llegar al punto de organizar una huelga de hambre, coordinar la publicidad y obtener la participación de la mayoría de presos políticos fue un largo y dificultoso proceso. COPPES no se había construido en un día.

Dos semanas después de mi llegada, éramos 18 prisioneras en la sección A. Una gran cantidad de mujeres comenzó a llegar después de mí. Por supuesto, no todas eran políticas. Muchas de esas detenciones era el resultado de la campaña de la policía, publicando números telefónicos para que la gente delatara a sus vecinos sospechosos de ser "subversivos". Arrestaron a algunas personas a causa de peleas entre vecinos —sin ninguna conexión con la lucha y sin evidencias—, una llamada telefónica y antes de que te dieras cuenta te capturaban, y pasabas a un interrogatorio. Muchos de ellos tenían una tenue conexión; sabían de un pariente o un amigo que estaba en la lucha. Y ahí quedaba delatado.

Por ejemplo, una mujer a quien llamaré Emilia, llegó unas pocas semanas después. Ella tenía fama de ser bruja, que en su pueblo significaba que era una partera. Tenía un novio en las organizaciones guerrilleras, y tenía escondidas algunas bombas caseras en su vivienda. Entre las mujeres capturadas de esa manera, había prostitutas o criminales comunes; fueran prisioneras políticas o no, a todas nos arrestaban bajo el Decreto 507. Nos llevaban a la Sección A para inflar el número de capturadas por razones políticas. Eso nos hacía un grupo muy disparejo, y nada fácil de organizar.

Una acción política de COPPES en Ilopango, 1985 (cortesía del MUPI)

COPPES en Ilopango comenzó como una iniciativa con objetivos políticos, pero nunca se hubiera levantado si no hubiera sido una organización para sobrevivir. Tomaba un par de horas para que una persona entendiera los problemas básicos de la cárcel de Ilopango. A veces, había duda de que COPPES realmente funcionaría ahí. No solo teníamos un buen número de presas que no eran políticas, sino que también teníamos que enfrentarnos ante un pequeño grupo que no quería integrarse. Las mujeres que llegaban a la Sección C en ese tiempo, tenían que escoger entre dos fracciones: COPPES o no COPPES. Y el hecho era que algo había que hacer ante la horrible comida que nos daban. Muchas mujeres se vieron forzadas a trabajar con nosotras. Las mujeres de COPPES estábamos comprometidas a cocinar o a añadir comida a las raciones.

Cuando pienso en esos primeros días veo claramente a Vida, sentada cerca de una mesa de aluminio, bordando en una esquina del corredor. La mesa tenía unas cuantas sillas remendadas con pedazos de plástico, con muchos nudos porque se tenían que amarrar bien cuando se comenzaban a romper. Ella desayunaba sola y se sentaba allí —todo el día—, bordando. Vida era una mujer progresista y una reconocida periodista. Yo la conocí a través de *La Crónica del Pueblo*, el periódico más progresista del país (le colocaron una bomba y lo quemaron). Otra en su grupo era Lupita, una trabajadora social y activista que había sido arrestada un poco antes que yo. Su posición era que —al crear una organización en la prisión— elevaría su proceso legal. Por tanto, unirse a COPPES no era una buena idea. Su línea era que en prisión no valía nada; la lucha era afuera y mientras más pronto saliéramos de ahí, más pronto reanudaríamos la lucha.

En los dos años que pasé en Ilopango nunca hice amistad con Vida, en el sentido de que nunca pasamos tiempo juntas. Las relaciones de amistad en la Sección A, eran establecidas al compartir una actividad que durara horas: coser, cocinar, hacer manualidades, y platicar. Tus amigas eran con quienes pasabas más tiempo; y Vida se mantenía a distancia de nosotras. Teníamos buenos tratos como correspondía a nuestra educación.

—Hola Vida, buenos días.

—Buenos días, Ana Margarita.

Y eso era todo. Quizás éramos demasiado similares.

No me importaba, pero me daba cuenta de que la gente me miraba extraña desde el día en que llegué, por lo menos durante las primeras semanas. Parte de esa situación era debido a mi clase social. A excepción de Vida, yo era la única mujer de clase media alta en nuestra sección. Todas miraban lo que yo hacía. Por ejemplo, yo arreglaba mi cama diferente. Normalmente tenía dos sábanas: la de abajo y la de arriba, y una frazada encima de la sábana de arriba. La mayoría de las chicas tenían la sábana de abajo y ponían la frazada encima y eso era todo. Yo había crecido con más comodidades.

Mantuve mi rutina de leer después del almuerzo y luego, tomar una siesta de unos veinte minutos. Tenía una plantita de agua y la ponía a la par de mi cama.

Decidí vestirme lo más cómoda posible mientras estaba en prisión ¿Quién estaba allí para andar bien vestida? Probablemente era una formalidad de familia o aprendida en los Estados Unidos o en la Escuela Americana. Entonces, decidí usar pantalones de pijamas de algodón y camisetas flojas. Eso me diferenciaba de todas las demás. También cargaba una gran bolsa plástica. Mi mamá y Javier me habían traído una pluma y papel para escribir, y muchas otras cosas durante sus visitas; y yo necesitaba algo para cargarlas. Le pedí a mi mamá una de esas bolsas plásticas que se usan en El Salvador para ir al mercado, suficientemente grande para llevar frutas y verduras. Mi mamá siempre fue una mujer eficiente, y en su siguiente visita me trajo la bolsa de mercado de mi nana.

Fue muy conveniente; ahí andaba mi libro y mis bordados y otras cosas que necesitaba durante el día, pero causó revuelo entre mis compañeras. Hasta entonces, la única persona en la prisión que llevaba una bolsa así era Guillermina, una mujer mentalmente enferma. Así que a mis espaldas las demás comenzaron a llamarme *"la loca de la bolsa".* Me llamaron así durante mucho tiempo, hasta que finalmente todas llevaban una bolsa parecida. La estética de las bolsas no era buena, pero tenía sentido andar todo lo que uno poseía. Cuando se acostumbraron a mi forma de ser, y vieron que mis proyectos funcionaban, me fueron respetando más.

Realmente desde que llegué, me trataron con respeto debido a mi posición en el MNR, me dio de inmediato un estatus junto con el recién formado COPPES. A los días de mi llegada, creamos una directiva, formada por Esperanza, Ana, Marta y yo. Al principio nos autonombramos. Dependía de la voluntad que cada una tenía hacia el trabajo. Pero también se tomaba en cuenta la posición que habíamos tenido fuera de la cárcel. Yo era una integrante con mucha experiencia en el MNR. Sabía sobre organización, y apoyaba los objetivos de COPPES. Eso me hizo formar parte del colectivo. Después, la directiva trataba de integrar a las organizaciones en lucha. No había votaciones generales pero cada organización elegía a sus representantes internamente.

Vida y sus amigas tomaron a Sonia bajo sus alas cuando ella llegó por primera vez. Comían juntas y, a menudo, pasaban tiempo en una de las celdas vacías en el segundo piso. Era también el cuarto donde se guardaba la lana. Un día fui allí a recoger lana para trabajar. No había nadie dentro el cuarto. Pero unas mujeres —entre ellas Sonia— estaban sentadas en el pasillo. A Sonia se le había metido en la cabeza que ese cuarto era como la casa club del grupo que se oponía a COPPES. Cuando me vio dirigirme al cuarto, se puso de pie y me interceptó. Me encontré cara a cara con ella.

"¿Adónde crees que vas?" Le dije que iba a agarrar un poco de lana. "Vos no podés ir allí", dijo, empujándome. El corazón empezó a palpitarme, pero mantuve la calma. Todas las mujeres en el corredor nos observaban. "Sonia, yo puedo ir adonde yo quiera", le dije.

"¡No!", me gritó. "Vos tenés el resto de la sección donde podés ir. Tenés el salón de costura para tu grupo". La empujé, entré al cuarto, agarré mi lana y me fui.

Curiosamente, Sonia fue la única persona en la sección A que se unió a mí en mi primer proyecto: el huerto de vegetales. Según las otras mujeres, eso era otra de las locuras de Ana Margarita. Para mí era totalmente lógico, y algo que se podía realizar. Teníamos que complementar nuestra dieta, y en nuestra sección había un pedacito de tierra que se podía cultivar. Uno de mis primos tenía una compañía de fertilizantes, así que a través de mi madre le pedí ayuda. Me envió toda clase de semillas, y un libro de cómo mantener un huerto. Cuando Sonia vio que yo deseaba ayudar, ella se puso muy contenta. Era la primera vez en su vida que tenía la oportunidad de hacer horticultura, y se metió al proyecto con igual o aún mayor entusiasmo que yo.

El proyecto, tristemente, terminó en una desilusión. Primero fueron las babosas. Habíamos plantado como cincuenta semillas de maíz, y todas habían crecido como siete centímetros de alto. Una mañana vimos que todas estaban dobladas, quebradas desde la raíz, debido a las mordidas de las malditas babosas. Entonces, a través de mi familia pedimos veneno para babosas. Pero el veneno tenía que dejarse a la entrada de la cárcel y pasar por revisión antes de que fuera aprobado; lo que tomó aún más tiempo. Las babosas se comieron todo. Pero teníamos el veneno en caso de que regresaran. Y volvimos a plantar.

Luego vinieron los zanates, pájaros negros, de ciudad —no cuervos—, pero bien agresivos. Entraban volando en cualquier oportunidad, escarbaban la tierra y se comían las semillas. Sin desanimarnos, decidimos poner un espantapájaros. Sonia se puso a hacer uno, y creó un espantapájaros muy divertido: enorme, con pantalones cortos, azules y una chaqueta anaranjada, hecha de terciopelo artificial. Los colores eran eléctricos, como un anuncio alucinante de la Pepsi Cola. La mayoría de la ropa que usamos era de Guillermina. En ese tiempo la habían enviado de nuevo a un manicomio.

Lo de Guillermina fue una historia triste. El manicomio en El Salvador era totalmente inadecuado. A las mujeres más peligrosas las enviaban a prisión y las mantenían en celdas solitarias. A Guillermina la tenían clasificada con locura criminal. Dormía en unas celdas horribles, pero durante el día le permitían caminar por el edificio principal; y a veces venía a la sección política. Nosotras éramos más tolerantes con ella que con las presas comunes, y encontrábamos formas para que ella participara con nosotras. Cuando trabajamos para desenredar la lana, Guillermina se sentaba con nosotras y participaba en esa labor. Estaba tan fuera de la realidad, y tan confundida que no podía bordar las bolsas ni los suéteres, ni las sudaderas que hacíamos para vender. Ni siquiera podía hacer las bolas de la lana. Pero era feliz al sentarse con nosotras a hacer nudos.

No quiero decir con esto que Guillermina era fácil de manejar. Era físicamente intimidante, una mujer grande y pesada. Teníamos que ser cuidadosas de no dejar cuchillos cerca. Ella los podía agarrar y perseguir a alguien con un cuchillo en la mano. Cuando era buena, nos desconcertaba. Tenía la costumbre de venir y sentarse muy cerca de nosotras, fascinada observaba lo que hacíamos. Por lo general se sentaba tranquila; se meneaba siempre, y fumaba un cigarro tras otro. Los cigarros se los dábamos nosotras.

Lo más extraño era que Guillermina se subía a los árboles y se desnudaba. A medida que subía, se iba quitando la ropa; y se quedaba ahí sentada por horas, completamente desnuda. A nosotras no nos importaba. Simplemente no le poníamos atención. Cuando se la llevaron al manicomio, dejó un montón de ropa colgada en las ramas de los árboles. Y como a Sonia le gustaba subirse a los árboles también, fue fácil para ella recoger toda la ropa que la pobre Guillermina había dejado.

Es así que Sonia hizo el espantapájaros con los pantalones y la chaqueta rellenas de zacate. Se robó pedazos de madera para hacer los brazos y las piernas. Funcionó muy bien; y se mantuvo durante un año, hasta que se fue deteriorando por el sol y la lluvia.

Cuando nos deshicimos de los pájaros, vinieron las hormigas. Esas se comieron todo, hasta las semillas de maíz de la segunda plantación. Hormigas grandes y negras. Una vez más ordenamos pesticida, y observamos como las hormigas destruían la siembra mientras esperábamos que llegara el pesticida y pasara la aprobación. Los únicos vegetales que parecía que iban a crecer eran los pepinos. A mediados de agosto ya teníamos cerca de 150 pepinos, y comenzaron a brotar las flores. Las otras compañeras empezaron a tomar el huerto en serio, después de meses de nuestro esfuerzo.

Ahora parecía que íbamos a tener nuestra primera huelga de hambre, justo a tiempo, cuando los pepinos estaban madurando. Yo me incorporé a la huelga de hambre. Y Sonia quedó a cargo del jardín. Trabajó muy bien. Un día vino a la celda donde manteníamos la huelga de hambre, y me dijo que los pepinos estaban bonitos, y que yo tenía que ir a verlos. Durante una huelga de hambre, las huelguistas pasan la mayoría del tiempo descansando y conservando energía, pero yo me levanté y pedí permiso para ir a ver el jardín con Sonia. Comprobé, que estaban bonitos. Las dos discutimos sobre qué haríamos con los frutos: pepinillos y ensalada de pepinos.

Yo regresé a la huelga, y no volví a pensar en eso. Cuando Sonia regresó de nuevo, unos pocos días después, me pidió el libro de hortalizas que mi primo me había enviado. Leyó que los pepinos también pueden ser cultivados sobre enredaderas. Y construyó una bonita enredadera. De hecho, hay dos formas de cultivarlos, pero no se puede cambiar de una forma a otra a la mitad del crecimiento. Sonia arrancó todos los brotes, y por supuesto, tres horas más tarde todos los pepinos pequeños se cayeron. Las mujeres se burlaron y le dijeron que se lo habían advertido. Las de la huelga de hambre nos pusimos tristes por la pérdida de los pepinos. Todas guardábamos la esperanza de comerlos al final de la huelga. Sonia estaba deshecha. Se sentía culpable, y anduvo de mal humor durante varios días. Nunca más intentamos volver a cultivar.

Por ese tiempo el grupo exterior de COPPES se había hecho muy fuerte. Había casi cuarenta mujeres en la Sección C, y la mayoría se había unido por nosotras. Habíamos abierto un segundo cuarto para que las mujeres durmieran. Pero nuestro crecimiento en número, habían forzado a COPPES a hacer cambios importantes en su organización. Nos dábamos cuenta de que muchas mujeres, hasta aquellas que estaban políticamente definidas, no se mantenían ocupadas Y se estaban deprimiendo. Algunas de nosotras trabajábamos todo el día, y en cierta forma nos manteníamos entretenidas. En mi caso, por ejemplo, el trabajo en COPPES me mantenía muy ocupada con las reuniones. Pero el resto del tiempo cosía, bordaba, leía y trabajaba en el huerto. Y ese era el caso con nosotras en el colectivo. De alguna manera nos manteníamos ocupadas, y de buen espíritu. Pero otras no hacían nada en todo el día. Se sentían deprimidas y tristes. Sentían que no había que preocuparse por tener ingresos. El fondo común y la prisión les daban lo que necesitaban, por lo menos lo básico.

Organizamos una conversación sobre la situación; y cada compañera logró expresarse. Después de pensar mucho, el colectivo decidió organizar las labores como si fuera una cooperativa, y crear una tienda en plan de cooperativa. Nadie tenía experiencia en esto, pero entendíamos el concepto: todas trabajan, todas participan. Así todas tendríamos acceso a algún tipo de trabajo y a hacer algún dinero para poder comprar en la tienda.

Comenzamos a trabajar inmediatamente. Primero, hicimos una lista de las cosas que venderíamos, cosas básicas, como papel higiénico, toallas sanitarias, barras de jabón, y pasta de dientes. Decidimos hacer una rebaja del 15% en cada artículo. Sabíamos que, por lo general, los dueños de tiendas ganan al menos un 20% sobre lo que venden. Y nosotras no teníamos que pagar renta, ni electricidad, ni nada por el estilo.

La tienda estaba en un pequeño cuarto dentro de la sección, en el primer piso. Se cerraba con un candado. Si mal no recuerdo, teníamos dos llaves: una para mí y otra para quien estuviera trabajando en la tienda. Yo sabía un poco de contabilidad básica pero nunca había tenido una tienda, en todo caso resultó ser muy fácil.

Un negocio necesita cierto capital de trabajo, así que reunimos entre todas cerca de 200 colones, lo que en aquel tiempo tendría un valor como de $80 dólares. Pronto empezamos a surtirnos directamente de los proveedores, quienes nos llevaban la orden directamente a la prisión. Para el tiempo en que yo salí de la cárcel, teníamos un inventario de casi 3,000 colones.

Entre el fondo común y la ganancia de la tienda, teníamos un poco de dinero disponible cuando era necesario; lo cual era muy importante para nuestras vidas. Por ejemplo, nos permitió ser autosuficientes con las medicinas. La Cruz Roja Internacional nos había dado muchas cosas, el botiquín de primeros auxilios, donde se necesitan aspirinas y curitas. Pero muchas compañeras, o sus hijos necesitaban medicinas especiales.

Un ejemplo era Mercedes, una mujer que había sido terriblemente torturada cuando la arrestaron. Era epiléptica y tenía ataques constantemente. Necesitaba medicinas más especializadas. Cuando llegó a la prisión nuestras finanzas eran estables. Eso nos permitió pedir las medicinas específicas que ella necesitaba. En casos de emergencia, por ejemplo, si una compañera embarazada tenía que ir al hospital, llamábamos a la Cruz Roja Internacional. La organización nos dio mucha ayuda, y fue clave en la huelga de hambre que hicimos en agosto.

Un fin de semana, Mercedes tuvo un ataque cerca de las 8:00 de la mañana. Andaba por los lavamanos. Cuando cayó, se golpeó la cabeza y se mordió la lengua. Fue un sábado y no había celadoras. Los guardias en los puestos de observación no hicieron nada. Ellos decían que necesitaban una firma, y que no había nadie a quien pudieran llamar. A mediodía, Mercedes comenzó a tener otros ataques. Fue terrible. Los ataques le venían cada hora, y no había nada que hacer hasta la mañana siguiente. Todo lo que podíamos hacer era estar con ella, haciendo lo que podíamos.

En agosto éramos cerca de 40 mujeres en la sección. En ese

tiempo comenzamos a reestructurar COPPES: creamos varias comisiones para desarrollar tareas tales como seguridad, finanzas, propaganda, ideología, trabajo y disciplina. Además, el colectivo de dirección se rotaba cada cinco meses.

A mí me gusta cocinar, pero nunca estuve en la comisión de economato, que lidiaba con la preparación de la comida. Yo estaba en el comité de salud, en el de educación y en el de finanzas, todo el tiempo que estuve en Ilopango. En la directiva también, estaba en los comités de seguridad, ideología y disciplina.

Nuestra idea era que todas las mujeres en la sección tuviéramos la obligación de estar al menos en un comité. De esa forma estaríamos todas unidas a través de COPPES. Al comienzo, algunas dijeron que no querían meterse en nada. Pero eventualmente no tuvieron alternativa. Mediante COPPES, nosotras controlábamos las necesidades básicas —salud, comida y trabajo—; y fue así que pudimos organizar a todas las prisioneras políticas.

Mejoramos la comida una vez que logramos que la Cruz Roja nos ayudara a obtener los ingredientes necesarios para cocinar. ¡Fue una gran victoria! La Cruz Roja Internacional era nuestra primera instancia de negociación para conseguir que las autoridades nos dieran las mejoras necesarias. Hicimos que nuestras demandas llegaran a muchos niveles, incluso al Ministerio de Justicia, al de Defensa, al Socorro Jurídico, y al Comité de Madres. También logramos negociar con la dirección de la prisión.

Como en toda negociación, comenzábamos con lo que sabíamos que no podríamos conseguir. La lista de demandas era, entre otras: libertad para todas las prisioneras políticas; libertad para todos los que continuaban desaparecidos; terminar la represión contra el pueblo. Poco a poco llegábamos a las necesidades básicas. Por ejemplo, teníamos un problema concreto con el agua: la teníamos de las 4:00 de la tarde hasta las 5:30 de la mañana; y el agua salía de una llave que quedaba fuera del edificio; teníamos que llenar baldes y baldes por la tarde y por la mañana. Y como si fuera poco, dos días a la semana no había agua del todo. La prisión estaba ubicada en un área industrial de San Salvador. Por tanto, sabíamos que era imposible que no hubiera agua disponible. Había muchas fábricas; y justo al otro lado de la calle, estaba la Fuerza Aérea. Esos lugares definitivamente tenían agua disponible. Así que nosotras no podíamos aceptar la falta de agua. Ese fue el punto principal de nuestra demanda.

La comida era el segundo punto importante. Nos daban tortillas con frijoles, y por lo general, estaban "*chucos*" y muy mal preparados. Entonces, solicitamos que nos dieran los frijoles crudos. Nosotras nos encargaríamos de cocinarlos. Después, pedimos que un dentista llegara por lo menos una vez a la semana, y que hubiera una enfermera a todas horas en la prisión. Finalmente, demandamos el derecho a mantener y a administrar nuestra propia medicina dentro de nuestra sección.

Hicimos todas esas demandas en los primeros cuatro meses. Eran demandas prácticas para arreglar problemas básicos. En realidad, no generaron problemas con las autoridades. En algunos casos, especialmente con la medicina y la comida, ahorraban dinero y esfuerzos en la prisión.

El trabajo político fue más complicado. La dirección de la prisión no quería que hiciéramos ningún trabajo político. Querían lavarnos el cerebro. No nos sorprendió que nuestra primera gran confrontación con las autoridades, fuera política, en lugar de algo práctico. Tenía que ver con un pizarrón que usábamos para colocar noticias y artículos de opinión.

Las presas políticas éramos más disciplinadas y ordenadas que las prisioneras comunes; y las autoridades nos consideraban más peligrosas debido a que podríamos "infectar" a las comunes. Al comienzo recibíamos visitas, en el mismo lugar junto a ellas. Luego las autoridades cancelaron eso. No querían que tuviéramos ningún contacto con las presas comunes. Empezamos a recibir a las visitas en nuestra sección, muy adentro de la prisión.

El pizarrón estaba a la entrada del edificio, en los corredores. Cuando llovía lo teníamos que meter. Escribíamos posiciones políticas, y me imagino que eso hizo que las autoridades estuvieran nerviosas. No querían que tuviéramos ninguna demostración de organización política en la prisión. Llegó un momento que nos dijeron que quitáramos el pizarrón. Cuando rehusamos a hacerlo, los guardias vinieron con armas. Tratamos de detenerlos, pero golpearon con las armas a una de las compañeras. No tuvimos alternativa. Se lo llevaron. También confiscaron los lápices. No pudimos escribir más; y nos prohibieron recibir o tener periódicos.

Entonces hicimos un tablero de anuncios directamente en la pared. Lo hicimos de papel, y lo pegamos en la pared con pega hecha de harina que hicimos en nuestra cocina. Las consignas políticas y los mensajes, los dibujábamos o los escribíamos con carbón. Las autoridades trataron de dividirnos; y lo intentaron ofreciéndome una visita marital con Sebastián, si quitaba el tablero de anuncios. No acepté.

En la prisión, el castigo más efectivo que le pueden infringir a uno es que le prohíban las visitas. Es tu familia la que viene a verte, y es el único contacto que tienes fuera de este mundo de encierro. Esa visita es el único momento en que sientes como si la situación en la que vives, fuera otra, no clavada en la prisión. Así que nos causaba un gran impacto el hecho de que nos las quitaran.

Cuando acababa de llegar y recibía las visitas en el mismo lugar que las comunes, las horas de estas eran de 2 a 4 los jueves, y de 10 a 12, los domingos. Algunas veces las colas de familiares eran largas, y tan lentas que algunas se quedaban sin ver a sus familiares.

Para mi hermano Javier y mi madre, que manejaban en su carro desde San Salvador, era una molestia. Pero para alguien que pasaba horas en bus desde fuera de la capital, llevando una bolsa de comida para un familiar, era muy duro, quizás la pérdida de un día y medio o más. Por eso, extender las horas de visita fue una de las principales demandas en la huelga de hambre. Y logramos que las horas de visita se extendieran por una hora los jueves; y que fueran continuas de 9:00 de la mañana a 4:00 de la tarde los domingos. Logramos que se hiciera para todas en la prisión. También ganamos la demanda de agua, y el derecho a cocinar nuestra propia comida.

Uno de esos días de visita, la celadora vino y me dio una lista de trece nombres que no recibirían visita. Me dijo que se debía al periódico mural, y que nosotras trece éramos las responsables de que esa decisión se hubiera tomado. Nuestra directiva llamó a una reunión de todas las presas. Y anunciamos nuestra propuesta: o todas recibimos visitas o nadie las recibe. Y no vamos a quitar el periódico mural.

Las 32 mujeres que éramos en ese entonces, decidimos no recibir ninguna visita. Nos convencimos que no podríamos soportar perder nuestras visitas ese día. No recibimos visitas ese día, pero nos doblegamos y quitamos el mural. De todas maneras, teníamos formas de hacer que nuestra situación se conociera inmediatamente fuera de la cárcel.

Después de un año, COPPES se había hecho tan fuerte que logramos obtener la demanda de poder movilizarnos libremente en el interior de la prisión. Podíamos, por ejemplo, sentarnos en el piso rojo, brillante, y ponernos juntas a bordar.

El Comité de Trabajo manejaba las manualidades que hacíamos para la venta fuera de la prisión. A menudo hacíamos nuestro propio trabajo para uso personal, y eso estaba bien. La cooperativa compraba hilos o lana para bordar y luego, se las vendía a las compañeras que querían hacer sus propias cosas; pero si eran para la venta, la ganancia iba al fondo común.

Había dos formas de trabajar: una, hacer cosas para vender en la tienda, y que la ganancia fuera al fondo común. Y otra, podías trabajar en pedidos que obtenías personalmente, por ejemplo, si tenías un pedido de tejer una blusa para un familiar. Tú podías comprar todo el material del comité de trabajo, o pedirle a Rosario — la trabajadora social— o a la celadora que comprara las cosas que necesitabas. Entonces se lo dabas a tu familiar el día de la visita, y la ganancia era tuya.

Una vez recibimos de los Estados Unidos, una orden para hacer blusas bordadas al estilo salvadoreño, a través de Paulita Pike, una amiga mía. Ella había estado en una situación similar a la mía, trabajando clandestinamente. La capturaron y la deportaron. Paulita hizo mucha obra de solidaridad para nosotras. Nos consiguió una orden de 50 blusas, y nos envió el dinero para comprar material.

La prisión tiene una escuela, de primero a sexto grado. Todas las prisioneras comunes que no habían estudiado tenían que asistir. La educación escolar también fue impuesta a las prisioneras políticas que no habían estudiado, realmente había pocas, tal vez doce, y fue un problema. Ellas no querían estudiar.

Tuvimos conversaciones con ellas para convencerlas. COPPES

también organizó sus propias clases, de costura, manualidades e inglés. Yo enseñaba costura y algunas veces, inglés; también impartía educación política. Unas cuantas de nosotras, como Miriam, hacían ejercicios todas las mañanas. Tratamos de organizar clases regulares de ejercicio físico, pero no funcionó.

A estas alturas la directiva estaba compuesta por seis de nosotras: Esperanza, Paquita, Ana, otra mujer, Beatriz y yo. Las primeras cuatro eran todas del ERP, y las dirigía Esperanza. Beatriz era de las FPL; y yo representaba al MNR. Las primeras directivas eran del ERP, y aunque no podían ignorar al MNR o a las FPL, sí fueron capaces de dominar las primeras directivas de COPPES. Por supuesto, Beatriz se encargó de que las FPL fueran debidamente representadas en la directiva. Su punto más importante —y yo la apoyaba— era que las elecciones democráticas debían respetarse como tales. Ella sabía muy bien que —si se llevaban a cabo elecciones generales—, las FPL ganarían, ya que eran la mayoría de mujeres en la sección A. El grupo del ERP no estuvo de acuerdo. Ellas estaban contentas con la mayoría que mantenían en la directiva. Pero si el cambio tenía que llegar, pensaban que la directiva debería estar integrada de la misma forma en que estaba constituido el FMLN fuera de la prisión: con una representación de acuerdo al centralismo democrático. Fue un debate muy fuerte que duró meses.

Mientras tanto, COPPES trabajaba muy bien. La directiva se reunía varias veces por semana. Todas teníamos experiencia en organizaciones políticas; y sabíamos cómo hacer una reunión de manera eficiente. Estábamos preparadas para trabajar las horas que fueran necesarias; y rotábamos el trabajo de coordinación. En una reunión típica, después de que se leían las minutas y la agenda se aprobaba, por ejemplo, Paquita podría presentar un informe sobre del economato; o yo podría leer un comunicado de prensa que había preparado para ser enviado con la próxima visita que tuviéramos. Los documentos se redactaban con letra muy pequeña porque había que esconderlos. Debíamos ser extremadamente cuidadosas con nuestros papeles; periódicamente había que destruirlos. En caso de que se diera una requisa, encontrarlos sería peligroso.

A medida que fue aumentando el número de prisioneras, nuestras reuniones se trasladaron hacia la parte de arriba del edificio, que era un refugio de palomas. Había miles de palomas; y la cantidad de excremento parecían toneladas de caca. Antes de trasladarnos, tuvimos que limpiar.

Así como el arma más fuerte de las autoridades contra las prisioneras era restringir las visitas; la herramienta más grande que teníamos nosotras era la huelga de hambre. Los métodos de protesta disponibles eran muy limitados. El Comité de Madres también hizo una huelga de hambre porque no tenían otra forma de defender sus derechos y de que las escucharan.

Todas las integrantes de COPPES participaron en nuestra primera huelga de hambre, excepto aquellas mujeres que estaban embarazadas o que tenían niños pequeños. Los primeros días de una huelga de hambre son muy difíciles. No se come nada. Se toma agua, a veces con cuatro cucharadas de azúcar. O se chupan cuatro caramelos al día. Eso causa dejar de defecar. Los primeros seis días fueron horribles. El hambre es una cuestión física. El dolor de estómago y el dolor de cabeza son terribles. Después de esos seis días, se hace un poco más fácil.

Tus conversaciones, tus pensamientos, están enfocados en la comida todo el tiempo. No importa por dónde van tus pensamientos al inicio. Puedes comenzar hablando de sexo, pero terminas hablando de comida. O comienzas con la política, pero terminas con la comida. Aún hoy cuando pienso en esos días se me hace agua la boca. No puedes evitar sentir el olor de la cocina. Todo lo que puedes hacer es mantenerte ocupada con tus actividades. Yo leía y cosía. Muchas de las mujeres dormían bastante, o simplemente se mantenían acostadas en sus camas. Nuestra huelga fue coordinada con otra que tomaba lugar en la cárcel de hombres en Santa Tecla (al siguiente año los trasladaron a la prisión en Mariona). El Comité de Madres hizo un gran trabajo: las madres fueron las mensajeras entre las dos huelgas; a su vez, informaban hacia el exterior sobre la situación de ambos grupos. La huelga terminó después de 16 días, luego de conseguir la mayoría de nuestras demandas.

Habría dos huelgas más: una de 14 días y la última de 33 días.

Lo más memorable sobre la primera huelga es que todas estuvimos en ella, de una forma u otra. Cerca de 25 mujeres participamos —de las 35 de la sección—; y en ese tiempo todas dormíamos en un cuarto muy grande. Las mujeres que no estaban en COPPES —Vida, Lupita, Sonia, y otras más— cooperaban para que la huelga funcionara. Nos cuidaban a todas las que estábamos sin comer. La solidaridad fue completa.

16

MI MAMÁ FUE MARAVILLOSA

DESDE EL COMIENZO, mientras estuve presa en Ilopango, mi mamá fue maravillosa. Siempre estuvo ahí cuando yo necesitaba algo. En su primera visita, le pedí que me trajera dos pollos y una libra de queso seco. Dos veces por semana, durante los dos años que estuve presa, me trajo los dos pollos y las dos libras de queso seco. Para mi cumpleaños me trajo un gran pastel que luego pude compartir con las demás prisioneras, y para Navidad, una pierna de pavo.

Me impresionó mucho su lealtad. La imagen que tenía de ella cambió totalmente durante esos años. Quizás maduré un poco en mi relación con ella. Finalmente acepté que, a pesar de todas las diferencias que teníamos, ella era una gran mujer que trataba de hacer lo mejor.

Las visitas no eran fáciles para ella. En contraste con otras familias que podían quedarse todo el día, mi mamá se quedaba unos veinte minutos. Ella venía por verme, y se iba pronto. La pobre se sentía totalmente fuera de lugar. Nunca pudo relacionarse con las otras prisioneras, excepto con mis amigas más cercanas, Beatriz o Carolina. Por otra parte, algunas de mis amigas no se relacionaban con ella tampoco. Mi amiga Miriam, una sindicalista, ni siquiera la saludaba.

Pienso que los registros por los que había que pasar a la entrada, eran humillantes para ella. Los guardias registraban a cada persona. Y tenía que pasar por eso dos veces por semana, durante dos años. No creo que le hayan hecho un registro corporal —que lo hacían mujeres del personal de la prisión—, lo cual podría haber sido muy molesto. Pero ella nunca se quejó. Ni dijo nada al respecto. Cada jueves se tomaba las tardes fuera de su trabajo para venir a verme, y volvía a la visita de los domingos. Los domingos venía con Javier. Mi nana también me visitaba, a veces venía con mi mamá y otras veces, sola, en bus. Mi hermano Tono también me visitó varias veces.

Durante una de sus visitas con Javier me contaron cómo se dieron cuenta de que me habían arrestado. Un vecino en mi barrio de Santa Tecla vio todo lo que estaba pasando, y llamó al Opus Dei. Nunca pude entender esto porque nadie en el barrio sabía quién era yo, pues vivía ahí bajo otro nombre; y el vecino no sabía quién era, pero aparentemente describió a las personas apresadas; y dijo que la mujer que arrestaron parecía venir de una "familia de bien". Después, alguien del Opus Dei que conocía a mi familia, llamó a Javier.

Un día, Javier me trajo un radio. Para entonces, ya teníamos algunos que los habían metido en algunos "embutidos". Atamos pedazos de alambre para hacer una antena. Con eso pudimos escuchar Radio Venceremos y las estaciones nacionales. Nos sentábamos en grupo alrededor del pequeño radio que me trajo Javier para oír las noticias de lo que estaba sucediendo fuera de la prisión. Los agentes nos podían ver, pero no nos hacían mucho caso. Una vez que tuvimos radios, fue difícil para las autoridades quitárnoslos. Aunque una vez hicieron una requisa y nos quitaron varios. Pero ya teníamos otros de reemplazo.

Cuando Javier me trajo el radio, me lo dio cuando estábamos en el patio, a pesar de que era ilegal hacerlo. Y los guardias que vigilaban desde las torrecillas y las celadoras, hicieron como que no lo habían visto. Javier es un hombre de negocios muy exitoso, y tiene una gran habilidad para relacionarse con la gente. Creo que poco a poco hizo amistad con los guardias de la entrada, y con las mujeres que registraban a los visitantes. Los guardias respetaban a mi hermano por quien era él, pero creo que también les caía muy bien. Javier sabía cómo establecer relación entre el empleador y el empleado. Además, la gente en El Salvador tiene una forma respetuosa al relacionarse con la burguesía; y mi madre y Javier obviamente pertenecían a ese estrato. En las primeras semanas Javier me trajo algunas revistas Time y Newsweek, que oficialmente estaban prohibidas. Entró con ellas bajo el brazo, y nadie le dijo nada.

Yo estaba feliz con mi radio. Era un Sony de 9 bandas con el que podía escuchar emisoras internacionales. Me despertaba con las noticias temprano en la mañana y después de las 10:00 de la noche, escuchaba programas en inglés con audífonos.

Mientras estuve en la Guardia Nacional —especialmente cuando tuve la certeza de que no me iban a matar—, pensaba mucho en libros. Esos libros que nunca había leído porque no tenía tiempo. El primer libro que le pedí a mi madre fue "Don Quijote de la Mancha". Nunca lo había leído en mis días de escuela. Siempre engañaba a los profesores diciéndoles que lo había hecho. Me informaba en alguna enciclopedia o en la versión de "Selecciones". Pero ahora tenía todo el tiempo del mundo y quería leerlo. Mi madre se lo pidió prestado a una de sus amigas. Era una edición hermosa: dos enormes volúmenes con ilustraciones maravillosas.

Estuvimos un buen tiempo leyéndolo en voz alta, y solo terminamos el primer volumen. Vida y otras mujeres se reían de nosotras. Ahí estaba yo sentaba entre un grupo de mujeres, leyendo en voz alta con el enorme libro de Don Quijote en las piernas. Tomábamos turnos para leerlo en voz alta.

Fue a través de los libros que comencé a acercarme a Sonia. Cualquier libro que yo traía ella lo devoraba. Los autores rusos siempre me habían fascinado, pero nunca había sido capaz de agarrarlos en una forma sistemática. Mi mamá me trajo esos grandes y densos libros de Tolstoi: "Ana Karenina" y "La Guerra y La Paz". Tan pronto como los terminaba se los pasaba a Sonia. Ella leía muy rápido. Me sorprendió cuando leyó "La Guerra y La Paz" en cuatro días ¡Y luego ella quería que conversáramos sobre ellos! Cuando se secó el huerto de vegetales, los libros fueron nuestra conexión. Pero nunca fue una conexión constante o una de cariño o afecto. Sonia podía respetar, pero no querer a nadie. Se sentía mejor sola.

Nunca conocí a su madre, pero su padre venía a las visitas, y por él comencé a entender algo de su pasado. La familia vivía en San Marcos, un barrio obrero en San Salvador. Su padre era campesino, muy trabajador y extremadamente comprometido en mantener a su familia. Hacía un poco de todo: electricista, mecánico —y cuando la ocasión lo ameritó—, también fue carpintero.

Sonia estaba en segundo año de bachillerato cuando la arrestaron, y siempre había tenido buenas calificaciones. Pero la escuela no era suficiente. Le gustaba andar en la calle. Tenía mucha energía y gran creatividad. Antes de que la arrestaran pasaba mucho tiempo con su padre y su hermano, y aprendía a hacer sus oficios. Nunca conocí a su madre, pero su hermano mayor una vez vino a visitarla y me sorprendió ver lo parecidos que eran. Sonia adoraba a su hermano y quería ser como él; y quizás por eso se vestía y actuaba como si fuera un muchacho. Los chicos hacen cosas más interesantes, y ella no estaba interesada en lo que hacen las chicas. Siempre andaba descalza. Dejaba huellas lodosas, huellas grandes y con los dedos abiertos. Eso era un problema con la limpieza que queríamos mantener. Cuando platicábamos en el grupo, ella siempre salía con muchas ideas. Quería ser electricista, quería treparse a los árboles, quería ser jardinera, quería tomar las armas.

Hasta cómo instaló su cama era especial: la arrimó a la esquina y puso cartones altos alrededor, y una pequeña cortina que cerraba o abría, y le daba privacidad. Hizo su propia habitación, su cueva. También la adornó con luces que se encendían y apagaban. No como las luces de Navidad, más bien parecía un florero de electricista, con varios botones que controlaban cada luz por separado, o todas las luces juntas si así lo quería. Hubiera sido más lindo si no hubiéramos tenido que lidiar con la queja de la directora de la prisión: alguien se había robado las luces del altar de la capilla. No fue difícil imaginar quién había sido. Fuimos donde Sonia y le pedimos que las devolviera.

Sonia guardaba herramientas y muchos otros objetos, en una pequeña caja que había construido debajo de su cama. Nunca supe de dónde sacaba esos objetos y herramientas, pero asumí que las había tomado del taller de la prisión. ¿Dónde más pudo haber conseguido alicates, desatornilladores, alambres eléctricos, incluso una lata de pintura? Un día, nos llamaron de la dirección de la prisión, para hacernos un fuerte reclamo. Alguien había pintado un gran letrero, con pintura de aceite anaranjada, y lo había hecho a la entrada a la clínica: LIBERTAD PARA LOS PRESOS POLÍTICOS.

Los letreros que hacíamos en nuestra sección eran hechos con mucho cuidado. Este no era así, las letras eran grandes, rústicas y hechas con pintura de aceite, que es muy difícil de limpiar. Además, el letrero estaba fuera de nuestra sección. La directora estaba furiosa. Le dijimos que eso no era un acto oficial de COPPES, pero no se calmó. Nos dijo que si no encontrábamos a la culpable y la disciplinábamos, nuestra sección se volvería a mantener cerrada con llave. Y perderíamos la libertad de movimiento dentro de la prisión. También nosotras estábamos molestas. Alguien había roto las reglas.

Pintar las paredes es una forma de expresión en todas las luchas revolucionarias, y El Salvador no era la excepción. En la ciudad se hacían muy rápido para que no te detectaran; requería planificación y medidas de seguridad.

En el contexto de la prisión, la aprobación era importante, dado el delicado equilibrio con las autoridades de la prisión. Todas nuestras libertades y actividades habían sido el resultado de negociaciones. Cuando se negocia se tienen que hacer ofertas tanto como amenazas; y lo que nosotras ofrecimos fue nuestra disciplina. Las autoridades sabían que las prisioneras políticas continuaríamos haciendo nuestro trabajo político. Pero sabían que lo mantendríamos dentro de los límites impuestos.

Las "pintas" eran un buen ejemplo. Debido a que cocinábamos con leña, el carbón era uno de los pocos materiales que teníamos para escribir. La ventaja del carbón es que se podía limpiar y reemplazar el escrito según las necesidades del momento. Eso le ponía un límite natural a la actividad: las "pintas" de carbón no destruían ni dañaban las paredes. La dirección las toleraba si estaban escritas en nuestra sección, y en ningún otro lugar.

Nosotras podíamos defender algo hecho con la aprobación de COPPES, pero ahora enfrentábamos la amenaza de perder una de nuestras libertades, debido a un acto sin control. Desafortunadamente era Sonia la autora. Nadie más tenía las agallas para robarse la pintura. La confrontamos, y rápidamente confesó que sí. Ella se había trepado al árbol de almendras y se había cruzado a la otra sección para robar la pintura del almacén. Nos preguntó que por qué hacíamos tanto alboroto. "Una pinta es una pinta, ¿no? Y además, la escribí bien, ¿verdad que sí?" Le dimos una buena regañada, y eso fue todo. Nunca le dijimos a las autoridades quién lo había hecho.

El Comité de Madres había sido fundado un año antes que COPPES. Era totalmente parte de nuestra lucha. Las madres eran maravillosas, con los riesgos que se tomaban y su dedicación. Una vez que COPPES empezó a funcionar, ellas cooperaron en todo: nos traían medicinas, comida, correos, lo que fuera para hacer nuestra vida más fácil. Como lo mencioné antes, también actuaban como mensajeras entre nosotras y los hombres de COPPES en la prisión de Mariona. Al igual que COPPES ellas reflejaban las divisiones entre el FMLN. Y realmente estaban divididas en dos fracciones a principios de los ochenta, pero luego trabajaban juntas y coordinaban sus actividades.

Muchas de las madres que se unieron al comité andaban en busca de sus familiares desaparecidos, hijos de una organización política, esposos, padres, primos, etc. La mayoría de las madres del comité, no eran intelectuales ni militantes. Pero las autoridades las perseguían debido a sus actividades. Es una gran tragedia ser madre o esposa de una persona desaparecida.

Los niños vienen del vientre de una misma, y ellas están totalmente dedicadas a sus hijos. Las "*Madres de la Plaza de Mayo*" en Argentina son probablemente las más conocidas. Fue en Brasil, Chile y Argentina que la desaparición se hizo una herramienta sistemática de la represión. Es una tortura muy cruel. Cuando pensamos en los peores crímenes recientes de lesa humanidad, pensamos en cómo Pol Pot mató y mató, y torturó a cientos de miles de camboyanos. Pero tomar a las personas y hacerlas desaparecer es algo más. La incertidumbre para la familia es horrorosa. La muerte es cierta, es absoluta. Te rindes ante ella. Con la desaparición, continúas preguntándote por años y años, ¿qué pasó? ¿dónde estará?. Las madres venían con las fotos de su gente a la prisión, rogándonos si acaso teníamos alguna información, cuando se daban cuenta que a nosotras nos había secuestrado la Guardia Nacional. Pregunta tras pregunta: ¿La viste en la Guardia Nacional? ¿Sabes algo de ella? ¿Hay algunos lugares secretos donde pudiera estar? Y tú realmente no tenías nada que decirles.

Al mismo tiempo, ellas eran las personas más dedicadas a ayudarnos. Eran las madres las que trabajaban de mensajeras, nos traían alimentos, y nos apoyaban. Arriesgaban sus vidas para llevar los comunicados, conseguirnos periódicos, y recoger dinero. Algunas de ellas se iban todo el camino hasta Mariona en bus, y regresaban con una carta a la mañana siguiente. O si ellas no podían regresar encontraban a alguien que pudiera hacerlo. Su dedicación era absoluta y su fortaleza, reconfortante.

Una mujer increíblemente activa y maravillosa era la madre de Zenaida, una compañera que tenía 17 años y estaba embarazada cuando la arrestaron. La mamá era vendedora en el mercado, como de 40 años de edad. Venía a visitarla frecuentemente. Esa madre había sido herida durante una manifestación de mujeres del mercado, y todavía se estaba recuperando cuando arrestaron a su hija. Se volvió muy activa en el Comité de Madres. Cuando el tiempo llegó, a Zenaida la llevaron al hospital y regresó con un bebé muy sano. Su madre continuó visitándola, pero en uno de esos días de visita la arrestaron mientras salía de prisión, y no supimos qué había pasado.

A los pocos días apareció en El Playón. La habían torturado, y la dejaron apenas viva. El Playón siempre había servido como un basurero para San Salvador, pero luego se convirtió en un lugar donde arrojaban los cuerpos de las víctimas políticas. Y ahí es donde la madre de Zenaida reapareció dos días después de que la arrestaran. Los que la habían arrestado y torturado, le dispararon cuatro veces, y la dejaron por muerta entre las rocas de El Playón.

Pero ella era increíblemente fuerte; y no se dejó morir. Se arrastró sobre las rocas filosas hasta que un campesino que caminaba por los rieles del tren la vio, y la llevó hasta las puertas del Arzobispado, donde la encontraron a la mañana siguiente. Para su protección tuvo que abandonar el país inmediatamente. Después de esa horrible experiencia —meses más tarde—, regresó una vez más a ver a

Zenaida. Yo estuve con ellas, fue muy emotivo. Se estaba recuperando, muy delgada y nerviosa. Iba a abandonar el país de nuevo por su propia seguridad, pero sí tenía agallas para venir a visitar a su hija.

En realidad, algunas de nosotras estábamos más seguras en prisión que afuera. Algo terrible le pasó a una compañera del Partido Comunista. Habían asesinado a toda su familia mientras ella estaba en prisión. Tenía seis hermanos, y tanto su madre como su padre eran ancianos. Su padre era un conocido dirigente sindical, pero eso no importaba: pusieron a los ocho en fila frente a su casa y los asesinaron.

Las Madres eran las mejores mensajeras para comunicarnos con el exterior. Trasportaban *"embutidos"* con todo tipo de documentos: cartas de COPPES, reportes de la organización, planes de futuras actividades, denuncias, declaraciones, etc. Yo frecuentemente enviaba informes y comunicados a las personas que estaban a cargo de nuestra organización en el FDR, y mantenía informado al MNR. También había mucho intercambio con la cárcel de hombres.

El *"embutido"* se refiere a un objeto donde se esconde material escrito, dinero, cualquier cosa. Se usaban billetes, jabones, cajas de cereal *Corn Flakes*, cajas de fósforos, y cosas por el estilo, para transportar mensajes que escribíamos en papel de arroz, usando la letra más pequeña posible. En un pedazo de papel de tres por tres centímetros podíamos escribir una página completa. A las barras de jabón les hacíamos un hoyo en el medio y allí metíamos el mensaje. Una vez enviamos una caja de diez barras de jabón de nuestra tienda a la prisión de hombres. Algo pasó y los jabones terminaron a la venta en su tienda. Uno de los prisioneros comunes compró uno, y estaba lavando su ropa cuando salió el mensaje; y lo entregó a las autoridades.

La visita de un familiar era una experiencia personal, y una forma de darse cuenta de lo que estaba pasando fuera de la prisión. También había visitantes que eran importantes para todas, cuya llegada era todo un evento. Estos eran los representantes del Comité Internacional de la Cruz Roja (ICRC). Su papel más importante era ser mediadores con las más altas autoridades a quienes ellos podían entregarles nuestras peticiones y solicitudes. Especialmente importante era la medicina que traían en sus estuches de primeros auxilios, los cuales tenían medicinas para tratar lo básico: infecciones en los oídos y la boca, hemorroides, quemaduras, infecciones en la piel y demás. Yo todavía tengo alguna medicina de esos años, me imagino que debería tirarla ahora.

Las visitas de la Cruz Roja eran públicas, en el sentido de que nos visitaban a todas. Y también eran muy personales. Algunos de ellos nos habían conocido en circunstancias desesperadas, cuando estuvimos detenidas por las fuerzas de seguridad. Ellos habían oído o sabían de la mayoría de nosotras.

Uno de sus objetivos era proteger a los presos políticos de la tortura y la ejecución. Los delegados de la Cruz Roja —cuando ayudaban a algún prisionero político—, guardaban discreción absoluta. Por lo general hay dos, tres o cuatro delegados suizos que hablan bien español, o solo un poco. El grupo usualmente incluye un médico, una enfermera o paramédica, así como la persona que es delegada oficial.

Las visitas de la Cruz Roja a Ilopango seguían un mismo patrón: venían y primero platicaban con los nuevos prisioneros; y luego tenían una reunión con COPPES. Nuestra relación llegó a ser muy familiar. Por lo general intentaban evitar cualquier discusión política fuerte, pero si el grupo era pequeño, era posible discutir, hablar abiertamente. Recuerdo un día que uno de ellos se atrevió a decir que de todas las prisiones políticas que él conocía, Ilopango era la mejor. "Yo conozco prisioneros políticos de todo el mundo", dijo, "pero este lugar es el Sheraton. Ustedes tienen colchones, quizás medio destruidos, pero los tienen. Tienen espacio, y acceso a patios con árboles". Hasta ahí llegó.

¡Casi lo linchamos! ¡Reaccionario! ¡Burgués!, le gritamos. Lo acusamos de estar del lado del gobierno, y por un momento la situación se volvió muy tensa. Pero eso era muy raro que ocurriera.

Había visitas de periodistas extranjeros y de diplomáticos. El embajador de Bélgica vino varias veces, y algunos congresistas de los Estados Unidos. Cuando eso pasaba, la directora de la prisión llamaba a la directiva de COPPES. Usualmente ellos venían a ver a alguien en particular. Esperanza, Vida, Lupita y yo éramos de alto perfil, y estos visitantes preguntaban por nosotras. Por lo general, yo terminaba conduciendo la conversación porque yo hablaba inglés. Una vez, un periodista del Toronto Globe and Mail, me entrevistó, con la suerte de que también entrevistó a Javier y a mi madre para su artículo.[1]

Desfile de solidaridad, Toronto, Canada, 1982 (foto de Judy Blankenship)

17

LA LUCHA INTERNA

EL NÚMERO de prisioneras políticas creció de once —cuando llegué— a veintidós, al terminar mi primera semana. Cuando salí de la prisión —dos años más tarde, en mayo de 1983—, ya éramos 96 prisioneras políticas. La población fue creciendo porque más compañeras continuaban llegando, y pocas eran liberadas. Todas fuimos arrestadas bajo la Ley 507, creada en 1980. Antes de esa ley, los prisioneros políticos casi no existían, simplemente los desaparecían. Duarte era el presidente de la Junta de Gobierno para este tiempo, y él quería mostrar una cara más humanitaria al arrestar personas como nosotras; y decirle al mundo, "miren, tenemos prisioneros políticos aquí, nosotros no los hacemos desaparecer". Pero la verdad es que por cada prisionero político, había por lo menos uno desaparecido. Todo lo que necesitaba la Guardia Nacional era que alguien llamara a la policía anónimamente, y te acusara de "actos sospechosos".

Los prisioneros políticos no éramos juzgados ante un tribunal civil, si no por un tribunal militar. Bajo jueces especialmente asignados para tales casos, ya que estábamos bajo jurisdicción militar. También significaba que a cada persona le asignaban un fiscal militar para investigar su caso, y la prueba más importante en contra tuya era tu confesión extra judicial, la cual era firmada por ti y por dos testigos. Los testigos podrían cualquiera, inclusive las personas que te habían interrogado o torturado. No tenías derecho a tener un abogado que estuviera presente. Ahora, esto es ilegal bajo nuestra Constitución, y en cualquier parte del mundo. La mayoría de las confesiones las obtenían de la misma forma que habían obtenido la mía, a través de golpes y amenazas. Por lo general te asignaban un juez, al mes de ser arrestado. Ese juez tomaría una segunda declaración. Tampoco en esta ocasión tenías derecho a un abogado; solo al juez asignado por el tribunal militar. Había once jueces militares, y el que te tocaba, dependía de qué cuerpo policial te había arrestado. El mío fue uno de los peores. Lo vi solo una vez, después de casi diez días de llegar a Ilopango. Apenas me preguntó algo acerca de mi arresto, o del porqué me habían arrestado. En su presencia yo finalmente tuve la oportunidad de leer lo que había firmado bajo tortura. Y fue decepcionante.

—Señor Juez, quiero cambiar mi confesión —le dije firmemente.

—No puedes —me contestó—. Tú misma la firmaste.

—Sí señor, pero fue firmada bajo coacción. Y ni siquiera es mi firma. Lo que escribí es mi nombre completo.

—Bueno —dijo él—, voy a tomar eso en consideración.

Los jueces te pueden mantener hasta seis meses mientras tratan de probar que existe un mérito por haberte detenido. Después de eso, te pueden mantener hasta dos años sin juicio alguno. Ninguna de nosotras tuvimos derecho a juicio. Además de todo lo que tuvimos que aguantar después de nuestro arresto, también teníamos que lidiar con las preguntas de cómo nos habían arrestado: ¿Cometiste algún error en las medidas de seguridad? ¿Alguien cometió algún error? ¿Alguien te delató con una llamada telefónica? Había tantas posibilidades, porque nunca podías saber quién te había acusado, y la policía no tenía por qué decirte nada.

En mi caso tenía dos o tres teorías. Durante mi interrogatorio en la Guardia Nacional, me dijeron que alguien los había informado acerca de Sebastián y yo. De mi también escuché que la policía me había estado siguiendo como por veinte días, antes de mi arresto, desde que yo había regresado de México. Nunca creí que había sido seguida por la policía. Si me hubieran andado siguiendo por todo ese tiempo, hubieran podido arrestarme con personas más importantes.

Otra posibilidad era que un vecino del barrio haya sospechado de nuestras entradas y salidas de casa, y que hubiese llamado para delatarnos. Podía haber sido un error de nuestras medidas de seguridad, pero también pudo haber sido mala suerte. Había muchas personas inocentes que fueron arrestadas de esa forma.

Yo solo entendí lo que había pasado, mucho más tarde, cuando Lupe llegó a la prisión de Ilopango. Era una gran mujer, una trabajadora social de profesión que había laborado en el Seguro Social. La habían arrestado por pertenecer a las FPL y haber hecho trabajo político en los sindicatos. Yo no la conocía de antes, ni tampoco sabía nada de ella, pero resultó que su mamá conocía gente que yo conocía. Y un día que vino a visitar a Lupe, me trajo mensajes de amigos míos de la Universidad Centroamericana, la UCA.

Conversé con ella varias veces, durante sus visitas; y fue así como descubrí que Lupe era amiga del hombre al que Sebastián y yo le habíamos rentado la casa. Ese hombre ahora es un refugiado en Europa. Luego, supe más de la historia: a Lupe la habían arrestado justo antes de que me arrestaran a mí. Y era ella la persona en la celda contigua donde me llevaron a bañarme para la conferencia de prensa.

La Guardia Nacional torturó a Lupe horriblemente, y un día la sacaron en un carro para que identificara lugares que tenían que ver con la lucha. La Guardia Nacional la sacó y ella señaló algunos lugares que ella pensaba que estaban vacíos. Tenía sentido, porque Sebastián y yo habíamos sido arrestados en una casa que se suponía estaba vacía. De hecho, había estado vacía por meses, y Lupe lo sabía porque conocía al propietario. La razón por la que estaba vacía era por problemas de seguridad. Sebastián y yo le agregamos a esos problemas, pues nos mudamos sin hacer ningún chequeo acerca de la historia de esa casa.

Lupe le contó algo de esto a las compañeras de celda, y así fue como esa información llegó a mí. Lupe y yo tuvimos una relación difícil en Ilopango, no por la forma en la que nos habían arrestado, sino por cuestiones de personalidad y por nuestras posiciones políticas. A veces nos llevábamos bien, otras no. Dejamos la prisión el mismo día, y nunca volví a saber de ella. Me gustaría saber dónde está y cómo le va.

En cualquier caso, nunca hablamos de estas cosas directamente. Nadie lo hacía. Era demasiado delicado. A veces hablar acerca de esos temas, te ponía cara a cara con situaciones difíciles, o demasiado horribles, y que no se podían verificar. Cada una tenía algo que esconder, más si te habían *"quebrado"* bajo la tortura y/o habías dado información acerca de alguien. A veces era posible darse cuenta de quién se había quebrado, debido al problema que tenían para adaptarse a la prisión. Aquellos que se habían quebrado, y le habían "puesto el dedo" a otros, a veces tenían pesadillas o insomnio, debido al sentimiento de culpa. A veces se comportaban de forma errática o agresiva. Solo ellos sabían exactamente lo que habían hecho o dicho; y tenían que vivir con la culpa y la preocupación de que alguien se diera cuenta de eso.

Desafortunadamente, la información se conoce por una u otra razón. En primer lugar, casi nunca arrestan a una persona sola. Y una vez en prisión, las historias se comparan a través de los chismes. Para nosotras, la mayor fuente de información era la prisión de los hombres. Cerca de ocho de nosotras teníamos compañeros en la prisión de hombres; y había mucha correspondencia. Yo solía obtener reportes que decían: "pronto llegará una nueva persona; no confíen en ella, nosotros creemos que ella hizo esto y lo otro".

Pero como prisionera política, tú no condenas a nadie que se haya quebrado. Afuera la gente oía acerca de una persona que se había quebrado bajo tortura y había dado información, y rápidamente la condenaban y decían que era una mierda de persona. Pero si tú habías estado en esa situación, entendías perfectamente y con mucho dolor, lo que sentiste durante la tortura, sobre todo el miedo a perder tu vida.

En mi caso, tuve que lidiar con el arresto de otro compañero del MNR. De eso me di cuenta más tarde. Cuando la Guardia Nacional me arrestó, ellos revisaron todos los papeles que tenía en la casa, y encontraron recibos de luz de la oficina del MNR. Yo los tenía en un sobre. Nosotros —el MNR— estábamos a punto de romper el acuerdo que teníamos con la oficina que alquilábamos. Eso le dio a la Guardia Nacional la dirección del MNR. Fueron ahí, catearon la oficina y arrestaron a este compañero. Lo tuvieron en prisión durante

16 meses. Durante el tiempo que estuve en Ilopango, COPPES nunca dejó de crecer y de cambiar sus formas para adecuarse a las nuevas circunstancias. Al comienzo, era una organización secreta, aunque todos sabían quiénes éramos. Los comités originales solo incluían miembros de las organizaciones del FDR-FMLN, y nosotras nos hacíamos cargo de todo. Muchas de las prisioneras no políticas, no tenían la experiencia o la disciplina de una mujer que había trabajado en una organización. Si una nueva prisionera llegaba y pertenecía a una organización, inmediatamente era integrada al comité.

Durante los primeros meses trabajamos en la creación de dos niveles de COPPES, un nivel abierto y uno interno, el secreto. El nivel abierto lidiaba con el lado práctico de la vida en la prisión: salud, economato, asuntos sociales, educación, trabajo productivo (artesanías y costura), y las finanzas. El nivel secreto cubría los tres comités que eran esencialmente políticos: propaganda, educación política — que incluía reclutamiento— y organización.

La estructura de COPPES nos condujo a los dilemas básicos en cualquier organización, en especial, a aquellos políticos: ¿quién controlaría qué, y sobre qué base se tendría el derecho de control? Dado que todas las organizaciones en nuestra lucha se ajustaban a los principios democráticos, todo se hacía mediante elecciones.

Esto tiene que ser puesto en contexto para que se entienda. Dentro de Ilopango éramos un microcosmos de la vida política del exterior. Nuestras distintas organizaciones estaban constantemente maniobrando para controlar COPPES. Esto era un espejo de lo que sucedía afuera, al interior del FMLN, pero las dinámicas eran muy diferentes dentro la prisión. Eso hizo muy delicado el trabajo. La hegemonía, una de esas palabras que se escuchan más en la izquierda, no podía evitarse. Su significado literal es dominación o liderazgo, pero tiene muchos aspectos históricos y emocionales. Todo el mundo quiere ejercer el poder, pero nadie quiere que a uno lo vean en su búsqueda.

La lucha principal en COPPES, era entre el ERP y las FPL, tal como sucedía afuera. La estructura original, con una representante por organización en la directiva, era simple, pero claramente no muy democrática, dado que el número no estaba dividido de forma igualitaria entre las distintas organizaciones. Las FPL, eventualmente hicieron una propuesta estratégica: los dos niveles de COPPES deben existir, por tanto, la directiva debería ser electa por todos los prisioneros de la sección; y mantener el control sobre los dos niveles. Yo digo que este propósito fue estratégico porque llegó a nosotros como una línea para ser hegemónica, y nosotros sabíamos que una elección abierta nos daría la mayor cantidad de gente en la directiva.

Después de semanas de discusión, hubo un acuerdo para reestructurar COPPES con una directiva electa de siete miembros. Eso estaba bien para nosotras. En ese tiempo teníamos una buena mayoría entre los prisioneros políticos. Pero significaba la pérdida de poder para Esperanza y el ERP, quienes habían fundado COPPES en Ilopango. Después de las elecciones, ellas se dieron cuenta de que tenían dos votos menos que en la anterior directiva. Habían sido elegidas solo Esperanza y Paquita. Cada organización estaba a cargo de la lealtad de sus propios miembros; y ya que Esperanza era la líder del grupo, la mayoría votó por ella. Mi posición era menos clara, y utilizamos esa indefinición para tomar ventaja. Oficialmente yo representaba al MNR, y pertenecía a la directiva original con esa representación. En la elección —efectuada a mano alzada—, los miembros de mi organización votaron por Beatriz, quien era oficialmente la representante de las FPL. Pero también votaron por mí, debido a que yo era una aliada de la línea de las FPL. Las FPL no ganaron la elección, pero terminamos con más miembros en la directiva actual. La organización que tuviera cuatro miembros ganaría las decisiones que fueran sometidas a votación.

La nuestra fue una victoria, pero también, el comienzo de muchos problemas. COPPES pronto se dividió en dos: una dominada por Esperanza y su grupo, y la otra por nosotras. Mi grupo tenía la mayoría de prisioneras, pero el resto de organizaciones se dividió, y se fueron con el otro grupo.

De pronto teníamos dos cocinas y dos comisiones de economato. Y los dos grupos tenían que reunirse regularmente para coordinar la distribución de comida y medicinas según el número de personas. En términos prácticos, la vida siguió normal. Esperanza y yo nos entendíamos bien todo el tiempo. Ella hasta me enseñó a bordar.

Los problemas comenzaron cuando empezó a llegar más gente. Cada grupo trataba de hacer alianzas y un mayor reclutamiento para tener más fuerza. Es así la política. Cuando llegaba una nueva mujer, cada organización trataba de atraerla a su órbita. Teníamos la ventaja de saber con anticipación la llegada de alguien. Dos o tres mujeres de cada organización estaban listas para recibirla.

Lo primero que había que averiguar era si pertenecía a alguna organización. Si no, había que reclutarla. A veces la competencia traía sus beneficios. Las organizaciones le ofrecían una mejor cama. Un colchón más cómodo. Otras veces, era un alboroto físico que abrumaba a la nueva prisionera. Cuando eso ocurría, las que no eran políticas —como Sonia—, quedaban confundidas y se enojaban. Por suerte, como yo representaba al MNR, nunca estuve involucrada en el reclutamiento.

COPPES nunca llegó a unirse formalmente mientras estuve en Ilopango, pero comenzamos a tener algunas actividades juntas hacia el final de mis dos años. La división nunca se mencionó públicamente, así que nadie lo supo en el exterior.

El equilibrio que habíamos mantenido se rompió en agosto de 1982. Hubo un gran arresto en el liderazgo de *ANDES*, el sindicato de los maestros. Llegaron diez mujeres, algunas habían sido torturadas. Su ingreso se convirtió en un problema: era un grupo grande, donde las mujeres se conocían muy bien entre ellas; su tendencia era ser hegemónicas. A pesar de que pertenecían a mi organización, fue muy difícil al comienzo. En Ilopango ya había una maestra de ANDES, y estaba en contra de COPPES, debido a que no era parte de la directiva. Ella había tenido un alto puesto en ANDES, y no soportaba el no ser importante dentro de la prisión. Cuando las diez mujeres de ANDES llegaron, inmediatamente la buscaron a ella. Les dimos su propio cuarto. Ellas inmediatamente montaron su propia cocina, y comenzaron a cocinar y a tomar sus propias decisiones separadas de COPPES. Algunas de ellas habían pertenecido a las FPL durante años, pero eran de otro sector dentro de la organización. Al llegar comenzaron a cuestionar de dónde provenía nuestra línea política: ¿quién la conducía desde afuera? Nosotras realmente no sabíamos de dónde venía la línea, y nunca lo habíamos cuestionado. Simplemente la aceptábamos cuando la comunicación llegaba en un *"embutido"* clandestino. De nuevo, este es un ejemplo de cómo las dificultades de afuera se reflejaban adentro. Algunas de las mujeres de ANDES, con el tiempo aceptaron a COPPES, y se les pidió que tomaran puestos en las comisiones.

18

UNA NOCHE DANTESCA

NUESTRA SECCIÓN TENÍA una sola entrada, la misma que atravesé mi primer día en prisión. Era una gran puerta de metal. Con nuestra primera huelga, logramos el derecho de mantener esa puerta abierta la mayor parte del tiempo. Podíamos entrar y salir si teníamos algo que hacer, ya fuera ir a la oficina o a la enfermería. Pero a veces, las autoridades le ponían llave, por lo general cuando teníamos una campaña o una actividad política.

En mis primeros días, a las políticas nos trataban como leprosas; las autoridades nos consideraban las prisioneras más peligrosas de Ilopango y, sobre todo, no querían que nos acercáramos a las prisioneras comunes, que eran alrededor de 100 mujeres cuando yo llegué. En realidad no éramos peligrosas para las prisioneras comunes. Es cierto que uno de los principales objetivos de COPPES era hacer proselitismo entre las comunes, pero eso nunca funcionó. Ellas nos ayudaban y nos apoyaban, pero no eran militantes. La mayoría de las prisioneras comunes era gente de la calle, pragmáticas y muy duras. Nosotras no les interesábamos y tampoco las convencíamos. Todo lo que las políticas hacíamos las sorprendía, pero iba en contra de la forma en que ellas llevaban su vida. Una mujer, por ejemplo, recibía de su familia una bolsa con mangos, y ella se sentaba a comérselos todos, hasta que se enferma. Prefería que se pudrieran antes de compartirlos. Era así como concebían la vida. Nosotras las políticas nunca haríamos algo así.

Las prisiones tienen su propia cultura, y se pueden ver variaciones en las diferentes partes del mundo. Por una parte, está lo establecido por las autoridades; por la otra, hay estructuras de poder construidas entre los prisioneros. Siempre hay líderes. Y si un líder organiza un grupo y tiene gente alrededor, establece su peso con una pandilla en la prisión. Las autoridades lo saben y tienen que tomar esto en cuenta. Lo último que quieren es que haya desorden dentro de la prisión. Las autoridades siempre negociarán mientras no haya desorden.

Había dos o tres pandillas dentro de las prisioneras comunes, y cada una tenía su líder. La líder más poderosa estaba en la sección de las mujeres maduras. Su nombre era Rosalía y en realidad, controlaba la mayor parte de la prisión, tal era su poder. Rosalía ya estaba allí cuando yo llegué. Y solía hablar con ella de vez en cuando. Era una mujer alta y bonita, muy delgada, rubia, y se pintaba bastante. Siempre andaba con tacones altos, y bien vestida. A diferencia de tantas otras comunes, Rosalía no parecía venir de los niveles más pobres de la sociedad salvadoreña. Físicamente no era fuerte, pero era dura y despiadada. Afuera había sido la cabeza de una banda criminal, todos ellos hombres, excepto ella. Su crimen había sido el asesinato a sangre fría del dueño de un restaurante. Ella lo sedujo y se enteró dónde guardaba su dinero. Un día llegó al restaurante con el resto de su pandilla para robarle. Estaba presa de por vida.

Como lo he dicho antes, una vez que las políticas se organizaron y lograron cargos de poder, se negociaron mejores condiciones de vida. Pero la cultura carcelaria de las comunes era diferente, y Rosalía no estaba interesada en nada de eso. Le interesaba saber dónde estaba su cama, tener alfombras rojas junto a su cama, y tener todo limpio para ella. No hacía ningún trabajo en la prisión. Tenía a muchas mujeres haciéndole reverencias, y que hacían todo para ella. Ella estaba en la sección de mujeres mayores, quienes tenían más de 26 años. Pero también controlaba a los grupos de mujeres más jóvenes. Todos reconocían su poder.

Gran parte de lo que las pandillas hacían era jugar a conquistar más poder. Había mucho acoso para integrarlas a uno u otro grupo, o simplemente molestar a las que no estaban en su grupo. Pero Rosalía también usaba su poder para fines pragmáticos. Por ejemplo, ella y otras mujeres cercanas a ella, controlaban el comercio de cigarrillos en Ilopango. La tienda de COPPES finalmente comenzó a vender cigarrillos, pero eso pasó después de que Rosalía fuera trasladada a otra prisión. Esa fue la única forma en que las autoridades pudieron romper su poder.

Además de las secciones para presas políticas —maduras o jóvenes— la prisión tenía una escuela, una capilla, una sección para mujeres con niños, y una cancha de baloncesto. La escuela había sido el alojamiento de las monjas cuando ellas administraban la prisión hermanas de *El Buen Pastor*, llevaban años administrando prisiones.

En cualquier caso, las celadoras civiles no se metían mucho en nuestra vida cotidiana. No tenían la fuerza física personal, ni en grupo. ¿Qué podría hacer una celadora individual, si diez mujeres que permanecían juntas en la celda a su cargo, le dejaban claro que estaban dispuestas a maltratarla? Mientras no se convirtiera en un alboroto, la celadora permitía que las prisioneras hicieran lo que quisieran.

En primer lugar, las celadoras no estaban armadas. En segundo lugar, eran mujeres normales, jóvenes, veinteañeras. Tenían educación secundaria, y algunas estudiaban Trabajo Social. En su mayoría eran mujeres urbanas de las capas medias. En general, preferían trabajar con nosotras, las políticas, en lugar de las comunes. Eso no es sorprendente. Nosotras no éramos peligrosas, y además, éramos respetuosas y tolerantes. Nos las arreglábamos siempre para negociar con ellas. Cuando comenzaban a trabajar con nosotras, pensaban que éramos monstruos terroristas. Luego, para su sorpresa, se dieron cuenta de que éramos personas normales y con más educación.

Las celadoras generalmente permanecían en una sección por un tiempo, antes de que fueran trasladadas a otra sección. Aunque nosotras nos acostumbrábamos a ellas y no queríamos que las cambiaran. Nos hicimos muy buenas amigas con algunas de ellas. Nos ayudaban trayendo papel y lápices, periódicos, hilos, o cualquier otra cosa pequeña que necesitáramos para trabajar. Y hacíamos cosas para ellas, como ropa bordada. Pocas celadoras se negaron a trabajar con nosotras. Estaban ideológicamente en contra de lo que defendíamos; eso las volvía temerosas o no se querían abrir a nuestra ideología. Recuerdo a dos mujeres que no nos soportaban, y prefirieron trabajar en la sección de jóvenes comunes. Se encontraron ahí con mujeres violentas. Ambas fueron golpeadas seriamente en un disturbio entre las presas comunes.

A veces nos visitaba una trabajadora social, su nombre era Rosario. Su trabajo consistía en organizar entretenimientos como deportes, talleres o información preventiva sobre la salud. En ese momento ella hacía cuarto año de psicología en la UCA. Tenía libertad para andar en cualquier parte de la prisión, y pasó mucho tiempo con nosotras. La recuerdo con cariño porque nos ayudó mucho. A menudo nos traía el periódico y nos traía cosas del centro, nos conseguía materiales de costura, pasaba gran parte de su tiempo con nosotras, incluso nos hacía compañía durante las huelgas de hambre. Rosario y yo nos hicimos muy buenas amigas. Aún ahora oigo hablar de ella de vez en cuando.

Había unos 30 guardias masculinos: los agentes que dormían en su propio cuartel a la entrada de la prisión. Tenían armas y andaban en toda la prisión. Siempre había uno en la puerta de la sección, otro detrás de la enfermería y otro detrás de la sección de mujeres maduras. Algunos estaban estacionados en torres, observando. Se suponía que no tuvieran nada que ver con nosotras a menos que hubiese problemas, y de hecho las órdenes oficiales eran "no hablar con nosotras". Por lo general, las políticas los ignorábamos, pero sí logramos hacer amistad con algunos de ellos.

Veíamos muy poco al personal administrativo: la directora, dos secretarias y la supervisora de celadoras. Esta última era la segunda al mando de la directora. Era una mujer muy amargada. La llamábamos *"La señorita Daysi"*, porque tenía un rostro largo y compungido. La directora nunca estaba ahí los domingos, era *la señorita Daysi*, la que hacía las rondas el día de visita.

En general tratábamos de conseguir que el personal estuviera de nuestro lado, con el fin de hacerles entender lo que era la lucha política. Esa fue una estrategia decidida por el colectivo de COPPES.

Tratábamos de convencerlos a través del diálogo, y de ayudarlos en lo que fuera posible. Hicimos algún progreso con un par agentes y una de las celadoras. Convencimos a uno de los agentes que nos trajera el diario todos los días para enterarnos de lo que sucedía. Pero si las autoridades se daban cuenta de que uno de los agentes nos estaba ayudando, incluso en cosas tan pequeñas, lo trasladaban a otra prisión. Ilopango es un complejo que tiene varios edificios cerrados.

Se podía caminar alrededor de los edificios la mayoría del tiempo. Durante el día las puertas de los edificios se mantenían abiertas. Las prisioneras podíamos lavar la ropa y hacer las cosas cotidianas en el lugar. Eso hacía que hubiera mucha comunicación entre las distintas secciones. Pero después de las seis de la tarde, cerraban todas las puertas, y no había forma de entrar en contacto con nadie. Las puertas se abrían a las seis de la mañana del día siguiente. Lo malo era que si el edificio se quemaba o si ocurría algún desastre, antes de que llegara la ayuda.

Después de unos meses, ya no teníamos una celadora con nosotras en la noche ¡Nosotras la dejábamos irse! Si ellas querían pasar la noche fuera, conversábamos y lo arreglábamos. Hubo un tiempo que no teníamos celadora. Había pocas celadoras en la prisión; y las autoridades preferían que las que estaban disponibles estuvieran con las prisioneras comunes.

Las presas comunes siempre se alegraban cuando se acercaba la navidad. Para ellas era fiesta y hacían grandes esfuerzos para obtener drogas y licor dentro de la prisión. Un sábado por la tarde escuché a alguien decir: "¡Ven y mira, algunas de las mujeres están desnudas!".

La parte de atrás de nuestro edificio colindaba con la parte trasera del edificio de las prisioneras jóvenes. La pared tenía pocas ventanas con barras, y si poníamos dos sillas en una mesa, podíamos ver lo que sucedía en el patio. Muchas de nuestras compañeras, se paraban allí y hablaban con las comunes o simplemente miraban, divertidas. Un día me subí en las sillas. Había cuatro o cinco muchachas tiradas en el corredor, desnudas. Era obvio que estaban borrachas y divirtiéndose a todo dar. Eran las mujeres más rudas de la sección. Llevaban hasta cuchillas entre la ropa, y eran capaces de hacer cualquier cosa.

Mediante chismes nos dimos cuenta de que las comunes habían

violentado la clínica y se habían robado toda clase de drogas. Hicieron un hueco en la pared de su sección y se escurrieron en la noche mientras la celadora dormía. Era un edificio con árboles por detrás. Para hacer ese hueco, tuvieron que subirse a un árbol y quebrar una ventana de atrás para entrar. Se llevaron todo: medicinas psiquiátricas, como tranquilizantes, pastillas de todo tipo, y hasta píldoras para la malaria. Se las tragaron todas.

A los días, miré a través de las barras de nuevo, y las mismas mujeres todavía estaban de fiesta, drogadas, haciendo locuras fuera de sí. Se caían al piso sin ningún control. Y las celadoras no hacían nada. Ni siquiera encerrarlas en los calabozos. La fiesta se hacía cada vez más grande. Nosotras escuchábamos golpes y gritos. Había tres o cuatro torres de observación y un agente haciendo la guardia, era sospechoso de que eran cómplices.

En una oportunidad fui a la oficina a recoger productos para la tienda, junto con mi amiga Carolina, le dije: "vamos a ver qué es lo que está pasando en la Sección B". La puerta de la sección estaba abierta y decidimos entrar. No recuerdo haber visto una escena más horrible en toda mi vida. Había alrededor de 40 prisioneras comunes peleando entre ellas, se jalaban el pelo, se golpeaban con los puños, y andaban medio desnudas. Era como una película de terror, o algo salido de la mente de Dante. Justo cuando entramos, una mujer salió corriendo fuera del edificio con una botella quebrada en la mano, tratando de herir a alguien. Aparentemente la pelea había comenzado entre dos cabecillas de diferentes pandillas.

Carolina dio una mirada y dijo, "vámonos, yo no quiero ver esto". Y trató de sacarme de allí. Yo quería seguir viendo. No se cuánto tiempo nos quedamos, ¿15 ó 5 minutos? No lo sé. El pleito se mantuvo un largo rato; y de pronto llegó un pelotón de guardias. Pero se detuvieron. No sabían qué hacer. Era una locura, había al menos quince guardias alrededor, pero no podían hacer nada. Finalmente lograron controlar la situación al sacar al patio de la prisión a las dos cabecillas que habían comenzado la pelea. Seis guardias fueron necesarios para separarlas. Esa noche fue una de las peores noches en prisión. Los gritos y los golpes que se oían en los calabozos nunca se detuvieron. El lunes por la mañana nos levantamos muy temprano como era de costumbre y salimos del edificio para recibir nuestras tortillas. Pero la puerta estaba con llave y el agente no nos dejaba salir. Algunos guardias habían sido transferidos y todo el mundo estaba bajo llave. Ese día llegaron más agentes de otras prisiones. Anduvieron en busca de drogas en la prisión. Tuvieron que llevar al hospital al alrededor de quince mujeres, golpeadas o totalmente drogadas, o con sobredosis. Un par de ellas habían caído en coma. A otras se las llevaron al Hospital Psiquiátrico.

19

CÓMO LLEGAMOS A TENER UN COLMENAR

HACE pocos días me visitaba un amigo de El Salvador. Nos sentamos afuera, mientras yo tallaba un pequeño pedazo de madera. Era pequeño y muy delicado; lo he estado tallando con cuidado, con cortes precisos. Mi amigo me observó por un momento, y dijo "Ese es trabajo de prisionera". Él también había estado en prisión y sabía exactamente lo que yo hacía. Estoy segura de que él había hecho cosas que se hacen en prisión, actividades para dejar que el tiempo pase.

En la cárcel se tiene más tiempo del que se ha tenido nunca. Me levantaba a las 4:30 de la mañana, y a las 5:00 ya estaba envuelta en una actividad. La cocina era mi actividad preferida. Una vez que obtuvimos el derecho a hacer nuestra propia comida, comenzamos un sistema organizado por el economato.

Nuestras familias eran extremadamente importantes en esto. Cada jueves el economato hacía una lista: aceite, queso, huevos, pasta de tomate, margarina, harina, plátanos, manteca de cerdo, lo básico. La lista se compartía con todas las compañeras, y cada una podía escoger lo que le pediría a su familia. Ya he mencionado los dos pollos y las dos libras de queso seco que mi madre nos traía en cada visita. Para familias más pobres, contribuir con nosotras requería un esfuerzo mayor. A mí me impresionaba su generosidad y el sacrificio familiar que eso implicaba. Era típico para la mamá de alguien aparecerse un día de visita, sonriendo y con una bolsa de plátanos o de naranjas en la espalda, después de viajar horas en buses que venían del campo.

Cada domingo las compañeras del economato, revisaban la comida que nos habían traído y las ponían juntas con la comida de la prisión. De esa comida, el comité hacía un menú para la semana. No había manera de refrigerar nada, así que teníamos que cocinar diario. Hacíamos gran esfuerzo para que las comidas fueran tan buenas como debían ser. Tratábamos de poner algo especial en el menú. Si había ejotes disponibles podíamos hacer rellenos de ejotes.

Realmente hay que estar pendiente de las estaciones y de las cosechas cuando comes en la Sección A. Si la cosecha de tomate había sido buena, los tomates estaban en cada comida. En la mañana los cortábamos, los freíamos con cebolla, y hacíamos una salsa que se combinaba bien con la tortilla o el café. Hacíamos un desayuno sustancioso. Para el almuerzo probablemente sería espaguetis con salsa de tomate. ¿Y en la tarde? Sorpresa. Una ensalada de tomate aderezada con limón.

A veces el campo está inundado de aguacates, importantes para la dieta. Desgraciadamente, a veces no había más que arroz y frijoles. Eso pasó al final de mi tiempo en Ilopango, cuando las condiciones en el país andaban realmente mal. Los lunes comíamos bien, pero ya para el miércoles solo había arroz y frijoles y tortillas. Eso era lo que la prisión podía darnos.

El comité de trabajo distribuía las tareas en parejas: una pareja cocinaba la comida del día y otra lavaba los trastes. Ya que éramos 96 prisioneras —el máximo número al que llegamos—, la distribución significaba que una cocinaba o limpiaba cada veinte días, más o menos. Y era un trabajo fuerte que comenzaba a las 4:00 de la mañana. Aunque teníamos una cocina eléctrica, se usaba solo para la comida de los niños o cuando alguien estaba enfermo y necesitaba comida especial en condiciones específicas, o para té o café durante el día.

Las comidas principales eran cocinadas con leña, sobre un *"poyetón"*. Un poyetón es una superficie larga de barro —como si fuera un horno—; sobre ella hay pequeños montículos de barro con un hoyo al centro, para colocar las ollas o los sartenes. Debajo, está el fogón hecho con leña. Teníamos tres poyetones grandes, y unas ollas gigantes que nos había dado la Cruz roja.

En las primeras negociaciones con la prisión acordamos que nos dieran leña para cocinar, pero no siempre nos la daban. A veces las familias tenían que encargar una camionada de leña en el mercado. Nosotras pagábamos el envío con el fondo común. Después de ponerlas en el *poyetón*, prendíamos el fuego y poníamos el agua para el café. Luego calentábamos los frijoles que tenían que haber sido hechos el día anterior, y quizás comenzar a freír los plátanos.

Todos los días había que cocinar para 96 personas. Hay un truco para cocinar para tanta gente: usar las cantidades exactas. No todas las personas pueden hacerlo. Cuando las cantidades son tan grandes se convierte en una tragedia: arroz quemado, salsas con demasiada sal, espaguetis sobre cocinados y mil cosas más.

Siempre que Beatriz, Paquita o yo cocinábamos, nos daban un menú difícil porque nosotras sabíamos cómo hacerlo. Ese era el caso con los chiles rellenos. Hay una época cuando la cosecha de chiles es tan abundante que puedes cocinarlos en cualquier forma que se te ocurra. Los chiles rellenos son una delicia y a las compañeras les gustaban mucho, pero no es divertido cuando se tienen que cocinar para 96 personas.

Hacer arroz es algo que nunca aprendí en las clases de cocina del Club del Opus Dei, y siempre buscaba a Beatriz para que ella calculara bien el agua. Menos traumático, pero siempre algo que no me gustaba, era hacer panqueques para el desayuno. No es malo para tres o cuatro personas en tu casa, pero para 96 personas se vuelve interminable.

El desayuno se servía a las 6:30 de la mañana. Sonábamos una campana improvisada, y todas las mujeres se ponían en fila, y dos chicas servían. Pero la cocina no terminaba ahí, ya que el trabajo apenas comenzaba. Una vez que acababa el desayuno, había que comenzar a trabajar en el almuerzo, la principal comida del día. El trabajo continuaba todo el día.

Si lo que íbamos a hacer eran chiles rellenos, comenzábamos

pelando los chiles. ¡Ay Dios! solo pensar en pelar chiles para 96 personas, ¡era terrible! O durante la cosecha de naranjas, ¡teníamos que pelar 96 naranjas! Era un trabajo muy duro para dos personas. Se hacía más rápido si tus amigas venían y te ayudaban a limpiar el arroz o algo más. Nuestra dieta era mucho mejor que la de las comunes, pero a ellas no les afectaba. Las comunes tenían otra forma de mirar la vida en general. Por ejemplo, podían pedir a las familias que les trajeran cosas deliciosas, dulces, postres, repostería. El domingo se esperaba con ansias por esa razón. Muchas familias llegaban con un *picnic*, la mejor comida que podían tener en meses. En cambio, si las familias que traían comida duradera, podían comer bien toda la semana. Además, no compartían comida; las más pobres o aquellas que no recibían visitas, no comían casi nada. Una o dos veces, las comunes se acercaron a nosotras y trataron de organizarse un poco, pero no duraba mucho. Siempre regresaban a lo básico de frijoles y dos tortillas.

A algunas compañeras en nuestra sección no les gustaba mucho la idea de compartirlo todo, pero COPPES controlaba el suministro de los alimentos básicos de la prisión. Aunque no les gustara, tenían que cumplir. Aquellas que recibían más tenían que compartir más.

Al comenzar en COPPES, hicimos el trabajo de compartir porque éramos pocas en la sección; y era una gran oportunidad para hablarle a la gente. Pero con grupos grandes se tienen que establecer más reglas sobre lo personal y lo de la comunidad. Después de cuatro o cinco meses, llegamos al punto donde se acordó que ciertas cosas no serían compartidas. Cada persona podía escoger lo que quería compartir y lo que no.

Recuerdo algunas delicias especiales que les trajeron a mis amigas, como cuando la tía de Beatriz le trajo cangrejo de río que había sido agarrado esa misma mañana. O lo que nosotros llamábamos *"ciruelas de junio"*, que mi nana trajo de la huerta familiar. En tiempo de escasez, cosas comunes como los tomates también eran una delicia.

Yo tenía muchas ideas de tareas productivas por hacer. Algunas no funcionaron, pero una que sí resultó fue nuestro proyecto de abejas. Tres de nosotras las políticas, estábamos interesadas en las abejas. Ese proyecto se hizo con la llegada de una joven viuda llamada Mabel. La habían arrestado seis meses después de que yo llegué a Ilopango, y nos hicimos buenas amigas. Venía de una familia salvadoreña de origen suizo. Era rubia, muy blanca y se vestía muy bien. Era un poco mayor que yo, pero se veía inocente. Llegó a ser excelente haciendo artesanías, bordados y tejidos. Al principio fue un misterio por qué estaba en prisión.

Mabel había participado en el secuestro de un miembro de la familia Bustamante, una de las familias de la oligarquía que controlaba la economía de El Salvador. El secuestro había sido una noticia que provocó un gran escándalo; y había mucha especulación sobre la posibilidad de que fuera un secuestro político. Guillermo Bustamante era un objetivo lógico para un secuestro político, y por supuesto, para obtener una gran recompensa. Las demandas aparecieron, amenazando en cortarle una oreja si no pagaban una gran cantidad de dinero.

La policía hizo tres arrestos: un ex militar llamado Guillermo Roeder, la amante de él, y Mabel. Resultó que había sido un secuestro común y sin objetivo político. No solo eso, Roeder era el mejor amigo de Bustamante y un buen amigo de Roberto D'Aubuisson. Él había dejado la carrera militar y se había metido al negocio de seguridad, ofreciendo servicios de guardia a personas que tenían algo que proteger. Se rumoraba que con sus conexiones militares había hecho algún trabajo a la par de los escuadrones de la muerte. Su amante era amiga de Mabel, y fue así como ella se había visto involucrada. El secuestro fracasó cuando la policía allanó el lugar, liberó al cautivo, y arrestó al grupo. A Mabel la habían obligado a participar en el secuestro, confesó ella.

La llegada de una nueva prisionera siempre era de interés, pero con Mabel, había curiosidad porque el secuestro había sido tan "sensacional". Yo tenía alguna conexión a través de la familia, así que fui a la Sección C, tan pronto como llegó, para hablar con ella. En ese tiempo las políticas habíamos obtenido el derecho de ir a las secciones comunes. Al principio las autoridades le habían permitido a las comunes venir a nuestra sección, visitar la tienda o usar nuestro taller de costura. Pero cuando se dieron cuenta de que a algunas les gustaba mucho venir a nuestra sección, se preocuparon de que las adoctrináramos. Así que detuvieron el acceso de las comunes a la Sección A.

Pero no todas éramos aceptadas por las comunes, así que había un poco de tensión si íbamos de visita a esas secciones. Mabel y yo nos llevamos bien desde el comienzo, y llegamos a ser excelentes amigas. Y las comunes le tenían aprecio. Siempre que iba a visitarla a la celda que compartía con cuatro o cinco mujeres —prostitutas, ladronas, asesinas, etc.—, la veía contenta, conversando gentilmente con ellas. Debido a que las comunes aceptaron a Mabel, me aceptaron a mí también. Con ellas escuché historias terribles, tanto de su vida, como de sus días en prisión. La violencia y la maldad habían sido parte de sus vidas.

Las comunes pasaban mucho tiempo ocioso, platicaban sentadas todo el día, fumando siempre, dejando salir el odio y el resentimiento que llevaban dentro. La personalidad de Mabel les proporcionaba un cierto equilibrio que de alguna forma las calmaba. Un testimonio de su personalidad, lo traduce el hecho de que Mabel nunca tuvo ningún problemas mientras estuvo en prisión.

Algunas de esas mujeres eran realmente "peso pesado". Llegué a saber muchas cosas de las comunes a través de ella, con una profundidad que de otra manera hubiera sido imposible. Eventualmente se convirtió en una persona muy religiosa y se involucró en redecorar la capilla de la prisión. Después de un año y medio, testificó en el juicio de los otros secuestradores y fue liberada.

La familia de Mabel venía los martes. La mamá nos enseñaba a bordar durante sus visitas y yo le enseñé a Mabel a tejer. La familia de Mabel tenía una enorme plantación de café en una de las zonas de conflicto, donde la guerrilla luchaba contra el ejército. Debido al conflicto la plantación estaba casi abandonada. Durante una de esas visitas, la mamá de Mabel y yo comenzamos a hablar acerca de su finca. Ella mencionó que no sabía qué hacer con un montón de colmenas que tenían en los alrededores, que estaba pensando en venderlas. Pero que si acaso las queríamos, nos las traería. Yo inmediatamente me entusiasmé; y en pocos días fuimos a hablar con la directora de la prisión para plantearle que deseábamos producir miel de abejas.

Propusimos que cada sección escogiera a dos voluntarias para cuidar las abejas; y que después de un período, las actividades rotarían para darle oportunidad a más personas. Al final de la plática, le dijimos que podíamos obtener las colmenas gratis, y que el costo para la prisión sería prácticamente nada. Todo lo que necesitábamos era botellas con corcho para depositar la miel.

La directora estaba muy entusiasmada con la idea, y entró en contacto con el Ministerio de Agricultura. En unas cuantas semanas, el Ministerio envió a un experto para darnos clases de cómo mantenerlas. Cuando llegó el experto, la mamá de Mabel ya había traído las colmenas de la finca. El curso comenzó con teoría sobre el cuido de las abejas y su comportamiento. Luego llegamos al trabajo práctico de arreglar las colmenas y como darles mantenimiento.

Las abejas no podían estar en ninguna de las secciones ni en los edificios de la prisión. Tenían que estar por lo menos a cien metros de la gente. Así que las colocamos un poco alejadas, en un barranco detrás de la prisión. El terreno de la prisión, que estaba rodeado por una cerca alta era muy extenso. A las que trabajamos con las abejas se nos permitió estar fuera de los edificios principales acompañadas por una celadora. A menudo pensé en escapar, mientras iba y venía de las colmenas. Hubiera sido posible hacerlo, escalar la cerca o buscar algún lugar para atravesarla.

Otro lugar posible para escapar podría haber sido la capilla, donde había ventanas que daban hacia las calles de Ilopango. Pero yo sabía que si me agarraban de nuevo, mi caso se volvería mucho peor. Siempre tuve la esperanza de que algún día me iban a liberar legalmente. Por eso no intenté escaparme.

No todas las prisioneras estábamos interesadas en este tipo de tareas. Pero la propuesta de tener voluntarias de cada sección funcionó muy bien, a pesar de que el entusiasmo inicial decayó y la rutina las atrapó. La mayoría de las mujeres que comenzaron en el proyecto de las abejas trabajaron en ello todo el tiempo que yo estuve allí. ¿Y por qué no? Trabajar con abejas no es exactamente divertido, pero sí era bonito salir del área de la prisión principal una o dos veces por semana, y el trabajo limpiando las colmenas no era tan difícil. Las reglas para trabajar con las abejas de una forma segura no son tan complicadas: te cubres la cabeza, no usas colores brillantes, y sobre todo no te pones camisetas u otra ropa que se te pegue al cuerpo. La mayoría de nosotras cumplíamos con todas esas reglas, menos la "hermana" Lydia.

El título de *hermana* para Lydia era honorario. Lydia era protestante, y se había convertido al catolicismo mientras estaba en prisión. Tenía alrededor de 45 años, muy delgada y con un gran trasero. Yo siempre pensé que desde atrás parecía una hormiga. Estaba en prisión por asesinato. La *hermana* Lydia había sido una vendedora de la calle. Una de los miles de mujeres que colocan sus grandes canastos a un lado de los caminos de El Salvador y venden muchas cosas, desde cosméticos baratos, hasta joyas de fantasía. Un guardia particular la había comenzado a acosar, y como no podía quejarse con la policía, decidió que la única solución sería matarlo. Lo hizo, y por eso la sentenciaron a toda la vida en la cárcel. Viéndolo de otro modo, era notable que le hubieran dado una sentencia. La mayoría de nosotras —comunes o políticas—, estábamos en prisión esperando juicio. Es así el sistema de justicia de El Salvador, toma mucho tiempo. La *hermana* Lydia había servido doce años cuando yo llegué.

Siempre decía que estaba contenta de estar aquí, pagando su deuda a la sociedad y aceptando los deseos del Señor. Aceptaba las leyes de Dios, pero nunca aceptó las reglas para trabajar con las abejas. Era una mujer muy nítida, y todos los días se vestía y se maquillaba cuidadosamente. Usaba ropa pegada al cuerpo y tacones altos, mucho maquillaje y perfume. El cabello le llegaba hasta la cintura, y siempre lo andaba suelto. Una pesadilla para las cuidadoras de abejas.

–¡Hermana Lydia!

Las otras compañeras y yo le repetíamos de una manera muy respetuosa: "tú no puedes usar tacones altos aquí. No puedes andar maquillada. ¡Y tu vestido! Si enojas a las abejas necesitas ropa suelta que te proteja de las picadas. Por favor, doña Lydia...

Pero eso nada funcionaba. A menudo la picaban. Nunca se quejó. Una vez se le metieron entre el pelo y la picaron 21 veces. Fue horrible ver lo hinchada que se puso. Y ella aceptó el dolor y siguió vistiéndose igual. Durante todo el tiempo que yo estuve en prisión ella fue una de las más leales entre las cuidadoras de abejas. Era como si ella hiciera penitencia. Otra de las comunes que trabajó diligentemente con las abejas fue doña Eva, que tenía probablemente la misma edad que la *hermana* Lydia, y venía de la misma sección. Pero eso era en lo único que se parecían. Mientras Lydia había sido vendedora de calle y estaba en prisión por un acto espontáneo de violencia; Eva venía de la clase media alta y estaba acusada de fraude de más de un millón de dólares. Cuando descubrieron el fraude, se escondió en el cielo raso de su casa. La policía llegó, y al sospechar que estaba escondida ahí adentro, anunciaron a gritos que arrestarían a su madre si no se entregaba. Así que se entregó, y terminó en la Sección C de Ilopango.

Puede sonar divertido decir esto, pero Eva era el tipo de persona decente, y aparte de las abejas, ella también se había tomado el trabajo de cocinar para los niños en la prisión. Había muchos en prisión, ya que el sistema de justicia estaba en contra de separar a las madres de sus niños; y la mayoría de mujeres mayores de veinte años ya eran madres. La primera presa política que tuvo un bebé había sido Ana, una de las mujeres que arrestaron con Esperanza. Luego Delia y Carolina, que tuvieron sus bebés meses después de que yo llegué. Otras venían con niños, como doña Ángela que llegó con tres. Nosotras limpiamos una celda separada para ellas, para que no nos molestaran y nosotras no las molestáramos a ellas durante la noche. Amueblamos la celda con cunas o con cualquier cosa que pudiéramos conseguir para ellas. La estufa eléctrica estaba abajo en la cocina, pero ellas tenían prioridad de usarla.

A veces se sentía una atmósfera familiar en la sección, con los niños escurriéndose alrededor y las madres alimentando a sus bebés. El resto del día ellos permanecían fuera del edificio. ¿Qué más se podía hacer con ellos? La mayoría de las comunes también tenían niños y estaban mezclados. A veces había pláticas acerca de "los otros niños", ¿podría este grupo jugar con los del otro grupo? Pero eso era normal, como en cualquier vecindario. En su mayor número, hubo alrededor de ocho o nueve madres con quince niños. El niño más grande era un niño de siete u ocho años, y él en realidad iba a la escuela. De todas formas, Eva se mantenía ocupada cocinando para los niños mientras esperaba su sentencia. Resultó que solo estuvo en prisión seis meses; no sé cómo se las arregló, pero la liberaron.

En mi recorrido hacia donde teníamos las abejas, a veces me la encontraba también y saludaba a la otra prisionera "del millón de dólares", una que robó más de lo que había robado Eva, y venía de un nivel social más alto. Era la señora Rengifo, también de unos 40 años, y era absolutamente hermosa.

Hay cierto tipo de mujeres burguesas cuyo único trabajo es cuidarse a sí mismas y verse elegantes, y la señora Rengifo era una de ellas. Estaba acusada de robar cinco millones de dólares del Estado, en colaboración de sus dos hijos adultos. La estafa de la señora Rengifo fue presentar recibos con un valor de cinco millones de dólares, por exportación cafetalera, sin realmente haber exportado ninguna cantidad de café.

Al igual que Eva, ella no estuvo en prisión por mucho tiempo. La gente rica realmente no permanece encarcelada. Y mientras estuvo en Ilopango, tenía toda clase de privilegios. Creo que eso pasa en otros países también; si eres rica puedes comprar un trato especial en prisión. La señora Rengifo no tenía que dormir con las otras presas comunes; las autoridades le daban un cuarto separado en otra parte de la prisión. De hecho, creo que era casi una *suite* donde tenía su propio cuarto. Su chofer llegaba tres veces al día con comida que había sido cocinada en su casa. Ella tenía libertad total de moverse en la prisión y un guardia que la cuidaba mientras caminaba. Noté que ella no tenía problemas: las prisioneras comunes no podían relacionarse con ella para nada y no se acercaban a ella mientras caminaba, su vestido era inmaculado, de finas telas.

Tú probablemente estás esperando que yo cuente que era amiga de mi madre. Bueno, estás en lo correcto. La señora Rengifo me conocía desde que yo era niña. Pero no era amiga de la familia. Mi mamá nunca fue a verla cuando me visitaba en la prisión. Quizás yo era una de las pocas personas con las que la señora Rengifo hablaba en Ilopango, y aun así era distante, supongo que se sentía terriblemente avergonzada de estar allí. En cualquier caso, no estuvo allí por mucho tiempo. Creo que de alguna forma se las arregló para pagar los millones de dólares y el Estado eliminó el caso. Fácil, ¿no? El proyecto de las abejas funcionó bien. El experto del Ministerio venía a enseñarnos una vez por semana, hasta la primera cosecha. Ya habíamos aprendido lo que necesitábamos saber, y él dejó de venir. La primera cosecha fue increíble: obtuvimos alrededor de 180 botellas de miel de seis colmenas. Fue fácil venderla, y la prisión nos enseñó a hacerlo. Las ganancias fueron alrededor de 100 colones (quizás 40 dólares), lo que fue significativo. El dinero de las presas políticas fue al fondo común. No sé exactamente qué pasó con las comunes; creo que las celadoras controlaban ese dinero y fue para el mejoramiento de diferentes secciones. Eventualmente tuvimos 16 colmenas funcionando; y después de que el proyecto de las abejas comenzó, las comunes comenzaron a tener un gallinero.

20

DISCIPLINA EN LA PRISIÓN

Trato de nunca usar la palabra "puta" para describir a una mujer, pero Estela cabía en esa descripción. Tenía alrededor de 25 años, y se miraba ruda con su ropa ajustada al cuerpo y muy maquillada. Cuando llegó a la sección, dijo que era miembro del ERP, así que se le dio una cama en la celda de Esperanza con las otras compañeras del ERP.

Era lo normal cuando llegaba alguien afiliada a una organización política o guerrillera; se le daba una cama en la misma área que las demás compañeras de esa organización, pero desde el principio tuvimos nuestras dudas. Nadie del ERP la conocía ni sabía nada de ella.

Era posible que fuera cierto; en todas las organizaciones se utilizaban seudónimos, como parte de las medidas de seguridad. Pero de Estela nadie sabía nada. Esto puso a Esperanza y a las compañeras en una posición delicada. Estaban contentas de incrementar el número de personas en su grupo y por consiguiente su influencia en Ilopango, pero no al costo de un problema de seguridad. Estoy segura de que Esperanza envió rápidamente un mensaje secreto al ERP preguntando quien era Estela. Sin embargo, antes de que llegara cualquier información, fue declarada como una infiltrada.

Una semana después de su llegada, una de las prisioneras en la celda del ERP se quejó de que Estela le había robado sus cartas. COPPES todavía estaba unificado en ese momento, así que la directiva se reunió inmediatamente y decidimos revisar sus pertenencias. Hicimos que alguien la llamara a la plaza con un pretexto, y que la mantuviera ahí por un rato, y seis de nosotras nos fuimos a la celda. La acusación era cierta: encontramos las seis cartas robadas, y otros papeles que había tomado de otras compañeras. Todo estaba escondido debajo de su almohada. Era obvio que Estela había sido infiltrada por la policía. Todas estuvimos de acuerdo con que tenía que salir de la sección inmediatamente. Sin explicaciones, recogimos todas sus pertenencias, las pusimos afuera de la puerta de la sección, y se las dimos al guardia.

Luego, escoltamos a Estela hasta la puerta y le dijimos al guardia que se la llevara. Él así lo hizo. Fin del problema. Por lo general, COPPES resolvía rápidamente los problemas que tenían que ver con las prisioneras. Las autoridades de la prisión sabían que nosotras manteníamos la Sección A en orden, y ya que su principal interés era mantener la prisión en calma, nos dejaban que resolviéramos nuestros propios asuntos.

El contraste entre nosotras y las prisioneras comunes era enorme. En las secciones B y C había gran cantidad de agresiones físicas. Muchas cargaban navajas y no tenían miedo de usarlas. El peor incidente, fuera del motín de Navidad, fue la vez que una prisionera común llamada Emilia golpeó a otra hasta desangrarla. Sucedió cerca de la cocina de los niños en la sección C, un área común llamada Maternales. A pesar del nombre, allí no había nada de maternal; no era más que un pasillo de concreto con unas pocas mesas y sillas viejas. Emilia tenía 30 años o quizás más, una mujer grande y fuerte cuya apariencia podría ser descrita como *"marimacha"*. Para mí, era interesante conversar con Emilia, además, tenía un buen sentido del humor. Pero no había que olvidar que era extremadamente ruda. El crimen que la había llevado a Ilopango había sido un acto horroroso: después de encontrar a su marido con una amante, tomó venganza tirándoles agua hirviendo a la mujer y al hijo de esta. Nunca superé la idea de que ella hubiera hecho eso con un niño inocente, especialmente porque ella tenía hijos.

Un día, una prostituta llamada Rosario llegó a Ilopango. Ella me recordaba a las prostitutas que yo había visto en Vancouver durante el Congreso de la Internacional Socialista en 1978. Rosario cuidaba mucho su apariencia, anticipando la hora en que saldría libre y regresaría a su trabajo. Se teñía el pelo, se iba a la cama con rulos, y mantenía las uñas perfectamente pintadas. Nunca hizo nada que molestara a nadie, pero de alguna forma, Emilia decidió que Rosario no le gustaba. Cada vez que miraba a Rosario, la insultaba o hablaba mal de ella a cualquier persona que estuviera cerca. A veces incluso la amenazaba. Las historias de Emilia eran crueles y violentas, a veces hablaba de asesinar y cortarle la cara a alguien. Y a la par de las historias que contaba, Emilia decía lo mucho que odiaba a Rosario. La oías murmurar: "Todo lo que hace es sentarse por ahí a arreglarse las uñas. Maldita prostituta".

Un día, como a las 6:30 de la mañana yo había llegado para hablar con Mabel. Había varias prisioneras comunes fuera de las celdas. Conversábamos normalmente cuando Rosario llegó con el pelo enrulado. Sin ninguna advertencia, Emilia saltó, agarró a Rosario por el pelo, y le estrelló la cabeza contra el poste más cercano. Luego la arrastró hacia el otro poste y la estrelló contra ese, y luego al próximo y al próximo, hasta que le estrelló la cabeza contra cada uno de los seis postes del pasillo. Emilia era mucho más fuerte que Rosario, y lo hizo con tanta furia que ninguna de nosotras la pudo parar. Eso duró segundos antes que llegaran los guardias, por los gritos de todas, pero tuvieron que intervenir seis guardias para detenerla. Castigaron a Emilia y la metieron en un calabozo. Cuando regresó, ya no dijo nada más, y continuó su vida en la prisión como si nada hubiera pasado. Una mujer muy dura.

A Rosario la llevaron al hospital y regresó después de unos días, terriblemente golpeada. Ella también rehusaba hablar del asunto, pero de alguna manera ya no era la misma. Tenía una forma diferente de mirar, como perdida en el infinito. Pienso que tuvo un daño cerebral. La liberaron un par de meses después, y nunca supe nada de ella.

En la sección A nunca tuvimos incidentes como ese, donde alguien fuera golpeada en una pelea. Pudo haber sido posible; algunas éramos rudas, especialmente las que habían estado en las montañas y habían tenido entrenamiento militar. Tenías que ver a Esperanza, por ejemplo, para saber que no podías jugar con ella. Aunque era bonita, a pesar de las cicatrices en la cara, se comportaba con toda la autoridad de la comandante guerrillera que era. Era amable y suave para hablar, y tenía un aura de calma alrededor de ella. La única evidencia de la tensión en ella, era la forma en que fumaba. Solía fumar mucho, con esas pequeñas manos delgadas, constantemente encendiendo o apagando un cigarro.

Los problemas serios de disciplina eran raros en la Sección A. El orden que manteníamos en nuestra Sección, se debía en parte al comité de disciplina de COPPES. Estaba compuesto de mujeres maduras en quienes todas confiábamos: cuando un problema surgía lo manejábamos directamente y con mucha resolución.

A veces, cuando las autoridades traían a alguna persona que no era política, tomábamos prevención de que esa persona podría darnos algún problema. Había tres o cuatro de esos casos, y en cada uno de ellos hicimos lo mismo que con Estela. Simplemente pusimos sus cosas en la puerta y le dijimos a las autoridades: "no queremos a esta mujer aquí. Ella es una prisionera común, no una prisionera política". Y se la llevaban sin ninguna discusión.

También teníamos que actuar cuando alguna estaba deprimida, y encontrar alguna forma de sacarla de su estado para que regresara a participar en nuestra comunidad. A mí me tocó hablar con varias mujeres que querían tener algo con los guardias masculinos de la prisión. De hecho, eso era un problema más o menos constante. Aunque algunas de esas muchachas habían estado activas en las organizaciones político-militares, eran muy jóvenes, hasta adolescentes, con las hormonas aceleradas. Nosotras no expulsaríamos a nadie de nuestra sección por este tipo de infracción, pero se trataba de estar vigilante y llamar su atención cuando descubríamos que algo estaba pasando.

Sin embargo, había otros asuntos más complicados porque no eran tan obvios como recordarles la relación apropiada entre una prisionera y un guardia. Una de estas eran las relaciones lesbianas. Como saben, la homosexualidad es duramente reprimida en las prisiones de cualquier parte, Ilopango no era la excepción. En las secciones de prisioneras comunes las luces se mantenían encendidas todo el tiempo, la mayor parte por seguridad, pero también para no permitir actividad sexual entre las mujeres. Nosotras las políticas rápidamente obtuvimos el derecho de apagar las luces a las diez, pero entre nosotras el lesbianismo permaneció siendo algo que teníamos que manejar con mucho cuidado. Yo llevaba unas pocas semanas en Ilopango cuando dos compañeras jóvenes llegaron a la Sección A. Eran estudiantes de bachillerato, de entre 14 y 15 años. Una había participado en una milicia urbana organizada por la guerrilla. Eran dos jóvenes normales de familia de clase media baja. Una era rubia y de ojos azules, muy dulce, una chica entusiasta. La otra era morena y un poco menos sociable, pero era llena de vida, apenas aprendía cómo maquillarse. Las dos habían sido torturadas durante su mes de detención en la Guardia Nacional antes que las trasladaran a Ilopango. Ellas no se conocían antes de que las arrestaran, y los guardias las mantuvieron en la misma celda. Eso fue por suerte, hay que imaginarse lo duro que pudo haber sido para ellas si hubieran estado aisladas durante esa detención. Por lo menos tuvieron a alguien de su edad para mantenerse ante las torturas. El problema fue cuando llegaron a la Sección A. Se habían acostumbrado a dormir juntas en el cuartel de la Guardia Nacional, y no querían renunciar a eso. Pidieron tener camas juntas, una petición que no fue ningún problema y se cumplió. La primera noche, una de ellas fue a la cama de la otra y durmieron juntas el resto de la noche. La situación se discutió en la directiva. Las reglas generalmente se hacen para lidiar con situaciones cuando se presentan, en lugar de antes de que ocurran. Esta fue la primera vez que que el tema de lesbianismo apareció en COPPES. No teníamos una regla para abordar algo así.

Como siempre en nuestras reuniones, cada una tenía la oportunidad de tomar la palabra. Creo que Paquita dirigía la reunión, y una a una las compañeras se pronunciaron en contra de dejar a las dos muchachas que durmieran juntas. La regla de la prisión era que cada persona durmiera en su cama, y la directiva sostuvo que esa era una buena regla.

Mientras cada una de las compañeras hablaba, yo escuchaba qué tan claras y fijas eran las actitudes, y rápidamente decidí que yo no tenía razones suficientes y fuertes para hablar a favor de las muchachas. Yo no creía que dos mujeres durmiendo juntas era algo malo, pero la mayoría de las mujeres lo juzgaron así. Fue obvio que yo era la única que pensaba diferente. Así que guardé silencio.

Después de media hora de discusión la reunión decidió que la regla sería que no debería haber contacto físico entre dos personas en una cama. Para ser justas, parte de la decisión fue tomada porque se pensaba que COPPES ya tenía suficientes problemas como para lidiar con uno más. Había suficientes camas para todas. No había necesidad para que dos personas durmieran en una misma cama, especialmente si eso pudiera crear problemas con las autoridades de la prisión.

Yo soy abierta y liberal en lo que concierne a las cosas personales, en parte porque viví en Europa durante varios años. Tengo muchos amigos *gay* y amigas lesbianas, y en lo que a mi concierne es su derecho. Pero la mentalidad salvadoreña es muy conservadora cuando se trata de valores y principios. Desde antes de que me arrestaran ya había decidido que había ciertos temas que yo no iba a defender tan abiertamente. El aborto y la homosexualidad son puntos muy importantes en Europa y Estados Unidos, pero en el contexto de la lucha en El Salvador por los derechos humanos básicos y justicia económica, eso era una parte secundaria. Yo siempre justifiqué mi estrategia con la idea de que podíamos lidiar con todas esas cosas si el cambio llegara a nuestro país. El consenso de COPPES fue que permitir las relaciones lesbianas no era correcto dentro del contexto de un movimiento revolucionario.

Desafortunadamente, el hecho de que yo aprobara esa decisión de la directiva, no significaba que yo no tuviera que enfrentar el problema. Las dos muchachas dormían en mi celda, y yo estaba a cargo de la disciplina, así que caía sobre mí la responsabilidad de llamarles la atención. Eso era doblemente duro porque aparte de la opinión sobre el asunto, una de ellas era una de mis amigas más cercanas. Me admiraba, y quería aprender todo lo que pudiera de mí.

Yo tenía casi la edad de su mamá, y de alguna forma ella era como hija para mi. A ella le gustaba desenredar mi cabello y yo le enseñaba a coser.

La directiva me había dado la tarea de prohibirles que durmieran juntas. Mientras bajaba las gradas a la celda me preparaba para la difícil tarea. "Lesbianismo" no es una palabra bonita en El Salvador; sugerir que una mujer es lesbiana es un insulto, y muy humillante. Pero cuando conversé con las dos muchachas, la palabra nunca se usó. Simplemente les dije que la regla en la prisión era una persona por cama y por lo tanto ellas no podían dormir juntas. Vivíamos en un grupo y había poco espacio, y teníamos que tener disciplina y orden en nuestras vidas. Las muchachas se pusieron tristes, pero aceptaron que teníamos que tener reglas claras. Y estuvieron de acuerdo. Yo secretamente tuve un gran alivio y creí que así terminaba todo.

Dos semanas más tarde, el cuento estalló de nuevo. Fue después del desayuno un domingo por la mañana, siempre un tiempo agitado mientras todas se apresuran para recibir las visitas. Estábamos preparándonos con la mejor ropa, peinándonos, maquillándonos, con los familiares a punto de llegar. Recuerdo claramente, estaba planchando mi blusa cuando alguien se acercó para decirme el chisme:

¡Las muchachas se están bañando juntas!

Sentí un golpe en el corazón. ¿Por qué tienen que decirme estas cosas ahora? ¿Y por qué éstas dos muchachas tienen que hacerlo tan abiertamente que yo tengo que involucrarme? La celda estaba bajo mi responsabilidad, y ya todas estaban murmurando acerca de las chicas bañándose juntas. ¡Sí, en un domingo! La compañera que vino con el chisme me halaba el brazo e insistía en que yo fuera a verlas, y todas querían saber acerca del escándalo.

Bajé las gradas hacia los baños y era cierto. Las dos muchachas estaban bañándose juntas. Pero no dije nada, simplemente regresé a seguir planchando mi blusa y a alistarme para la visita. Pensaba que la situación había que manejarla en privado. Además, necesitaba preparar lo que les iba a decir. Cuando las dos habían terminado de vestirse, caminé hacia ellas y las aparté hacia un lado diciéndoles que quería hablar con ellas.

Apartarlas hacia un lado no significaba mucho cuando se está compartiendo una celda con 30 mujeres. Pero en este caso, todas estaban pendientes porque el chisme se había regado; y las dos chicas se dieron cuenta de que las demás estaban pendientes. Ellas se molestaron, por lo que la situación se volvió más pública.

A pesar de mis sentimientos personales, yo no podía manifestar que pensaba en contra de las normas de la directiva. Les expliqué a las dos juntas que mientras más cercanas estuvieran físicamente, habría una mayor tentación. ¿Tentación de qué? me preguntaban. No se daban cuenta. Entonces decidí hablarles claramente. Me refiero a la tentación de que su relación se pueda convertir en una relación lésbica.

Las dos se ofendieron. ¿Cómo me atrevía yo a insultarlas? ¿Por qué humillarlas de esa manera? Yo, que era la persona que más admiraban en la prisión ¿Cómo me atrevía yo a pensar eso de ellas? Fue tan incómodo como me imaginé que sería iba a ser; yo no lograba decirles nada. Y no podía retroceder.

A una de las chicas la liberaron de la prisión tres semanas después, y nunca hubo otra situación como esa. Pero yo nunca pude arreglar la relación con la chica que se quedó. Durante un mes no me dirigió la palabra, ni para decir buenos días. Eso era muy común en prisión. Cuando se tiene que vivir juntas en un espacio tan pequeño, y físicamente no puedes resolver el problema, lo único que puedes hacer es ignorar a la otra persona.

A veces había tanto resentimiento en la atmósfera que me imaginaba que era algo que se podía cortar con un cuchillo. Eventualmente ella se calmó lo suficiente para hablar conmigo, pero nunca volvimos a ser tan amigas como antes. Un año después, sus padres lograron sacarla de Ilopango. No sé dónde está ella ahora.

Ocurrió un par de veces que alguien simplemente dijo "al diablo contigo y tu comité de disciplina". El peor de estos incidentes involucró a Sonia, a quien ya he mencionado antes. Era una chica maravillosa y yo la apreciaba mucho, pero al mismo tiempo ella tenía problemas de conducta. Si teníamos un proyecto ella ofrecía su ayuda y hacía un buen trabajo. De hecho, presionaba y presionaba para ser incluida en cualquier proyecto. Y a pesar de que se podía tener dudas debido a su experiencia anterior, tu decías "bueno, Sonia". Y por un tiempo las cosas marchaban bien.

Pero luego ella decidía treparse a un árbol y escaparse de la sección mientras se suponía que debería de estar en una clase de artes manuales, y tú la buscabas y buscabas mientras su clase la estaba esperando. O ella podía detener la actividad porque simplemente no le gustaba la forma en cómo alguien se comportaba. Tenía un temperamento terrible, podía comenzar a decir malas palabras y a gritar, y cuando eso ocurría era difícil lidiar con la situación. Seguido hablaba con ella sobre la disciplina y la necesidad de actuar de manera responsable, pero no servía, ella era tan difícil y tan maravillosa, una fuente de risas que yo terminaba perdonándola.

Justo antes de mi primera Navidad en Ilopango, una botella de "chicha" fue descubierta en un closet de la Sección C. Una instructora abrió el closet, sorprendida de ver que el candado había sido quebrado, y más sorprendida aún, al encontrar la botella con la bebida embriagante: la chicha en plena fermentación. Ese tipo de licor artesanal era totalmente prohibido por las autoridades de la prisión, y tenían reglas estrictas para prevenir que las prisioneras hicieran su propio alcohol: no se permitía tener piña ni caña de azúcar, ni cualquier otra cosa con alto contenido de azúcar.

La celadora se dirigió a la Sección A y nos acusó de hacer chicha. Eso era una acusación seria, por lo que hubiera sido muy duro para COPPES si un grupo de políticas se habría involucrado en esto. Pero cuando vimos la botella, nos dimos cuenta que era uno de los proyectos de Sonia. Ella la había elaborado usando las frutillas del árbol de nance. El árbol tira sus frutas y cada mañana Sonia se levantaba muy temprano y recogía los nances. Así como lo hizo con el rótulo en la pared, esto nos causó serios problemas, Sonia ni siquiera intentó negarlo. Su respuesta "claro, yo estaba haciendo chicha", y se rió.

Como era típico de ella, ni siquiera se daba cuenta de que había hecho algo malo. Era otro de sus proyectos: dulce de fruta. Después de confrontarnos, la celadora fue con el informe a la administración de la prisión. Todo lo que podíamos hacer era esperar, sabiendo que Sonia sería castigada severamente. No había forma de que COPPES la defendiera. Pero la negociación sobre la *chicha* era imposible. En aquel tiempo, negociar algo que tuviera que ver con Sonia era difícil, porque ella se metía en problemas a menudo.

Su castigo fue diez días, en una celda, aislada, incluyendo la Navidad. ¡La Navidad es terrible! Las celdas de aislamiento estaban agrupadas alrededor de un pequeño patio, realmente no era más que una jaula de cemento con alambre de púas encima, vacía y sin ningún mueble adentro, excepto un chorro de agua con un drenaje. Esa celda tiene un metro de ancho y dos de largo, sin cama. Un hoyo en una esquina como inodoro, eso era todo. La puerta de cada celda tenía una portezuela por donde la celadora podía ver, y arriba de la celda había un espacio, el cual permitía que entrara la luz a través de los gruesos barrotes de hierro. A la par del complejo aislado estaba nuestro taller de costura, y a menudo escuchábamos gritos y golpes en las puertas de la celda cuando las prisioneras estaban ahí castigadas. Al principio Sonia tomó el castigo con fortaleza.

Obtuve permiso para ir a verla, le llevé libros y comida todos los días, y eso la distrajo un poco, y le dio un poco más de ánimo. Pero después de unos pocos días toda su incomodidad y energía se liberó. No se podía lograr que estuviera quieta por mucho tiempo, y ahora todo lo que tenía eran dos metros cuadrados y un montón de concreto alrededor. Se trepó al techo de la celda y logró arrancar uno de los barrotes. Luego comenzó a afilarla y a labrar un hoyo en la pared. Al décimo día ya estaba casi enloquecida. Cuando los guardias llegaron finalmente a sacarla se puso muy malcriada con ellos. Comenzaron a discutir y ella golpeó a uno de ellos. Resultado: tuvo que permanecer en soledad por otro par de días.

No había nada comparado con lo que Sonia estaba pasando, el episodio fue doloroso para nosotras las de la directiva. Era la primera vez que una prisionera política era enviada a la celda de aislamiento. La Sección A no tenía problema de drogas o alcohol, y si el problema se hubiera quedado entre nosotras hubiéramos lidiado con las desavenencias de Sonia, sin que las autoridades se dieran cuenta.

Después de que Sonia salió del calabozo fue más difícil lidiar con ella. Los castigos como esos nunca mejoraron su conducta. De hecho, la hicieron peor. A veces rehusaba comer, en protesta de algo. Otras veces ella se comportaba de una forma que decía no a todo. No a limpiar. No a usar sus zapatos. No a lavar su ropa, así que comenzaba a oler mal. Ella estaba en mi celda, así que era mi problema. Y se iba convirtiendo en un problema más grande ya que la población de la sección había crecido hasta casi un centenar, al doble de su capacidad. Tal cantidad significaba que COPPES tenía que incrementar su disciplina y poner reglas más estrictas para prevenir problemas. El ingreso de las mujeres de ANDES, y la división de COPPES en dos fracciones, complicaron las cosas más para alguien como Sonia, ya que eso era una situación que ella no podía entender. Hablar con ella a veces ayudaba y a veces no. Por ejemplo, yo a menudo trataba de explicarle lo que era COPPES y por qué hacíamos lo que hacíamos; por qué estábamos en la lucha y qué rol jugábamos dentro de ella. Algunas cosas tenían sentido para ella, pero le molestaba mucho que los seres humanos no eran consistentes entre lo que decían y lo que hacían. No hace falta decir que ella se molestaba a menudo. La política de COPPES la ponía furiosa. De repente ella explotaba. Una vez estábamos sentadas cosiendo, y algo que había estado pensando durante muchos días salió a la luz, diciendo: "¿Por qué putas vos y Esperanza son tan amables entre ustedes dos cuando la verdad es que vos trabajás en contra de ella? ¡Ella te cae mal y vos le caes mal a ella! Vos y yo, no nos caemos mal".

Le expliqué, tratando lo más posible de guardar mi compostura: "personalmente Esperanza y yo nos llevamos bien, ella me enseñó a bordar, ¿no es cierto? ¡Pero nosotras representamos diferentes organizaciones y tenemos opiniones diferentes, es lo mejor para COPPES!" Sonia no podía aceptar eso, y gritaba, "¡Son una mierda y todo esto es una hipocresía!".

A veces, ella no me miraba como Ana Margarita, y me veía simplemente como la líder de la celda, y una figura con autoridad. En esas ocasiones la tensión entre nosotras era muy fuerte. A menudo yo la podía mitigar con libros o con juegos, o con proyectos como la huerta, pero a veces yo simplemente no tenía la energía para tanto esfuerzo.

En esos momentos ella decía que yo era insoportable, y hacía cualquier cosa que pudiera molestarme. La tensión entre nosotras creció, hasta llegar a un desenlace. El incidente comenzó por su radio de transistores, que trataba de mantener encendido después de las 10:00 de la noche, cuando había que apagar todas las luces.

Mi cama estaba bajo la luz de un foco. Yo había amarrado un pedazo de lana desde el foco hasta mi cama y cuando llegaba la hora, halaba el cordón para apagar la luz. Todas teníamos que quedarnos quietas. Algunas se dormían inmediatamente, mientras otras platicaban suavemente hasta que el silencio reinaba. Yo estaba a cargo, pero casi nunca tenía que ordenar silencio. La energía comenzaba a disminuir. Era ese momento cuando finalmente nos quedábamos con nosotras mismas. A veces se escuchaba el llanto de alguna mujer. Y como yo estaba a cargo, me levantaba a ayudarle. Por lo general era que se sentía sola y sufría por estar lejos de su familia.

Había otras cosas que ocurrían y yo no me enteraba porque estaba dormida. Muchas de las historias emergían de esos lapsos de oscuridad nocturna, el resultado de tantas mujeres conviviendo en el mismo espacio, en una misma situación. Un día, una compañera se acercó para decirme que había escuchado a alguien que se estaba masturbando, y me pedía que tenía que levantarme a hablar con esa persona. Cualquiera que fuera el problema, casi siempre se resolvía conversándolo.

Pero Sonia con su radio encendido hasta muy tarde, estaba llevándome al límite. Después de tres noches, me levanté para ponerle un paro. "¡Vamos Sonia!", le dije suavemente, inclinándome hacia ella, "apaga el radio, apaga el cigarro y duérmete". Ella se levantó de la cama y me puso el cigarro muy cerca de la cara, diciéndome, "¿y qué si no me da la gana?" La celda estaba en silencio pero todas escuchaban. Yo sentí el calor del cigarro en mi rostro. Casi diez años más tarde, todavía lo siento cuando me acuerdo de ese momento.

Muy despacio, la miré fijamente y le repetí con la misma voz suave, "Sonia, es mejor que te acuestes". Era una confrontación. Yo no estaba lista para entrar en contacto físico con ella, pero ya no podía permitir tanto abuso de disciplina. Me puse firme: "¡es la última vez que te lo digo!" Cuando me voltee para regresar a mi cama, me saltó encima y me dio una trompada. Caí al suelo, y ella me saltó a la espalda, gritando y siguió golpeándome. Yo también me puse a gritar.

De repente todas las compañeras se levantaron; varias trataron de separarnos; hasta que llegó la celadora a intervenir.

La celadora agarró a Sonia y se la llevó a la celda de aislamiento. Yo estaba en un estado de choque y tratando de calmarme. Pero COPPES inmediatamente llamó a una reunión. Para ese entonces, la organización ya se había dividido en dos, pero el incidente fue tan importante que ambas fracciones se reunieron.

La reunión no duró mucho, ¿qué podíamos hacer? Bueno, por lo menos algo estaba claro, ya no podíamos defender a Sonia. Nunca había habido una violencia física en la sección, mucho menos contra alguien de la directiva. No había otra solución: ella tenía que abandonar la sección. Fue muy doloroso para mí, pero no había nada más que hacer. Pocos días después del incidente, la directiva de COPPES oficialmente pidió a las autoridades transferir a Sonia a otra prisión sobre la base de que ella no era realmente una prisionera política. Mientras tanto, la tuvieron en el calabozo durante quince días. De nuevo fui a verla a la celda. Hablamos, pero ella realmente no entendió por qué la estábamos sacando.

Fue muy triste el día que Sonia se marchó. Me sentí mal. A pesar de todo, realmente le había tomado cariño. Cuando los guardias vinieron a llevársela tuvieron que arrastrarla. Ella, muy orgullosa, nos dijo: "al diablo con todas ustedes, ¡me voy!". Ilopango era la única prisión de mujeres en El Salvador, pero a las mujeres frecuentemente las mantenían en celdas especiales en cárceles de pueblos pequeños. Tuvo que haber sido terrible para ella, con toda su vitalidad e imaginación, sin nada que la entretuviera.

Escuché a través de los chismes de la prisión que ella continuó causando problemas, y que había sido trasladada de una prisión a otra. Lo último que supe de Sonia, es que fue liberada cinco meses después bajo la misma amnistía con la que me liberaron a mí. Me puse contenta al saber eso, pero nunca más supe de ella. Hubiera querido saber de ella, y de lo que estaba haciendo. Una muchacha tan brillante, creativa e incansable. Espero que esos dos años en prisión no la hayan dañado permanentemente.

La Sección A estuvo más calmada cuando Sonia se marchó, y no hubo más problemas de disciplina, por lo menos no de la misma escala. A pesar de la división en COPPES, la vida continuó su rutina y la sección siguió funcionando como se esperaba. Luego en abril, las noticias de un asesinato y de un suicidio en Managua, cambiaron el rostro de la oposición salvadoreña para siempre, e hizo pedazos la certeza que me había mantenido firme por tanto tiempo. Irónicamente, eso mismo hizo que COPPES se uniera de nuevo.

21

HUELGA DE HAMBRE, ASESINATO, SUICIDIO

HICIMOS la tercera huelga de hambre para coincidir con la visita del Papa Juan Pablo II a El Salvador. Lamentablemente, el Papa no nos prestó ninguna atención. Cuando llegó el 6 de marzo de 1983, pasó frente a la prisión después de aterrizar en la base aérea de Ilopango. En ese entonces, Reagan acababa de certificar que los derechos humanos estaban mejorando en el país. El Congreso de EE.UU. le exigía que cada 6 meses certificara que la situación de los Derechos Humanos en El Salvador estaba mejorando. La huelga era precisamente para demostrar ante el mundo nuestra situación como presos políticos.

La tercera huelga fue especialmente importante para mí. Éramos 40 personas en total: 12 mujeres en Ilopango y 28 hombres de la Prisión de Mariona. En Ilopango fuimos cuidadosamente seleccionadas con el fin de representar los diferentes sectores de la sociedad salvadoreña: estudiantes, maestras, vendedoras del mercado, campesinas, MNR, etc. Todas las mujeres en la huelga eran de mi celda.

Esto fue dos años después de que Bobby Sands muriera en una huelga de hambre en Irlanda. La línea a seguir era llegar hasta el final, pero sin muertes. Nadie tenía que salir lastimado, pero "llevarla lo más lejos que pudiéramos".

De nuevo, los primeros días fueron horribles, lo mismo que en las dos primeras. El aguantar hambre, el dolor en el estómago, el dolor en la cabeza. Luego se hizo más fácil. Como siempre tratamos de encontrar formas de quitarnos de la cabeza el malestar, y el aburrimiento. La lectura fue una gran ayuda. Uno de mis recuerdos más intensos en la huelga de hambre, fue cuando leíamos *Un día en la vida*, de Manlio Argueta. Fue muy impresionante. Leíamos cada tarde, y llorábamos mientras compartíamos la emoción. Fue muy triste para nosotras cuando el libro terminó.

La vida continuó en la prisión, pero no completamente normal ya que durante las huelgas de hambre había una serie de actividades especiales. Tres veces al día, había actos políticos para mantener nuestra moral. Teníamos una canción de COPPES que cantábamos, había consignas y lemas en apoyo a la huelga de hambre. La cocina se controlaba de manera más estricta, y las compañeras hacían un esfuerzo para no hablar de comida. Ellas lavaban nuestras ropa y nos daban prioridad en los servicios. Una cierta calma se mantenía para dejarnos dormir. Esta especial consideración era mantenida por todas, hasta las personas que no eran de nuestra línea respetaban lo que hacíamos. Algunas que nos apoyaban venían a hacernos compañía.

Fue muy duro que mi amiga Beatriz ya no estuviera con nosotras para ese tiempo. (Necesito mencionar aquí lo que le pasó a Beatriz después de esto, seré breve. Después de tiempos difíciles, incluyendo un segundo encarcelamiento en Ilopango, Beatriz se refugió en Australia. Sin documentación ni cualificaciones profesionales, tuvo que comenzar de cero, pero finalmente se convirtió en enfermera calificada. El contacto especial entre las dos se ha mantenido a pesar de la distancia. Cuando estuve con cáncer la primera vez, hace dos años, me llamaba por teléfono desde Australia.

Al continuar la huelga de hambre, mi madre estaba extremadamente preocupada, más de lo que había estado en las dos huelgas anteriores. Pero fue casi divertido. Mi cuñada Judy, Silvia Castellanos y otras amigas de mi madre nos enviaban artículos sobre Gandhi y cómo él se mantuvo durante 60 días sin comer nada, y si Gandhi no murió de hambre. Obviamente, ellas trataban de apoyar a mi madre, pero también era para ayudarme a mí, como diciéndome "si él puede, tú también puedes hacerlo". La tía que tenía en Los Ángeles, vino a visitarme. Cada vez que me veía se ponía a llorar.

El objetivo de esta huelga había sido denunciar las políticas del Presidente Reagan. Con el tiempo, se logró: se generaron noticias en los periódicos de todo el mundo. Estábamos muy contentas con los resultados, pero la huelga continuaba. Los jueves y los domingos eran los días que teníamos visitas; esos días eran especialmente importantes porque obteníamos información del exterior. Luego de treinta tres días de huelga, aún no recibíamos mensaje del exterior para concluirla. Eso fue desilusionante, pero no había problema. Simplemente significaba que teníamos que continuar.

De repente llegó alguien a decir que la huelga había parado en Mariona. Fue bueno escuchar eso, pero nosotras no pararíamos hasta obtener noticia por escrito y saber exactamente quién la enviaba. Finalmente, quince minutos antes que terminara la última visita, una madre trajo en un *embutido* un mensaje escrito de Sebastián, diciendo que ellos habían parado y estaban preocupados de no haberse podido comunicar con nosotras a tiempo. Si no hubiéramos recibido esa nota, la huelga se habría extendido tres tres días más.

Finalmente concluyó, pero, aunque soñábamos con comer, no se puede comenzar a comer normalmente después de una huelga de hambre. Hay que comenzar con porciones muy pequeñas cada hora. El estómago se ha encogido durante los días sin comer. Comenzamos con pequeñas porciones de caldo, y pedacitos de pan remojados en el caldo. Alicia y algunas compañeras de ANDES cocinaron para nosotras: caldos y vegetales, pollo hervido, todo cortado en trocitos. La primera fruta normal que comimos fueron jocotes; y me enfermó. Me tomó casi una semana recuperarme. No tuve un daño permanente, pero me costó. Soy fuerte; hasta ahora me he recuperado bien de mi cáncer y de la quimioterapia.

La solidaridad entre nosotras fue genial. Hubo una gran unidad en ese momento, incluso distanciada de Esperanza y su grupo. Ocurría cada vez que había un evento importante o fechas importantes para celebrar. Las divisiones se olvidaban por un momento.

Unas semanas más tarde, un mes antes de que yo saliera de prisión, nos llegó la noticia de la muerte de Mélida Anaya Montes —

Ana María— y de Cayetano Carpio: Marcial. Me trajo uno de los momentos más dolorosos que experimenté en prisión, como si todo el mundo se desmoronara. Durante mi tiempo en la prisión, había permanecido en un estado místico: una mezcla del sentido de la disciplina, de la obediencia, de la fe absoluta en el proceso, y en mis líderes.

Primero, a Ana María la asesinaron de una forma horriblemente cruel en Nicaragua. Había sido secretaria general de ANDES, el sindicato de los maestros. Había conducido exitosas jornadas de lucha y de huelgas; y era la segunda al mando de las FPL. Para nosotras, que la comandante Ana María —una mujer—, fuera la segunda al mando de una organización principalmente dirigida por hombres, era sumamente importante. No fue sino hasta en diciembre de 1981, después de la formación del FMLN que los nombres reales de los líderes de las organizaciones fueron anunciados públicamente.

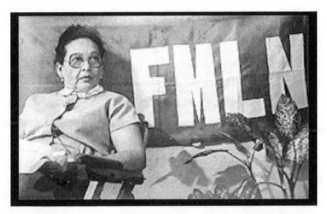

Mélida Anaya Montes, "Comandante Ana María" (Wikimedia Commons)

Su muerte ocurrió en Nicaragua el 6 de abril de 1983. Los líderes del FMLN viajaban entre Nicaragua y El Salvador, y ella se encontraba en Managua. La primera información que nos llegó fue que la CIA la había asesinado. Eso nos hizo sentir que teníamos una mártir, que su vida había sido un sacrificio, sobre el cual nos podríamos enorgullecer. Ese sentimiento nos hizo unirnos nuevamente en un solo COPPES. La ceremonia que mantuvimos en su honor fue la

primera actividad en la cual todas participamos. Todas las organizaciones que representábamos a lo interno tomaron la palabra y mantuvimos un minuto de silencio, luego canciones y consignas.

Salvador Cayetano Carpio, "Comandante Marcial
(AlfredoMercurio-503, Wikimedia Commons)

Quienes la habían conocido compartieron algunos testimonios,
en especial las mujeres de ANDES. Hablaron de su dedicación, de
cómo comenzó, de cómo se convirtió en secretaria general de
ANDES, de su participación en la gran huelga de 1968, y de cómo se
incorporó a las FPL. El acto tuvo matices dolorosos y emotivos.

Cinco días después, el mundo entero se vino abajo. Habíamos
apagado las luces y me estaba quedando dormida cuando la compañera de la cama del lado se levantó y me tocó el brazo. Eso fue una
sorpresa en sí misma, porque Miriam no me había hablado durante
un buen tiempo. Estábamos en la misma organización, trabajábamos
juntas y dormíamos en camas adyacentes en la misma celda por
meses. Pero ella se había resentido por algo que yo había dicho, y
durante meses no me dirigió la palabra. Y de repente me dice: "Margarita, Margarita la radio está diciendo que Marcial está muerto, ¡que
se suicidó!". Me levanté en *shock*, desconcertada. "Imposible", le dije.
"Es otra vez la CIA. Están tratando de crear confusión". Todas las
mujeres en mi celda se voltearon hacia mí para decir algo, yo estaba a
cargo; y ellas querían que yo tomara una postura. Y dije: ¡No puede
ser verdad!

De repente veo a Esperanza frente a mí, que me dice: "¡tenés que creerlo, Ana Margarita! ¡Marcial se suicidó! Su colega más cercano había asesinado a Ana María con un picador de hielo. ¡Era demasiado horrible imaginarse semejante cosa! ¿por qué?" Esperanza me dijo que tenía que ser realista.

Yo le dije, "Esperanza, mientras no escuche nada oficial en la radio no voy a creer eso que me dices". Y ¡no lo creía! Pero esa misma noche lo escuchamos. Solíamos sintonizar dos estaciones de Nicaragua, Radio Sandino que no decía nada, y Radio Nicaragua Internacional que daba una noticia, que el comandante Marcial había muerto. Algo era cierto. Pero yo me negaba a creer el resto.

La mañana siguiente era día de visita. Casi nunca había suficientes sillas para toda la gente que llegaba. Un colectivo estaba a cargo de la distribución de las sillas, pero esta vez había mucha gente, y hubo un forcejeo fuerte con las sillas para sentar a todos los miembros de las familias. Cuando la visita terminó me puse a sintonizar *Radio Farabundo Martí*, la estación de las FPL. Salió a al aire a las 10, y anunciaron que Marcial se había quitado la vida. Era muy duro encarar las acusaciones de que Ana María había sido asesinada, y de que Marcial se había quitado la vida. El hecho de que el colaborador más cercano de Marcial, alguien a quien él había criado, y su propio jefe de seguridad, hubiera asesinado a Ana María era muy difícil de aceptar. Todo eso salió en el reporte de la radio.

Era como si todo mi mundo se estuviera derrumbando, todos mis ideales. Me sentía como flotando en el limbo, cuestionando mis motivos en la lucha, pero sin mucha claridad. Eso era peligroso. Para continuar mi propósito de sobrevivencia en la prisión con fe y dirección para un futuro, yo tenía que creer en mi organización. Para el mundo exterior, las FPL se había mostrado unida y claramente enfocada en sus ideas. También para aquellos que trabajábamos en El Salvador, la organización era un bloque de granito, sin nada que la pudiera sacudir. Pero se hizo claro en los días posteriores, que las FPL había tenido profundas divisiones internas sobre asuntos estratégicos.

La línea de Ana María pensaba que el tiempo había llegado para establecer negociaciones, mientras que Marcial sostenía que la lucha militar prolongada eventualmente le quitaría poder al gobierno. Más tarde me di cuenta de que mucho de lo que ocurría en la prisión reflejaba el mismo conflicto. A pesar de que nunca habíamos hablado de la división dentro de la organización.

Las muertes de Marcial y Ana María me abrieron los ojos a la desobediencia. En un instante, pasé de ser obediente —en el sentido religioso de la palabra— a convertirme en una persona crítica con los ojos abiertos. Nunca creí que Marcial hubiera sido el autor intelectual del asesinato. Pero no se sabe. Todo lo que puedo decir es cómo me afectó a mí. Sus muertes, me llevaron a entender que ningún ser humano es perfecto. La obediencia tiene que estar basada en el respeto, en la confianza, en el conocimiento; es un proceso de aprendizaje, no se puede pensar en que alguien está en lo correcto siempre. Las organizaciones no son infalibles.

Hay un cierto nivel de obediencia que se tiene que aceptar cuando se trabaja desde lo clandestino. No se puede saber quién es la persona cuyas órdenes recibes. Las órdenes vienen, y no se sabe de dónde. Pero por el hecho de que entiendes los objetivos estratégicos de la organización, se siguen órdenes. Es un proceso consciente, un ejercicio de juicio: uno es consciente del porqué se hace y se acepta. Es la única forma de alcanzar los objetivos. Pero hay otro aspecto de la obediencia, que es la idealización de los seres humanos. Eso es lo que yo sentía hacia mis superiores, y lo que generalmente sentimos en relaciones personales. Precisamente eso es lo que yo perdí cuando Ana María y Marcial murieron.

La gente se pregunta cosas extremas, como: ¿qué pasaría si te pidieran que mates a tu hermano? Pero nunca tuve que enfrentarme a nada parecido. Ni se me cruza por la mente ejecutar una orden como esa, solo para ser un buen soldado con absoluta disciplina y obediencia. Una situación más realista —con la que tuve que enfrentarme—, fue con la homosexualidad en la prisión, que lo mencioné antes en el caso de las dos jóvenes. La homosexualidad es algo que acepto y respeto. Creo que todas las personas tenemos derecho a escoger la pareja que queramos, siempre y cuando no exista manipulación ni coerción. Pero en ese entonces, cuando se convirtió en un problema para la disciplina de la prisión, yo acepté poner a un lado mi creencia y respeto. Lo aparté por respeto a la organización, donde la mayoría no pensaba como yo.

Me han preguntado si alguna vez recibí una orden que pensé era mala, y que podría llevarnos a un fracaso. Y sí, a veces recibí órdenes que me hicieron pensar: "yo no lo haría así". Pero había oportunidad para discutirlo o por lo menos, el método. Porque el método era una decisión del grupo. Una de las órdenes que me confundió fue la de la "ofensiva general". Yo tenía la intuición de que no iba a salir bien, pero cumplí mis tareas: proveer cuatro o cinco casas para las necesidades básicas. Y nunca pensé que fuera una locura. Las muertes de Ana María y Marcial me dejaron tambaleando. Experimenté muchos cambios, un proceso de cambios internos que duró desde un mes antes de salir de la prisión, hasta un mes después. Nunca ofrecería esa clase de obediencia otra vez.

22

¡LIBERTAD!

Dos o tres semanas después comenzamos a escuchar noticias sobre una posible amnistía para los presos políticos. Tenía que ver con la solicitud que el Congreso estadounidense le había hecho al presidente Reagan, para que reportara semestralmente el progreso de los derechos humanos en El Salvador. Además de nuestra huelga de hambre, esta solicitud, puso mucha presión al gobierno para considerar una amnistía general. En poco tiempo Duarte comenzó a crear una Comisión de Amnistía. La primera vez que escuché eso fue durante una visita de Javier. Comencé a insistir en que la familia consultara a un abogado para reactivar mi caso, pero Javier dijo, "no, no hay necesidad, la amnistía viene".

Había varias visiones sobre la amnistía entre las diferentes organizaciones. Inicialmente los del ERP —que eran los más extremos— anunciaron que no aceptarían la amnistía porque que era un espectáculo montado por Duarte. Según ellos, cualquier persona que abandonara la prisión estaría traicionando a la guerrilla, pero en algún momento la línea cambió.

El 18 de mayo, cinco semanas después de la muerte de Marcial, la primera prisionera que recibió su carta de libertad fue Vida Cuadra, si recuerdo correctamente; alguien llegó a la prisión con su carta de libertad y salió de prisión. Las dos directivas de COPPES sostuvieron una reunión para hablar del asunto. Era posible que las autoridades intentaran usar la amnistía para hacer tratos personales con nosotras, y teníamos que evitar esto. Ocho de nosotras decidimos que deberíamos hacer una pieza de teatro para ilustrar el riesgo. Para la obra teatral, una de nosotras tendría que hacer el papel de la prisionera a la que el gobierno le ofrecía su libertad. Lupe se ofreció a hacerlo. Fue la persona correcta, en parte porque tenía experiencia en teatro popular, y porque había tenido sus altos y bajos en los dos años que estuvo en prisión, y había recibido muchas críticas por ello. A veces se miraba fuerte y trabajaba duro con COPPES, luego se deprimía y paraba de trabajar, o dejaba de hablar con las demás.

Esperanza no podía hacer ese papel porque nadie le hubiera creído. Era demasiado fuerte y consistente. Yo no tenía experiencia ni interés en el teatro, pero estaba de acuerdo con la idea. No hubo necesidad de organizarlo mucho, y solo ocho de nosotras sabíamos lo que estaba pasando.

Como planeado, Lupe se fue de la sección durante las actividades diarias. Después de 40 minutos, una de nosotras preguntó a gritos, "¿dónde está Lupita?" Y alguien dijo que había ido a la oficina, que tenía un visitante. "¿Un visitante en martes?" Tener un visitante fuera de las horas de visita era importante, y siempre originaba rumores y especulaciones. Todas estábamos afuera en el patio, y el suspenso incrementaba. Al rato regresó y fue directo donde su mejor amiga. Le dijo que un abogado había llegado con su mamá, ofreciéndole firmar una carta si ella abandonaba su ideología y su involucramiento político. "¡Y yo la voy a firmar!", dijo a grito partido, era muy buena para actuar. Lupe subió hacia la celda, con un grupo de mujeres que la seguían. Una de ellas dijo, "no lo hagas, Lupita. Sería un mal ejemplo para todas". Pero un montón de muchachas con menos conciencia se estaban entusiasmando, porque si Lupe podía hacerlo, ellas también podrían. Había desorden y optimismo, y una mujer incluso comenzó a empacar sus cosas. La tensión creció al punto que las directivas llamaron a una reunión de COPPES para discutir la situación. Fue una de esas reuniones que solíamos tener sentadas en círculo en el suelo. Lupe se sentó y dijo que explicaría lo sucedido. Y comenzó a inventar, acerca de cómo el supuesto abogado había venido, y la oferta que le habían hecho.

La situación casi se nos salió de las manos. Unas mujeres comenzaron a insultarla, diciendo que ellas sabían que nunca había sido sólida en su posición política, y que era una traidora. Otras le rogaban que no lo hiciera, argumentando que daría un mal ejemplo si aceptaba. Las de la directiva participamos poco. Lo importante era que las demás participaran en la discusión. Finalmente, Lupe concluyó su actuación, y dijo que todo había sido un teatro. Algunas estaban furiosas: "¿por qué hizo eso?" La directiva explicó el objetivo del ejercicio, y lo discutimos con el grupo. El debate continuó por lo menos una hora.

Era claro que en cualquier momento podría aparecer una carta de libertad. y la persona designada tendría que abandonar la prisión. Ya para el domingo 22, cuando mi mamá y Javier vinieron a visitarme, cuatro compañeras se habían ido. Creo que Lupe se fue esa mañana, lo cual fue una sorpresa, debido a que ella estaba muy involucrada en política, y era conocida por su oposición al gobierno. Pero la siguiente persona liberada fue alguien que no tenía ningún involucramiento político.

Javier trajo malas noticias. Había ido a hablar con la Comisión de Amnistía porque el esposo de una prima nuestra la integraba. Ni Esperanza ni yo seríamos incluidas en la amnistía. Nosotras éramos las únicas cuyos casos fueron juzgados demasiado serios para dejarnos libres. Esto fue un *shock*, amplificado más tarde cuando otro visitante, tío de una de las compañeras, lo confirmó. Para hacerlo peor, esta persona me dijo que Sebastián estaría incluido en la amnistía. Eso fue un segundo *shock*, porque había sido una fuente de fortaleza para mí que Sebastián también estaba en prisión. Nosotros habíamos mantenido contacto permanente a través de cartas, y eso había ayudado a que nos mantuviéramos juntos. Ahora de repente, él no estaría más en prisión, compartiendo la situación. Se puede pensar que esta es una reacción extraña, pero hasta ese momento tenía mucho sentido para mí: yo estaba "casada".

Y ahora... ¿Adónde le iba a escribir? ¿Cómo íbamos a trabajar juntos, así como habíamos trabajado durante estos dos años pasados?

Esa noche me desmoroné, y lloré, lloré mucho. Pero me repuse, y me dije "no hay nada que yo pueda hacer sobre esta situación". Así que comencé a aceptar la idea de seguir presa cinco años más. Comencé a revisar la lista de mis futuros proyectos. Todavía tenía muchos, la mayoría eran manuales. Estaba en la mitad de bordar un bolso, y acababa de traer lana para tejer suéteres para mis sobrinas y mi nana. Estaba la cría de abejas, y había que pensar en ellas. Y finalmente, un proyecto que había comenzado varias veces, pero no lo había hecho: llevar un diario. Me dije a mí misma, "bueno, vas a comenzar a escribir, por lo menos una vez por semana. Será útil cuando te vayas. Si has podido escribir cartas, ahora puedes comenzar un diario". Escribí todos estos proyectos en un papel, diciéndome que los podría hacer porque estaría en prisión indefinidamente y tenía que mantenerme activa.

Cuando finalmente me fui a dormir esa noche estaba triste, pero bien, y me dormí resignada a mi destino. La mañana siguiente era mi turno para cocinar con una muchacha llamada Cristi. Estaba bien porque éramos amigas. Y como yo era buena cocinera, el economato nos había dado buenos ingredientes para cocinar.

Por lo general nos levantábamos a las 4:30 de la mañana, y comenzábamos a trabajar sin descanso. La comida principal era carne guisada con arroz, lo que significaba freír cada pedazo de carne que nos habían dado. Ya para las doce teníamos la comida lista, Cristi y yo estábamos cargando una olla grande y pesada de guiso entre nosotras cuando otra muchacha salió corriendo y dijo: "Margarita, Margarita, ¡Rafael está en la puerta!", casi se me sale el corazón. Y bajamos la olla. Rafael era el seudónimo de Sebastián. Yo dije, "no, no puede ser", pero ella insistió en que era él, el mismo que yo le había enseñado en las fotografías.

Es curioso decir esto ahora, pero mi reacción en ese momento fue de cólera con ella. Desde cierto lugar, por una hendidura era posible ver hacia la calle. Las mujeres solían sentarse allí, bordando y hablando, mientras miraban hacia la calle a través de ese pequeño orificio. Yo odiaba ese lugar. No quería ver hacia la calle ni recordar que había un mundo exterior, pensaba que era masoquista hacerlo. Supongo que era un puritanismo de mi parte. Todo lo que ellas querían era ver un poco de la vida exterior: ver a la gente pasar. Un poquito de contacto con la libertad. Cristi en particular pasaba bastante tiempo allí, y eso me molestaba. Ya le había advertido en varias ocasiones que eso era malo para su salud mental, y allí estaba ella diciéndome que lo había hecho de nuevo. Al principio pensé que estaba inventando historias. Pero así de repente, me convenció. Dejé la olla en la mesa y la seguí, mientras me limpiaba las manos en el delantal. ¡Era cierto!, allí estaba Sebastián con su hermana en la puerta. El entusiasmo en ese momento era una locura, todas diciendo: "¡Ah, Ana Margarita ha sido liberada!", pero yo pensé que él solo venía a decirme adiós.

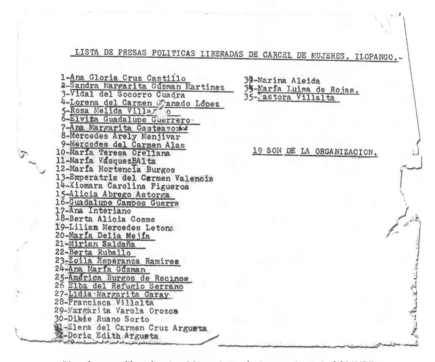

LISTA DE PRESAS POLITICAS LIBERADAS DE CARCEL DE MUJERES, ILOPANGO.-

1-Ana Gloria Cruz Castillo
2-Sandra Margarita Guzman Martinez
3-Vidal del Socorro Cuadra
4-Lorena del Carmen Granado López
5-Rosa Melida Villa__o
6-Elvira Guadalupe Guerrero
7-Ana Margarita Gasteazoro
8-Mercedes Arely Menjivar
9-Mercedes del Carmen Alas
10-María Teresa Orellana
11-María Vásquez Balta
12-María Hortencia Burgos
13-Emperatris del Carmen Valencia
14-Xiomara Carolina Figueroa
15-Alicia Abrego Astorga
16-Guadalupe Campos Guerra
17-Ana Interiano
18-Berta Alicia Cosme
19-Lilian Mercedes Letona
20-María Delia Mejía
21-Mirian Saldaña
22-Berta Ruballo
23-Zoila Esperanza Ramirez
24-Ana María Guzman
25-América Burgos de Recinos
26-Elba del Refugio Serrano
27-Lidia Margarita Garay
28-Francisca Villalta
29-Margarita Varela Orozco
30-Dikie Ruano Sorto
31-Elena del Carmen Cruz Argueta
32-Doris Edith Argueta

33-Marina Aleida
34-María Luisa de Rojas.
35-Pastora Villalta

19 SON DE LA ORGANIZACION.

Lista de presas liberadas: Ana Margarita es el número 7 (cortesía del MUPI)

Luego un guardia entró con una carta en las manos. La emoción fue demasiado para mí: corrí hacia él y le pregunté, "¿qué es lo que llevas en las manos?" Típica actitud de los guardias, me contestó: "Es hora de almuerzo y no hay nadie en la oficina. Así que no te puedo decir. Tendrás que esperar hasta las dos de la tarde para ver qué es".

Me puse muy enojada y le dije, "tú no puedes hacerme eso"; y todas las demás nos habían rodeado y estaban gritando: "¡Tenés que dársela!" Finalmente me dijo, "sí, es tu carta de libertad. Anda alístate". Pero no me dejó leerla; estaba dirigida a las autoridades de la prisión. Así que regresé a la celda y comencé a recoger mis cosas. Las mujeres comenzaron a ayudarme a empacar, y la alegría fue tanta que no sabía qué hacer.

Desde el día que llegué a Ilopango mantuve una lista de todo lo que me llevaría. Había una olla pequeña que Beatriz me había dado, una blusa que yo había tejido, regalos de amistades, libros que quería tener, todas esas cosas con valor sentimental. También había una mesa con una gaveta secreta que yo quería llevarme conmigo. Pero fue un momento tan loco, tan emotivo, que se me olvidó la lista y en vez de eso tomé las cosas sin importancia. Un juego de sábanas que no necesitaba, ropa...me tomó cinco minutos, y en mi memoria, ese momento es un chispazo.

Así que me fui, y una vez que uno sale de Ilopango uno no puede regresar. Esa es una de las reglas de la prisión. Para cuando llegué a la oficina, Javier ya había llegado, y estaba esperándome con Sebastián y su hermana. Ella había ido a la Comisión de Amnistía a recoger la carta de libertad de Sebastián, y le había preguntado si también tenían la mía. Ahí estaba, ella la tomó y luego llamó a Javier, y aquí estaba el mismo Javier que el día anterior me había dicho que no había amnistía para mí.

Javier nos llevó al apartamento de mi mamá. Sebastián nunca había conocido a mi mamá. Ella sabía que había alguien en mi vida, pero nunca lo había conocido. Mi nana lo había ido a visitar varias veces a Santa Tecla, pero nunca mi madre. Habría sido demasiado pedirle. Ella fue reservada con él, pero siempre muy cortés.

Todo parecía irreal, y tuve una reacción bayunca: quería encerrarme en un cuarto sin ventanas. Fui al dormitorio de arriba, un solo cuarto, y Sebastián y yo nos sentamos allí por varias horas. Me sentía segura, y no quería salir de ahí.

Pero nosotros no podíamos quedarnos en el apartamento de mamá. El MNR había estado en contacto con Javier, y habían acordado que el lugar más seguro, era la Embajada de España. La amnistía no contenía ninguna condición de abandonar El Salvador, pero nuestras vidas estaban en peligro si nos quedábamos. Yo era demasiado conocida.

Así que Javier nos llevó a la Embajada de España, una casa enorme en la Colonia San Benito. Fuimos de una prisión a una mansión en un solo día. Nosotros no éramos los únicos "invitados" recién amnistiados. Otros dos miembros del MNR, Carlos Molina y Mauricio Domenec, habían sido liberados tres días antes, y estaban allí también. Partieron poco tiempo después de que nosotros llegamos, luego de arreglar sus pasaportes. Sebastián y yo no teníamos ningún documento, así que nos tuvimos que quedar en la embajada por unos pocos días hasta conseguir los pasaportes. Resultó que el embajador estaba de vacaciones, así que teníamos la gran mansión casi solo para nosotros. De nuevo, yo tuve la misma reacción, y escogí un cuarto con el menor número de ventanas para Sebastián y para mí. La embajada tenía un terreno enorme donde pudimos haber caminado sin peligro, pero no lo hicimos.

Sebastián fue muy tierno conmigo, pero algunas tensiones surgieron. Por ejemplo, yo quería asolearme un poco y nadar en la piscina de la embajada. Sebastián pensaba que eso no era apropiado: yo no estaba de vacaciones. Quizás esa era una reacción por sus años en el seminario. Era muy disciplinado y se contenía a sí mismo. No era que él no me dejara, pero yo necesitaba su aprobación. No fue sino hasta dos o tres meses más tarde, cuando fui a Cuba, que salté al mar. ¡Y fue maravilloso!

Pero las confrontaciones sobre si yo podía nadar en la embajada abarcaban un problema mayor. Sebastián nunca había sido miembro del MNR, y el MNR estaba tratando de ayudarnos por mí, no por él. Toda la comunicación venía hacia mí, y a él no le gustaba eso. Esto no nos condujo a ninguna confrontación, pero yo sentía su resistencia a medida que pasaban los días.

Estuvimos cinco días en la embajada. Nunca salimos, pero mucha gente vino a visitarnos. Periodistas vinieron a entrevistarnos a Carlos, a Mauricio y a mí. Los tres éramos del FDR. Sebastián no participó en esas entrevistas. Consideramos ir a otros países como Canadá, España y Suecia; pero Sebastián y yo decidimos irnos a México.

Ambos, el FDR y el FMLN tenían mucha infraestructura allí —tanto como en Managua—, y la oficina principal del MNR estaba en México, así que tenía más sentido.

Pero antes de que nos fuéramos había varios detalles a tomar en cuenta. Una era nuestra documentación emitida por la amnistía. Las condiciones requerían que uno fuera ante la comisión, y ratificara que se aceptaba la libertad, con la promesa de no involucrarse más. Yo pensé que eso era repugnante, así que me negué a firmarlo. Javier y yo tuvimos una gran discusión sobre eso, y al final él firmó por mí. Yo todavía conservo ese documento. Creo que la hermana de Sebastián lo pudo haber firmado por él.

Al cuarto día, Javier me llevó a tomar la foto del pasaporte. Era mi primera vez en la calle. Todo me asustaba, los carros, el ruido de la construcción, todo. Todavía conservo la foto del pasaporte, y me miro muy asustada. Javier no mostró ningún nerviosismo mientras manejaba. Al día siguiente, el embajador mexicano llegó para llevarnos personalmente a recoger nuestros pasaportes. Sebastián y yo teníamos que presentarnos en la embajada para recibirlos, así que el embajador nos condujo. Luego nos marchamos directamente al aeropuerto, íbamos cinco: mi mamá, Javier, el embajador mexicano, Sebastián y yo.

Toda la gente del MNR estaba esperándonos en el aeropuerto de México: Guido Véjar y Héctor Oquelí, Vera y David. Vera y Guido obtuvieron permiso para ir a la escalinata del avión para ayudarnos a pasar por aduana y migración. Ellos habían organizado una cena de mariscos en un restaurante, y la bienvenida fue muy bonita. Fue más difícil para Sebastián, todos trataron de hacerlo sentir cómodo. Aunque él conocía a algunos de ellos desde sus días en la universidad, básicamente eran extraños para él. Fue una gran celebración, cerveza y vino por primera vez en dos años, ¡y mucha felicidad!

Las cosas comenzaron a enturbiarse entre Sebastián y yo al tercer día en México. Yo le dije, "Sebastián, quiero hablar contigo sobre Marcial y Ana María. Necesito que hablemos de eso". Ahora que estaba en México, él había estado en contacto con la gente de la organización. Había recibido un informe acerca de lo que había ocurrido en Managua, un informe "neutral" que daba la línea oficial de la organización. Él estaba dispuesto a aceptarlo 100%, o por lo menos a no demostrarme que tenía algunas dudas. Como siempre, era su disciplina y obediencia lo que permanecía. Pero para mí la pregunta era otra: ¿obediencia a qué, a quién? Ana María y Marcial ya no estaban vivos. ¿A quién vamos a darle esa obediencia absoluta? Él se mostró molesto, y me dijo que yo era una traidora por cuestionar esa situación.

Eso derivó en otra discusión: él sentía que yo quería dominarlo y pretendía decidir su vida. El MNR se estaba ocupando de él, y como yo era el enlace con el MNR, eso me daba ante él una posición de poder. Era verdad; yo había pedido que cualquier cosa que el MNR hiciera por mí, lo hiciera también por él. Pero él realmente no cuestionaba eso, sino mi actitud. Yo estaba segura de mí misma. Había viajado toda mi vida, pero era solo la segunda vez que él viajaba en avión. Andar en los aeropuertos, lidiar con el equipaje, encontrar taxis y todas esas cosas, era yo quien las sabía manejar, así que arreglaba estos detalles para los dos.

Además, México es una ciudad abrumadora, y más si has estado confinado en prisión por dos años. Sebastián se sentía perdido. Era más fácil para mí hacerme cargo cuando teníamos que comprar ropa o tomar el metro. Pero a él no le gustaba. Sentía que yo usurpaba su posición masculina. Y no hacía ningún bien explicarle que eso no era cierto, que simplemente para mí era más fácil hacer ese tipo de cosas. Casi tres semanas después, Sebastián recibió la orden de ir a Managua. Todo fue de repente. Nos despedimos como camaradas. Yo le pregunté qué pasaría con nuestra relación, y él me contestó que nosotros teníamos que hacer lo que nos ordenaran. Y se marchó. Lo extrañé, pero por otra parte me dio mucho más espacio para continuar con mi vida y mi propio trabajo. Había mucho que hacer, la mayor parte trabajo de información, como conferencias de prensa y entrevistas acerca de mi experiencia y todo eso. Después de todo, yo era la vicepresidenta de la Internacional Socialista.

No fue fácil, después del aislamiento y de los horizontes limitados en la prisión, yo andaba paranoica. Le tenía miedo a la gente al tomar el metro, miedo de cruzar una calle con mucho tráfico, miedo a la violencia. No es que yo no tenga resistencia, pero en ese momento no estaba psicológicamente ecuánime para manejar todo eso. En junio, el MNR me envió a Londres para comenzar el trabajo internacional. Fue un viaje tranquilo. Londres tenía un verano muy bonito y el trabajo fue divertido.

Había presencia del FMLN en casi todas las ciudades de Europa, así que yo estaba en reuniones con muchos líderes salvadoreños. También había trabajo de solidaridad que desarrollar con los líderes de sindicatos, maestros, y con grupos de derechos humanos. Sebastián y yo hablábamos por teléfono una vez por semana.

Entre tanto otro problema se estaba cocinando. El ERP quería que me expulsaran del MNR, acusándome de tener doble militancia, tanto en el MNR como en las FPL. Ellos pusieron una queja sobre mí, al nivel del FDR-FMLN, o quizás le presentaron la queja directamente a Ungo. Los cargos venían de Esperanza, y estaba claro que mis actividades habían sido reportadas constantemente desde la prisión. No mucho tiempo después, en agosto, supimos que Esperanza había muerto. Nunca supe exactamente cómo, porque el ERP no habla mucho de eso. Ellos simplemente publicaron un obituario diciendo que la comandante Clelia, había muerto en una acción armada o en una emboscada. Pero yo nunca pude saber los detalles. Ella tenía una hermana, Mercedes del Carmen Letona, quien en ese tiempo estaba en la conducción de *Radio Venceremos*. La vi una vez después de que salí de prisión. Era como ver a Esperanza de nuevo: brazos pequeños fuertes, delgada, tensa.

Ungo me llamó para hablar sobre la situación, y me preguntó si los cargos eran realmente ciertos. Yo había sido adoptada como miembro de ANDES después de que me arrestaron; y sí, yo había participado en sus actividades. Y admití haber tomado posiciones —mientras estaba en la prisión— que concordaban con la línea de las FPL. ¿Qué más podía haber hecho? Yo era la única integrante del MNR en Ilopango. Y no recibía comunicación del MNR cada semana para saber qué hacer. Acepté mi responsabilidad. Pero afirmé no haber dicho que era miembro de las FPL. Ungo aceptó lo que dije y eso fue todo. Él me defendió. Nunca estuve sola en esa situación.

Las demandas del ERP concernían a otras personas, y él tomó una posición defendiéndonos a todos. Pero Ungo no era tonto, y yo creo que él no volvió a confiar en mí. Él era extremadamente honesto, un hombre recto. Después de eso, el MNR decidió que yo no debería ver a Sebastián por un tiempo ya que esto podría confirmar mi doble militancia. No era que ellos no me lo permitieran, pero cada vez que tenía que viajar y había una posible ruta por Managua, ellos arreglaban otra ruta.

Finalmente, en julio me invitaron a tomar parte en el 25 aniversario de la Revolución Cubana que se iba a celebrar en La Habana el 26 de julio. El itinerario me llevó a Managua, y yo insistí en que quería parar y ver a Sebastián. El MNR no estuvo de acuerdo, pero yo los ignoré y arreglé mi propio contacto con Sebastián. Acordamos reunirnos en un parque público, en Managua, a mi regreso de Cuba, igual a como lo hacíamos en los días de las reuniones clandestinas.

El viaje a Cuba fue absolutamente maravilloso. Fui con un grupo de alto nivel del FMLN-FDR, como Roberto Cañas, Fernán Cienfuegos y Mario López. Los cubanos nos trataron como una de las más importantes delegaciones. Fidel me reconoció como ex prisionera política y me abrazó. Conocí a otra gente interesante como Maurice Bishop. También fui a un hospital cubano para hacerme un examen físico completo. Todo fue muy bonito. Yo no ignoro los problemas que Cuba tiene, pero respetaba a Fidel y todo lo que ese país había logrado a pesar de su aislamiento.

Cuando finalmente llegué a Managua fue a mediados de septiembre. Hicimos nuestro arreglo para encontrarnos en el Parque de Las Madres. Fui hacia el parque, y Sebastián llegó segundos después.

—Bueno... ¿qué va a pasar con nosotros? —le pregunté.

—¿Has pensado en eso? —me respondió.

—Primero, quisiera escuchar lo que me tienes que decir —le dije.

—¿Estás segura de que querés que yo hable primero? —me preguntó.

Para ese entonces yo había pensado que nuestra relación era prácticamente imposible, pero no estaba muy clara. Quería que él tomara una decisión, pero era evidente que en su mente todo estaba claro y finalizado. Y me lo dijo. Él había tomado su decisión y había informado a su organización. Yo debería hacer lo mismo con la mía. Eso fue todo. Nada había más que discutir.

Yo me quedé en un estado de *shock*, que continuó hasta que me dijo que no lo mirara mientras se alejaba. Y se marchó. Yo lo hice también, pero volví la mirada, y lo vi subirse a un carro con una mujer. Dos semanas después supe que él tenía otra compañera, una que él consideraba más militante y más disciplinada que yo. Sé dónde está Sebastián ahora. Está casado y feliz, y yo estoy contenta por él. Pero entonces, verlo con otra mujer tan pronto fue doloroso. Y lloré mientras me alejaba.

Pero mi personalidad tiene sus mecanismos de sobrevivencia. Para mí cuando algo termina, termina, y digo "bien, la vida continua". Cuando regresé a la casa donde estaba, decidí irme cuanto antes. Tomé un vuelo a México ese mismo día.

EPÍLOGO

ANA MARGARITA GASTEAZORO se trasladó como refugiada política a Costa Rica en 1985, donde trabajó durante cuatro años como traductora y profesora de español, en San José. La conocí un año después. Ana tenía solo 36 años: bella, vibrante, inteligente, curiosa, llena de vida.

Yo había llegado a Centroamérica el año anterior a trabajar como fotógrafa y educadora popular. Nos conectamos cuando Ana conoció a mi colega Andrew Wilson en una reunión de exiliados, poetas y cooperantes. Desde entonces surgió una fuerte amistad entre los tres. Ana me contó cuentos cautivadores de su vida, relatados con gran humor y detalles exquisitos, pero una melancolía subyacente sugería algo más profundo. (Uno de los beneficios que tuvo Ana, como refugiada política, fue recibir psicoterapia, lo que la ayudó a lidiar con el trauma de su arresto y los dos años en prisión).

Le propuse que nos reuniéramos regularmente para grabar el testimonio de su vida, y ella estuvo de acuerdo. En San José, en la casa donde vivía con mi esposo Michael, nos encontrábamos por las noches para grabar su historia oral. Su inglés era perfecto y mi español no, así que decidimos grabar sus memorias en inglés. Las cintas se transcribirían y luego, haríamos sesiones adicionales para completar detalles. Andrew aceptó unirse como editor y aportar ideas. A mi esposo Michael, le gustaba cocinar, lo cual hacía mientras escuchábamos las grabaciones. Realmente, fuimos un equipo feliz.

Todo cambió en 1989 cuando Ana regresó de vacaciones de la costa caribeña en Puerto Viejo, y anunció que iba a realizar el sueño que tenía desde hace mucho tiempo: abrir un restaurante. Quería hornear pan, y hacer pizza. Pronto conoció a Smokey (Adolfo Stewart), un pescador del poblado, y emprendieron juntos el proyecto y una vida en común. Abrieron "Soda Coral", donde se ofrecía comida saludable y ecológica al aire libre. Atraía a surfistas y mochileros, con granola casera, langosta o pizzas frescas. Ella y Smokey vivían en un apartamento en la segunda planta del café. Siempre activa, Ana pronto se convirtió en presidenta de la organización comunitaria de Puerto Viejo, y trabajó fuertemente en el desarrollo ecológico de la zona.

Ana Margarita con el menú de Soda Coral (cortesía de Andrew Wilson)

Sus amistades relatan que, en esa etapa, Ana se mostraba como la mujer más feliz del mundo. La única sombra en ese momento fue cuando le pronosticaron cáncer de mamas, que requería una mastectomía radical, en 1990. Luego de una cirugía y un tiempo de recuperación en El Salvador, regresó a Puerto Viejo.

La vida parecía haber vuelto a la normalidad —y a pesar que nuestras sesiones de grabación se volvieron esporádicas—Andrew y yo continuamos trabajando en la transcripción y edición de las cintas. Poco después, mi esposo y yo nos mudamos a Cuenca, Ecuador, donde iniciamos un nuevo proyecto fotográfico, documentando la vida de la comunidad indígena.

En 1991, al tiempo que la guerra en El Salvador estaba finalizando —mediante los Acuerdos de Paz—a Ana la invitaron a San Salvador como delegada al primer congreso público organizado por el MNR. Al abrirse los espacios políticos, le ofrecieron una candidatura a la Asamblea Legislativa en las elecciones de 1993. Un tanto escéptica sobre la situación política en El Salvador, y feliz con su nueva vida en Puerto Viejo, Ana estaba considerando la oferta, cuando el cáncer de mamas reapareció.

Miembros del MNR luego de una sesión de trabajo político en México,1987. De izquierda a derecha: Gerardo A. Godoy, Jorge Sol Castellano, Ana Margarita Gasteazoro. De espalda: Hector Oquelí y Guillermo Ungo (cortesía de Elizabeth Fujimori)

La penúltima vez que la vi fue en 1992, cuando Ana y Smokey vinieron de vacaciones a Ecuador. Su hermoso cabello exuberante había crecido de nuevo después de la quimioterapia. Pero aún estaba corto. Todavía era muy hermosa. Pero lo que debería haber sido una reunión alegre de antiguas amistades, se superpuso la tristeza. Justo antes de ese viaje. Ana se había hecho un examen; y el cáncer se había extendido a los huesos. Cuando me lo contó, ambas nos quedamos en silencio, dándonos cuenta de lo que eso significaba. No volvimos a mencionar la enfermedad durante la semana que duró su visita. En Cuenca, Ana compró un collar de coral, con el cual le tomé una última foto. Y nos sentamos junto a la chimenea, para hacer las últimas grabaciones, de sus memorias, que son la base de este libro.

Cuando nos despedimos, Michael y yo prometimos visitarla a Costa Rica en Navidad. Pero para entonces, Ana ya tenía demasiado dolor, que paliaba con el suministro de morfina. Sus últimos días los pasó en casa de su madre en San Salvador, donde falleció el 30 de enero de 1993. Su hermano Francisco, un sacerdote católico, le dio los últimos sacramentos y la comunión. Tan solo tenía 42 años de edad.

Smokey y Ana Margarita en Cuenca, Ecuador, 1992 (foto de
Judy Blankenship)

En sus últimos días, Ana Margarita me confió su deseo de que el libro se editara en El Salvador, para que lo pudieran leer sus compatriotas. Veinticinco años después, ese sueño se hace realidad. Luego de haber conocido a Carlos Henríquez Consalvi, director del Museo de la Palabra y la Imagen (MUPI), en un congreso de historia en Austin, Texas, donde le hablé de la existencia de las grabaciones. De inmediato Carlos Henríquez Consalvi se integró al equipo editorial, junto al traductor Dago Flores, Andrew, y yo. Después de un arduo trabajo de traducción al español y de edición, con la inestimable colaboración de su prima Eva Gasteazoro, se cumple el sueño anhelado por Ana Margarita: el testimonio de una intensa vida de amor por El Salvador.

Judy Blankenship
Cañar, Ecuador, 2019

Ana Margarita en Cuenca, Ecuador, 1992 (foto de Judy Blankenship)

NOTAS

1. Mi familia

1. "¿Para quién es el cielo?" México, Editorial Roca, 1975

10. La ofensiva final

1. Rafael Guidos Véjar

16. Mi mamá fue maravillosa

1. Oakland Ross, "Politics Splits Salvador Siblings" Globe and Mail. May 31, 1983; Adam Hochschild, "Inside the Slaughterhouse", Mother Jones, June 1983

Printed in the USA
CPSIA information can be obtained
at www.ICGtesting.com
LVHW030456310723
753746LV00004B/177